Klaus Kolitz

Systemdesign im Market-Engineering –
Experimente zu Teilnehmerverhalten und Technologieakzeptanz

Studies on eOrganisation and Market Engineering   8

Universität Karlsruhe (TH)

Herausgeber:

Prof. Dr. Christof Weinhardt
Prof. Dr. Thomas Dreier
Prof. Dr. Rudi Studer

Systemdesign im Market-Engineering – Experimente zu Teilnehmerverhalten und Technologieakzeptanz

von
Klaus Kolitz

universitätsverlag karlsruhe

Dissertation, genehmigt von der Fakultät für Wirtschaftswissenschaften der Universität Fridericiana zu Karlsruhe, 2007

Referenten: Prof. Dr. Christof Weinhardt, Prof. Dr. Peter Knauth

Impressum

Universitätsverlag Karlsruhe
c/o Universitätsbibliothek
Straße am Forum 2
D-76131 Karlsruhe
www.uvka.de

Universitätsverlag Karlsruhe 2008
Print on Demand

ISSN: 1862-8893
ISBN: 978-3-86644-212-2

Vorwort

Zum Gelingen dieser Arbeit, die während meiner Tätigkeit als wissenschaftlicher Mitarbeiter am Lehrstuhl für Informationsbetriebswirtschaftslehre der Universität Karlsruhe (TH) entstanden ist, haben zahlreiche Personen beigetragen. Ich möchte mich bei all jenen bedanken, von denen ich – auch über die fachliche Diskussion hinaus – Unterstützung und neue Anregungen erhalten habe.

Mein besonderer Dank gilt meinem Betreuer, Herrn Prof. Dr. Christof Weinhardt. Seine engagierte Betreuung und seine motivierende Unterstützung trugen wesentlich zum Gelingen der Arbeit bei. Des Weiteren danke ich Herrn Prof. Dr. Peter Knauth für die Übernahme des Zweitgutachtens; mein Dank gilt auch meinen weiteren Prüfern: Herrn Prof. Dr. Andreas Geyer-Schulz und Herrn Prof. Dr. Oliver Stein.

Im Rahmen meiner Tätigkeit hatte ich die Gelegenheit, einen mehrmonatigen Forschungsaufenthalt an der Concordia University in Montréal, Kanada zu verbringen. Ich möchte mich in diesem Zusammenhang bei Herrn Prof. Dr. Gregory Kersten und seinem Team, insbesondere Frau Norma Paradis, Frau Eva Chen, Herrn Bo Yu, Herrn Ka Pong Law und Herrn Dr. Jesus Rios, für die herzliche Aufnahme und die gute Zusammenarbeit bedanken.

Vor allem bedanke ich mich bei meinen Kolleginnen und Kollegen, mit denen ich in den letzten Jahren zusammengearbeitet habe. Dieser Dank gilt insbesondere Herrn Dr. Henner Gimpel, Herrn Dr. Kiet Vo, Frau Dr. Ilka Weber, Herrn Dr. Juho Mäkiö, Herrn Carsten Block und Herrn Dr. Dirk Neumann für die vielen Anregungen und konstruktiven Diskussionen.

Widmen möchte ich diese Arbeit meiner Freundin Simone Hinrichs und meinen Eltern Maria und Eberhard Kolitz, die meine Ausbildung ermöglicht und meine persönliche Entwicklung geprägt haben. Sie haben mich in liebevoller, selbstloser und gleichzeitig kritischer Weise während meiner Promotion begleitet, mir dabei privaten Rückhalt gegeben und mich in jeder nur erdenklichen Form unterstützt. Ihnen gilt mein größter Dank.

Klaus Kolitz

Inhaltsverzeichnis

Abbildungsverzeichnis

Tabellenverzeichnis

Abkürzungsverzeichnis

AMASE	Agent-based Market Simulation Environment
ARTE	Auction Runtime Environment
bzw.	beziehungsweise
CAME	Computer-Aided Market-Engineering
CASE	Computer-Aided Software-Engineering
CDA	Continuous Double Auction
DEV	Durchschnittlich erfasste Varianz
DMM	Dynamische Marktmodelle
D&M	DeLone und McLean
DOS	Disk Operating System
ECC	Experimentcontrol Component
EFB	Electronic Financial Brokerage
e-FIT	Electronic Financial Trading
EJB	Enterprise Java Beans
et al.	et alii
FCC	Federal Communication Commission
GEM	Global Electronic Market
Gencam	General Call Auction Mechanism
GNP	Generic Negotiation Platform
GUI	Graphical User Interface
HTML	HTML Hypertext Markup Language
IS	Information Systems
IT	Informationstechnologie
IW	Lehrstuhl für Informationsbetriebswirtschaftslehre
JADE	Java Agent Development Framework
JMS	Java Message Service
KDMM	Kaskadierend Dynamische Marktmodelle
MES	meet2trade Experimental System
MML	Market Modelling Language
MTS	Message Transport System
MUDA	Multiple Unit Double Auction

MUMS	Multi-User Multi-Stage
OTC	Over-the-Counter
PLS	Partial Least Squares
RMI	Remote Method Invocation
TAM	Technology Acceptance Model
TRA	Theory of Reasoned Actions
u. a.	unter anderem
UMTS	Universal Mobile Telecommunications System
vgl.	vergleiche
XML	Extensible Markup Language
z. B.	zum Beispiel
z-Tree	Zurich Toolbox for Readymade Economic Experiments

**Teil I
Einleitung und Grundlagen**

1 Einleitung

1.1 Motivation und Problemstellung

Elektronische Märkte haben in den letzten Jahren in vielen Bereichen auch des täglichen Lebens zunehmend an Bedeutung gewonnen. Vor allem (einseitige) Auktionen haben inzwischen, insbesondere durch die große Popularität der Internet-Handelsplattform Ebay, einen hohen Bekanntheitsgrad erreicht. Aber auch doppelseitige Auktionen, wie sie beispielsweise in elektronischen Börsenhandelssystemen weltweit (z. B. Xetra) eingesetzt werden, haben sich etabliert. Darüber hinaus entstanden aber auch ganz neue Anwendungsgebiete für Auktionen wie der Handel mit Emissionszertifikaten oder Versteigerungen von Lizenzen durch den Staat. So wurden z. B. die UMTS-Lizenzen in Deutschland und vielen anderen europäischen Ländern meistbietend versteigert. Dabei zeigte sich aber auch ein Lerneffekt bei den Teilnehmern - während in den ersten Auktionen in Deutschland und Großbritannien noch sehr hohe Beträge erzielt wurden, erlösten spätere Auktionen wie in der Schweiz sehr viel weniger.

Um im Konkurrenzkampf bestehen zu können, sind die Anbieter elektronischer Marktplätze wie Ebay oder die Deutsche Börse gezwungen, ihre Märkte immer weiter zu verbessern. So wurden in den letzten Jahren bei vielen Börsen Best-Price Mechanismen eingeführt, zum Beispiel XETRA Best bei der Frankfurter Börse. Im Bereich einseitiger Auktionen versuchen Konkurrenten dem Marktführer Ebay Marktanteile abzunehmen, indem Sie Ihre Märkte mit zusätzlichen Funktionen ausstatten, die dem Verkäufer höhere Erlöse bescheren sollen. Solche neuen elektronischen Märkte müssen aber zuerst entworfen, implementiert und getestet werden, bevor Sie auf den jeweiligen Plattformen eingeführt werden können.

Das Market-Engineering beschäftigt sich mit der Analyse, Gestaltung, Qualitätssicherung und Weiterentwicklung elektronischer Märkte [WeHo03]. Besonders die konkrete Gestaltung der Handelsregeln eines Marktes, das sogenannte Marktdesign, kann einen signifikanten Einfluss auf das Marktergebnis haben. Unter Marktergebnis versteht man hier die Verteilung der gehandelten Güter und die auftretenden Zahlungsströme. Zum Beispiel hängt die durchschnittliche Gebotshöhe bei Auktionsplattformen davon ab, ob ein festes Auktionsende vorgegeben wurde oder ob sich dieses in Abhängigkeit von den eingegangenen Geboten nach hinten verschiebt (vgl. [ArOc03]). Daneben existieren je nach Auktionstyp, Einsatzort und Zweck des Marktes noch zahlreiche weitere so genannte Strukturparameter. Zu den wichtigsten Strukturparametern gehören unter anderem Marktzugangsregeln, Preisfindungsregeln sowie Regeln für die Informationsverteilung zwischen den Marktteilnehmern.

Dabei spielen nicht nur der Mechanismus bzw. die Regeln nach denen ein Markt funktioniert, sondern auch die Präsentation gegenüber dem Nutzer und somit auch das System und die Benutzeroberfläche, in die ein solcher Markt eingebettet ist, eine entscheidende Rolle. Dieser Aspekt wird jedoch in der ökonomischen Betrachtungsweise oft völlig vernachlässigt, obwohl instinktiv klar wird, dass zum Beispiel eine umständliche Bedienung oder schlechte Performance eines Marktsystems die Marktergebnisse negativ beeinflussen können.

Ein wichtiger Teil des Market-Engineering besteht aus der abschließenden Untersuchung und Evaluation der neu erstellten Märkte. Eine Untersuchungsmethodik neben der theoretischen Betrachtung und Simulationen stellen dabei Laborexperimente dar. Die Planung, Erstellung und Durchführung von Laborexperimenten ist jedoch zeit- und arbeitsintensiv. Um die Erstellung einer breit gefächerten Auswahl verschiedener Markt-Experimente zu vereinfachen, ist ein Experimentalsystem nötig, welches eine kontrollierte Experimentumgebung für Märkte bietet und den Aufwand solcher Experimente drastisch reduziert.

Diese Arbeit diskutiert die Anwendung von Experimenten zur Untersuchung elektronischer Märkte sowie gängige Werkzeuge zur Durchführung solcher Experimente. Um die Schwächen gängiger Software bei der Durchführung von Marktexperimenten zu minimieren, wird eine neuartige Experimentalsoftware entwickelt. Schließlich wird die Methodologie und die neu entwickelte Experimentalsoftware genutzt, um zu untersuchen, inwiefern sich die Gestaltung des Handelssystems auf das Marktergebnis auswirkt.

1.2 Forschungsfragen

Diese Arbeit kombiniert die ökonomische Fragestellung, wie sich die Gestaltung des Handelssystems auf das Marktergebnis auswirkt mit methodologischen Belangen bezüglich der Vorgehensweise und Werkzeugen für die Durchführung von Experimenten im Bereich elektronischer Märkte. Dabei ergeben sich die folgenden ökonomischen und methodologischen Forschungsfragen, von denen die Arbeit im weiteren Verlauf geleitet wird:

1. Was sind die Besonderheiten von Experimenten im Bereich elektronischer Märkte?

Ökonomische Experimente haben sich in den letzten 20 Jahren in der Forschung etabliert. Eine besondere Rolle kommt hierbei auch Experimenten im Bereich elektronischer Märkte zu. Dabei sind jedoch die Besonderheiten dieser Experimente zu beachten, um valide Ergebnisse zu erhalten. Diese werden im Verlauf der Arbeit herausgearbeitet und bei der Entwicklung eines Werkzeugs für die Durchführung solcher Experimente miteinbezogen.

2. Welche Werkzeuge zur experimentellen Untersuchung elektronischer Märkte gibt es?

Mit der Zunahme der Forschung im Bereich ökonomischer Experimente und der Etablierung von Computern und Internet in der Experimentalforschung hat sich die Zahl der zur Verfügung stehenden Softwarewerkzeuge zur Unterstützung des Experimentprozesses vervielfacht. Daher soll ein Überblick über die wichtigsten existierenden Systeme gegeben werden und deren Stärken und Schwächen aufgezeigt werden. Die meisten bestehenden Systeme unterstützen jedoch die schnelle Konfiguration von neuen Märkten gar nicht oder nur unzureichend. Weiterhin ist die Erstellung eines neuen Experiments meist sehr aufwändig. Um die Erstellung von Marktexperimenten weiter zu vereinfachen und zu beschleunigen wird ein neuartiges Werkzeug zur Durchführung von Marktexperimenten entwickelt.

3. Welchen Einfluss hat die Gestaltung eines Handelssystems auf das Marktergebnis?

Die ökonomische Forschung legt einen starken Fokus auf die Erforschung des Einflusses der verschiedenen Marktregeln auf das Marktergebnis und betrachtet dabei Märkte von einer abstrakten Perspektive ohne Berücksichtigung des Systems, welches diesen Markt realisiert. Moderne Märkte sind aber in der Regel mit Hilfe von Computersystemen realisiert, mit einer Benutzeroberfläche als Schnittstelle zu den Marktbenutzern. Daher liegt der Gedanke nahe, dass nicht nur die Marktregeln, sondern auch die Qualität des Systems und der Benutzeroberfläche das Marktergebnis beeinflussen. Im Rahmen eines Experiments soll daher der Frage nachgegangen werden, inwiefern das System tatsächlich das Ergebnis beeinflusst.

4. Welchen Einfluss hat die Gestaltung eines Handelssystems auf die Zufriedenheit der Teilnehmer?

In einem zweiten Schritt nach der Betrachtung des Marktergebnisses soll untersucht werden, inwiefern die Teilnehmer die Unterschiede zwischen zwei Handelssystemen wahrnehmen und ob sich diese Unterschiede auch auf ihre Zufriedenheit und die zukünftige Nutzung der Systeme auswirkt.

5. Wie stark beeinflusst das System die Marktergebnisse im Vergleich zum Marktmechanismus?

Vor dem Hintergrund der abstrahierten Betrachtung der Marktregeln in der ökonomischen Forschung werden die Auswirkungen der Marktregeln mit den Auswirkungen verschiedener Systeme verglichen. Dabei soll ermittelt werden, ob eine unterschiedliche Systemgestaltung sich vergleichbar stark auf Marktergebnis und Nutzerverhalten auswirken kann wie eine grundlegende Änderung der Marktparameter oder ob einer der beiden Faktoren das Ergebnis deutlich stärker beeinflusst als der andere.

1.3 Aufbau der Arbeit

Der Aufbau der Arbeit orientiert sich an den im vorherigen Abschnitt genannten Forschungsfragen. Die Arbeit untergliedert sich in vier Teile, welche sich auf insgesamt neun Kapitel verteilen. Abbildung 1 veranschaulicht den Aufbau der Arbeit. Teil I beginnt mit der Beschreibung der ökonomischen Grundlagen und Theorien (elektronischer) Märkte und liefert einen Überblick über die Methodik und Tools für die Durchführung von Marktexperimenten. Teil II und Teil III bauen auf den Grundlagen des ersten Teils der Arbeit auf. In Teil II wird die Konzeption und Implementierung eines neuartigen Handels- und Experimentalsystems beschrieben. Anschließend wird in Teil III der Einfluss des Systems auf das Marktergebnis untersucht. Teil IV schließt die Arbeit mit einer Zusammenfassung und einem Ausblick ab.

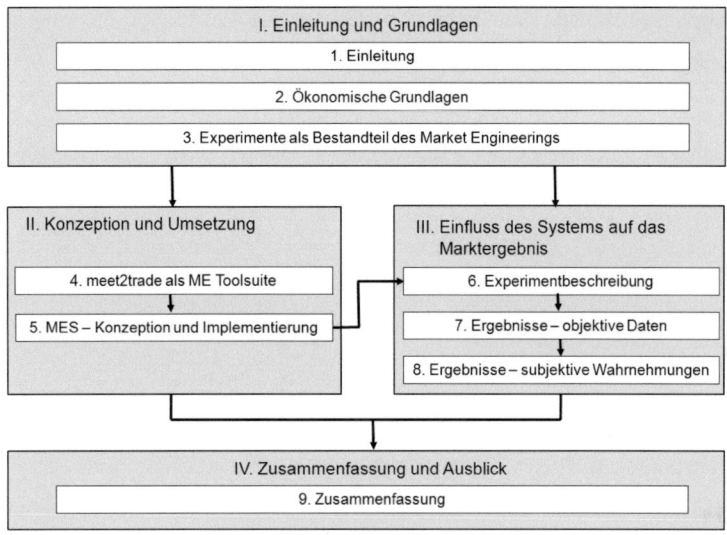

Abbildung 1: Aufbau der Arbeit

Teil I gliedert sich in drei Kapitel beginnend mit der Einleitung. Im zweiten Kapitel werden die ökonomischen Grundlagen und Theorien elektronischer Märkte beschrieben und das Konzept des Market-Engineering vorgestellt. Kapitel 3 beschäftigt sich mit ökonomischen Experimenten und wie sie im Rahmen des Market-Engineering-Prozesses sinnvoll eingesetzt werden können.

Im Teil II der Arbeit werden in Kapitel 4 das meet2trade-System und in Kapitel 5 das auf meet2trade aufbauende MES vorgestellt. Hierbei wird besonderes Augenmerk auf die Konzeption nach den im ersten Teil vorgestellten Grundlagen und Methoden gelegt. Daneben wird auch auf ausgewählte Besonderheiten der Implementierung eingegangen. Ein Überblick über den Funktionsumfang rundet die Kapitel ab.

Im dritten Teil der Arbeit wird die experimentelle Analyse zum Einfluss des Systems auf das Marktergebnis beschrieben. Kapitel 6 beleuchtet die Motivation für die experimentelle Untersuchung der Fragestellung und beschreibt das verwendete Szenario sowie die durchgeführten Treatments. Darüber hinaus werden der Experimentablauf, die Durchführung des Experiments und die Realisation mittels des MES beschrieben. Es schließt sich eine Untersuchung der während des Experiments gewonnen objektiven Daten in Kapitel 7 an. Hierunter werden die vom System aufgezeichneten Daten, wie beispielsweise die Gebote oder der erzielte Nutzen der Teilnehmer, verstanden. Zum Schluss werden in Kapitel 8 auch die subjektiven Wahrnehmungen der Experimentteilnehmer analysiert.

Die Arbeit schließt mit dem vierten Teil, welcher in Kapitel 9 die Arbeit zusammenfasst und einen Ausblick auf Anknüpfungspunkte und zukünftige Forschung liefert.

2 Grundlagen

2.1 Märkte und Institutionen

Märkte spielen schon von alters her eine zentrale Rolle in der Wirtschaft. Sie erlauben nicht nur den Austausch von Gütern, sondern auch von Finanzmitteln, Informationen und Dienstleistungen. Ein Markt ist abstrakt betrachtet ein Ort, an dem sich Angebot und Nachfrage treffen und zum Ausgleich gebracht werden. In der modernen Ökonomie bedeutet Austausch hauptsächlich Handel von materiellen Gütern, Dienstleistungen und Rechten gegen Geld [Smit03].

Smith entwickelte 1982 einen bis heute gültigen Bezugsrahmen für mikroökonomische (Markt) Systeme, welcher als Grundlage für viele spätere Experimente diente. In diesem Bezugsrahmen verdeutlicht Smith die Notwendigkeit, Märkte nicht isoliert, sondern unter Berücksichtigung ihres sozio-ökonomischen Umfelds zu betrachten. Demnach besteht sein Bezugsrahmen aus zwei Hauptkomponenten [Smit82]; [Smit03]:

(1) Marktumgebung

Die Marktumgebung beschreibt alle individuellen Gegebenheiten in einem Markt, die nicht von den Agenten beeinflusst oder geändert werden können. Als (ökonomischer) Agent wird in diesem Fall ein Individuum oder eine organisatorische Einheit bezeichnet, die an einer Volkswirtschaft teilnimmt. Diese Gegebenheiten können sowohl öffentlich als auch privat sein. Dazu gehören beispielsweise individuelle Präferenzen oder Charakteristika der Agenten, die Ausstattung mit Technologie oder Gütern oder auch individueller Geschmack, Kenntnisse und Fähigkeiten.

(2) Marktinstitution

Die Marktinstitution beschreibt dagegen die Regeln, nach denen die Agenten untereinander kommunizieren und Informationen und Besitzrechte an Gütern austauschen. Sie legt somit den Mechanismus fest nach dem die Zuteilung der Ressourcen abläuft. In dieser Arbeit wird daher auch der Begriff (Markt-)Mechanismus als Synonym zur Marktinstitution verwendet.

Ein Marktsystem nach Smith besteht aus der Marktumgebung zusammen mit der Marktinstitution. In einem solchen Marktsystem ist das Verhalten der Agenten durch ihre individuellen Präferenzen und Ziele bestimmt, hängt jedoch auch stark von den darunterliegenden Regeln der Institution ab. Die Charakteristika der einzelnen Agenten sind privat und treten nach außen nur durch ihre Folgen, zum Beispiel in Form von Nachrichten, in Erscheinung. Das Betreiben eines Marktes wird als Prozess gesehen, der sich von der ökonomischen Umgebung über das Verhalten der Agenten und die Institution zum Marktergebnis entwickelt. Abbildung 2 zeigt einen schematischen Überblick über das mikroökonomische System nach Smith.

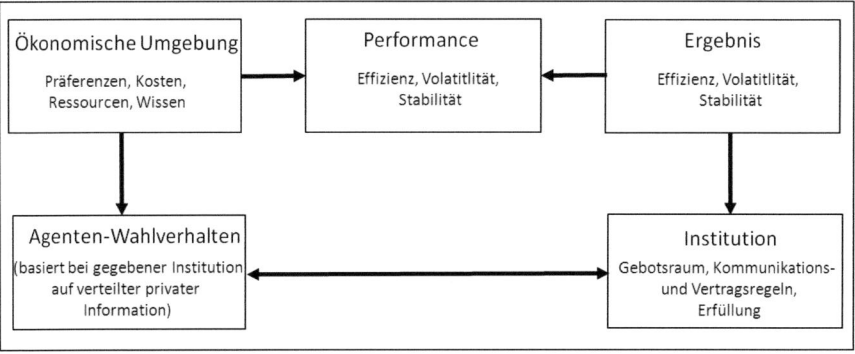

Abbildung 2: Bezugsrahmen für Märkte adaptiert von [Smit03]

Der beschriebene Bezugsrahmen für Marktsysteme erlaubt den Vergleich verschiedener Umgebungen unter Beibehaltung der Marktinstitution und umgekehrt. Er aggregiert alle relevanten Faktoren für die Untersuchung und die Entwicklung von Marktmechanismen. Er deckt beide Ströme der Forschung im Bereich Märkte - Mechanismusdesign (vgl. [Hurw73] und [Milg04]) und Laborexperimente (siehe Kapitel 3) - ab und wurde daher als Grundlage zahlreicher Untersuchungen eingesetzt.

2.2 Elektronische Märkte

Die Fortschritte in der Informationstechnologie und die zunehmende Verbreitung des Internets haben zu einem neuen, erweiterten Verständnis von Märkten geführt und eine Anpassung der traditionellen Handelsmechanismen an die elektronische Welt ausgelöst. Die Elektronisierung der Handelsprozesse verändert die Art, wie Organisationen und Individuen miteinander interagieren. Elektronische Märkte versprechen mehr Effizienz sowie schnellere und bessere Ergebnisse. Zuerst soll der Begriff elektronischer Markt definiert werden. Nach Schmid sind elektronische Märkte im engeren Sinne mit Hilfe der Informationstechnologie realisierte

Marktplätze, die alle Phasen der Transaktion - von der Informationsbeschaffung bis zur Abwicklung eines Geschäfts - unterstützen [Schm93]. Diese Definition würde jedoch den meisten existierenden Systemen nicht gerecht werden. Daher wird die Definition für einen elektronischen Markt im weiteren Sinne dahingehend erweitert, dass das informationstechnische System entweder alle oder auch nur einzelne Phasen oder Funktionalitäten der marktmäßig organisierten Leistungskoordination unterstützen muss [Schm93].

Elektronische Märkte sind durch die schnell fortschreitende technische Entwicklung inzwischen an fast jedem Ort, an dem ein Telekommunikationsmedium zur Verfügung steht, verfügbar. Zudem reduzieren sich durch elektronische Märkte auch die Transaktionskosten in allen Phasen der Transaktion und die moderne Informationstechnologie erleichtert den Zugang zu Informationen erheblich. Damit sind elektronische Märkte ein Schritt in die Richtung der idealisierten ökonomischen Märkte, welche von sich aus und spontan überall bestehen können, bei denen keinerlei Transaktionskosten anfallen und allen Teilnehmern vollständige Informationen zur Verfügung stehen. Jedoch sind auch moderne Märkte noch weit von dieser Idealvorstellung entfernt.

Um den Besonderheiten elektronischer Märkte gerecht werden zu können, ist es nötig, ihre speziellen Charakteristiken bei der Entwicklung und Erforschung solcher Märkte zu berücksichtigen. Daher liegt es nahe, den Bezugsrahmen für Märkte nach Smith und dabei insbesondere die Marktinstitution so zu erweitern, dass auch elektronische Märkte adäquat abgebildet werden können. Beispielsweise entstehen auch moderne elektronische Märkte in der Regel nicht spontan und von selbst, sondern sind bewusst zu schaffen und insbesondere auch zu gestalten [Neum04, S. 123]. Darüber hinaus können mit Hilfe elektronischer Märkte auch sehr komplexe Marktmechanismen zur Verfügung gestellt werden, die ohne die Unterstützung der Informationstechnologie nicht benutzbar wären. Solche komplexen Marktmechanismen zwingen aber zu einer strukturierten Vorgehensweise bei der Entwicklung der Marktregeln, welche auch als Marktmikrostruktur bezeichnet werden. Diese Regeln beschreiben, wie der Handel abläuft, den zugelassenen Teilnehmerkreis, die Informationsverteilung sowie die Berechtigungen für die Aktionen auf dem Markt. Aus den Marktregeln ergibt sich auch, wie die Zuordnung auf dem Markt geschieht und wie der Preis bestimmt wird.

Darüber hinaus ist die Informationstechnologie ein integraler Bestandteil elektronischer Märkte. Daher ist bei der Betrachtung der Institution auch immer die konkrete Realisierung des Marktes innerhalb eines IT Systems zu berücksichtigen. Diese wird in die Institution daher unter dem Überbegriff Infrastruktur aufgenommen. Somit beschreibt die Infrastruktur die technische Umsetzung der Mikrostruktur. Daraus lässt sich folgern, dass Abhängigkeiten zwischen diesen beiden Komponenten bestehen und daher Marktsysteme immer unter Berücksichtigung beider Komponenten betrachtet werden müssen. Beispielsweise können bestimmte Marktregeln erst durch adäquate technische Unterstützung überhaupt realisiert werden. Des Weiteren fallen bei elektronischen Märkten z. B. durch den Betrieb der Infrastruktur auch Kosten an. Darüber hinaus benötigt ein Marktbetreiber Quellen der Erlöserzielung, um einen Markt profitabel betreiben zu können. Daher werden auf elektronischen Märkten meist Gebühren in Form von Transaktions- oder Teilnahmegebühren erhoben. In der Institution werden diese Gebühren durch die Businessstruktur repräsentiert. Daraus ergibt sich der in Abbildung 3 dargestellte schematische Aufbau der erweiterten Marktinstitution (siehe auch [Neum04, S. 94]).

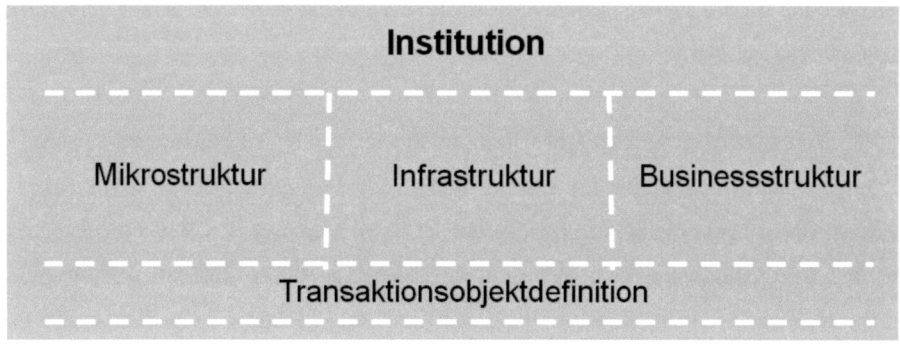

Abbildung 3: Institution elektronischer Märkte

Mit dieser Erweiterung der Institution ergibt sich aus dem Bezugsrahmen von Smith ein Bezugsrahmen für elektronische Märkte (siehe Abbildung 4). Somit lässt sich ein elektronischer Markt mit Hilfe des Marktumfelds und der Institution vollständig beschreiben. Das Marktumfeld wird hierbei als von außen gegeben betrachtet, wohingegen die Institution durch den Marktbetreiber bzw. Marktdesigner gestaltet werden kann [Holt04]. Das Umfeld umfasst also hauptsächlich die gesetzlichen Rahmenbedingungen, die verfügbaren technischen Möglichkeiten, die handelbaren Produkte sowie die Marktteilnehmer und deren individuelle Charakteristik und Ausstattung.

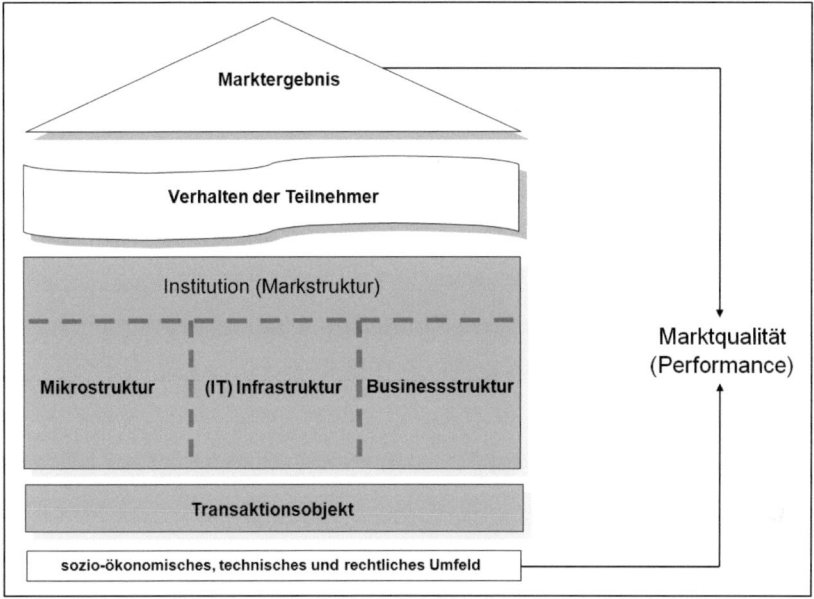

Abbildung 4: Bezugsrahmen für elektronische Märkte[1]

2.3 Verhandlungen und Auktionen als Marktinstitutionen

2.3.1 Verhandlungen

In der ökonomischen Theorie werden Verhandlungen hauptsächlich als Preisfeststellungsmechanismen in Marktinstitutionen wie beispielsweise Auktionen gesehen. Da Märkte Orte des Austauschs von Gütern, Informationen und Dienstleistungen sind, welcher mit Hilfe institutioneller Regeln durchgeführt wird, um eine effiziente Zuteilung zu erreichen, ist leicht einzusehen, dass das Betreiben eines Marktes immer von der einen oder anderen Art von Verhandlungsprozessen geprägt ist. In traditionellen Märkten sind Verhandlungen sogar der dominierende Koordinationsmechanismus [Strö03].

Verhandlungen treten in den verschiedensten Formen und Situationen auf und werden von ethischen, kulturellen und sozialen Umständen beeinflusst. Die Vielzahl und Verschiedenheit der Verhandlungssituationen hat zur Erforschung von Verhandlungen aus den unterschiedlichsten Disziplinen wie beispielsweise Anthropologie, Psychologie und Soziologie, Volkswirtschaftslehre, Politikwissenschaften, Recht und angewandte Mathematik geführt. Diese große Zahl involvierter Disziplinen und Perspektiven hat auch zu den verschiedensten Termi-

---

[1] Adaptiert von [Neum04], S.98 und [WeHo03]

nologien, Definitionen, Notationen und Konzepten geführt [BiKe03]. Jede Disziplin adressiert dabei einen spezifischen Aspekt der Verhandlungssituation, während die Interdisziplinarität von Verhandlungen innerhalb dieser Forschungsrichtungen unter diesen Inkonsistenzen und Wiedersprüchen leidet [Gull79]. Zum Beispiel konzentrieren sich die Ökonomen auf die Erstellung formaler Modelle und Methoden für Verhandlungen sowie die Untersuchung von rationalen Strategien und der von den Forschungsbereichen Spieltheorie, Auktionstheorie und Verhandlungstheorie beeinflussten Marktergebnisse. Dagegen beschäftigen sich die Informatik und die Wirtschaftsinformatik mit den Plattformen, Werkzeugen und (Software-)Agenten für die elektronisierte Form von Verhandlungen [BiKe03].

Aufgrund der beschriebenen Problematik ist eine einheitliche Definition und Einordnung von Verhandlungen schwierig. So können der Kontext, in dem der Begriff Verhandlung gebraucht wird, und die Definition des Begriffs abhängig von der Disziplin stark variieren. Darüber hinaus gibt es viele Gründe, aus denen Verhandlungen stattfinden können. Sie können beispielsweise dazu dienen, etwas Neues zu erzeugen, was keine der beteiligten Parteien alleine erreichen konnte oder dazu, ein Problem oder einen Konflikt zwischen den Parteien zu lösen [LeSa99].

Um eine einheitliche Definition von Verhandlungen zu erreichen, schlagen Bichler et al. eine weitgefasste Definition unter Einbeziehung der verschiedenen Forschungsrichtungen und Disziplinen vor. Demnach sind Verhandlungen ein iterativer Kommunikations- und Entscheidungsprozess zwischen zwei oder mehr Agenten (Parteien oder deren Repräsentanten), welche

1. ihre Ziele nicht durch einstimmige Aktionen erreichen können;
2. Informationen bestehend aus Angeboten, Gegenangeboten und Argumenten austauschen;
3. sich mit voneinander abhängigen Aufgaben beschäftigen und
4. nach einer Übereinkunft suchen, welche eine Kompromissentscheidung darstellt [BiKe03].

Das Ergebnis einer Verhandlung kann entweder ein Kompromiss bzw. eine Allokation sein oder, falls sich die Verhandlungsparteien auf kein für beide Seiten tragbares Ergebnis einigen konnten, eine Nichtübereinstimmung. Daher kann eine Verhandlung auch ohne ein verwertbares Ergebnis enden. Verhandlungen folgen Regeln, wozu unter anderem Kommunikationsre-

geln für den Austausch von Angeboten und Nachrichten, Entscheidungsregeln und die Spezifikation des Verhandlungsgegenstands gehören. Das Verhandlungsprotokoll beinhaltet alle
diese Regeln und spezifiziert eine Sequenz von Aktionen, zulässige Angebote und Nachrichten sowie deren zeitliche Abfolge (siehe auch Abschnitt 3.5.4). Je nach Verhandlungsprotokoll lassen sich drei verschiedene Verhandlungsebenen unterscheiden, welche den Grad der
Strukturierung einer Verhandlung beschreiben [BiKe03]:

(1) Unstrukturierte Verhandlungen, welche keinem festen Protokoll für den Austausch
    folgen und sich an keine Regeln halten. Ein Beispiel für unstrukturierte Verhandlun-
    gen sind Verhandlungen von Angesicht zu Angesicht.

(2) Semistrukturierte Verhandlungen halten sich zwar an gewisse Regeln, aber das Ver-
    handlungsprotokoll ist nicht vollständig definiert, was den Verhandlungsteilnehmern
    eine gewisse Flexibilität bezüglich ihrer Entscheidungsfindung und des Informations-
    austauschs lässt.

(3) Strukturierte Verhandlungen folgen einem Satz von Regeln, welche den Entschei-
    dungsprozess der Parteien und die erlaubten Aktivitäten vollständig beschreiben.

Daneben existieren auch noch zahlreiche weitere Kriterien, nach denen sich Verhandlungen
einteilen lassen. Zum Beispiel können Verhandlungen in elektronisch unterstützte Verhandlungen und nicht elektronisch unterstützte Verhandlungen eingeteilt werden und die Untergruppe der elektronischen Verhandlungen wiederum in Abhängigkeit des Grades der Verhand-
lungsunterstützung durch das Computersystem.

2.3.2 Auktionen

Auktionen gehören seit alters her zu den bekanntesten und wichtigsten Marktinstitutionen. Sie
werden schon seit Jahrhunderten genutzt, um eine Vielzahl von Produkten wie beispielsweise
Antiquitäten, Kunstobjekte oder Agrarprodukte zu versteigern. Zusätzlichen Schub erhielten
Auktionen durch die mit Hilfe der modernen Informationstechnologie möglich gewordenen
Auktionsplattformen wie Ebay, die es jedermann ermöglichen, Produkte des täglichen Lebens
zu kaufen oder zu verkaufen. Aber nicht nur im privaten Bereich, sondern auch im geschäftli-
chen Sektor haben sich Auktionen zum Beispiel für die Beschaffung etabliert. Auch die heutigen Wertpapiermärkte wären ohne Auktionen nur schwer denkbar. Darüber hinaus werden

Auktionen inzwischen sogar auch für die Verteilung von beschränkten Ressourcen oder Rechten von Seiten des Staates genutzt, wie die Auktion der CO2-Emissionszertifikate oder der UMTS-Lizenzen zeigen. Anhand der genannten Beispiele lässt sich die enorme Bedeutung von Auktionen für die Wirtschaft erkennen. Auktionen werden prinzipiell aus drei Gründen durchgeführt: Geschwindigkeit, um Informationen über die Wertschätzungen der Käufer aufzudecken und um Prinzipal-Agenten Probleme zu vermeiden, wenn der Verkäufer einen Agenten beauftragt [Wolf96, S. 184].

In einer Auktion geben die Teilnehmer (genannt Bieter) Gebote ab, die ihre Nachfrage oder Angebotsfunktion repräsentieren. Unter Geboten werden Nachrichten verstanden, mit denen die Teilnehmer ihre Ressourcenbedürfnisse äußern, Preissignale geben oder versuchen, anderen Bietern Informationen zu entlocken. Oft wird unter Gebot bei einer Auktion ein Kaufangebot verstanden. Da jedoch auch Kaufauktionen existieren, die dem Käufer dazu dienen, den bestmöglichen Verkäufer (d.h. in der Regel den Verkäufer mit dem niedrigsten Preis) zu finden (umgekehrte Auktion bzw. Reverse Auction), werden Gebote hier neutral betrachtet und umfassen damit sowohl Kauf- als auch Verkaufsgebote. An diesem Beispiel zeigt sich auch, dass die Gebote nicht notwendigerweise aufsteigen müssen, sondern auch sinnvolle Anwendungsmöglichkeiten für absteigende Auktionen existieren. Im Folgenden wird der Einfachheit halber nur auf Verkaufsauktionen referenziert, das Gesagte gilt jedoch analog auch für Kaufauktionen.

Eine Auktion kann somit als eine Marktinstitution mit einem expliziten Regelsatz angesehen werden, der die Zuteilung der Ressourcen und die Preise auf Basis der Gebote der Marktteilnehmer bestimmt [McMc87]. In der Praxis müssen die Auktionsregeln relativ einfach sein und sollten darüber hinaus unabhängig von der Umgebung und den privaten Informationen der Bieter sein. Dann funktioniert die Auktion auch ohne, dass der Verkäufer Kenntnis der Identitäten, Wertschätzungen, Überzeugungen oder anderer Charakteristika der Bieter hat. Darüber hinaus können in diesem Fall dieselben Regeln für den Verkauf einer Vielzahl verschiedener Güter verwendet werden. So spielt es beispielsweise keine Rolle, ob bei einer Auktion auf Ebay ein Fahrrad, ein Auto oder eine CD verkauft wird (vgl. [MoJe03] und [Kris02]). Auktionen bestehen unabhängig von ihrer konkreten Ausprägung aus 3 Kernaktivitäten [WuWe01]:

(1) Entgegennehmen der Gebote und Prüfung auf Gültigkeit bezüglich der Auktionsregeln

(2) Clearing des Marktes, d.h. Ermittlung des Ressourcenaustauschs und der damit verbundenen Zahlungsströme

(3) Offenlegung von Zwischeninformationen - Auktionen stellen den Teilnehmern üblicherweise Statusinformationen bereit, typischerweise in Form hypothetischer Ergebnisse für den Fall, dass die Auktion in diesem Moment enden würde.

Auktionen lassen sich in zwei große Gruppen einteilen: einseitige- und doppelseitige Auktionen. Während bei einseitigen Auktionen ein Verkäufer mehreren Käufern (bzw. ein Käufer mehreren Verkäufern bei einer umgekehrten Auktion) gegenübersteht, geben bei doppelseitigen Auktionen mehrere Käufer und Verkäufer gleichzeitig Gebote ab. Doppelseitige Auktionen werden in den meisten Börsen eingesetzt und lassen sich in zwei weitere Formen untergliedern. Bei so genannten kontinuierlichen Doppelauktionen (continuous double auction CDA) wird bei jedem eingehenden neuen Gebot sofort überprüft, ob eine Ausführung des Gebots gegen die existierenden Gebote möglich ist. Bei sog. Call Märkten wird diese Prüfung und ggf. Ausführung dagegen in diskreten Zeitabständen durchgeführt.

Einseitige Auktionen lassen sich noch weiter diversifizieren. Vickrey identifiziert hier vier grundsätzliche Auktionstypen [Vick61]:

(1) Englische Auktion

Bei der englischen Auktion erhöht sich der Preis - solange es mindestens zwei konkurrierende Bieter gibt - über die Zeit in typischerweise kleinen Schritten bis nur noch ein Bieter zum gebotenen Preis Interesse zeigt. Bei der englischen Auktion geben die Bieter ihre Gebote offen ab, d.h. die Bieter können daraus Rückschlüsse auf die Nutzenfunktionen bzw. Strategien ihrer Mietbieter ziehen.

(2) Holländische Auktion (Dutch Auction)

Hier wird der Preis im Gegensatz zur Englischen Auktion beginnend von einem hohen Startpreis in kleinen Schritten immer weiter abgesenkt, bis ein Bieter den aktuellen Preis akzeptiert, was die Auktion beendet.

(3) Geschlossene Erstpreisauktion (First Price Sealed-Bid)

Bei diesem Auktionstyp geben die Bieter ihre Gebote unabhängig voneinander in geschlossener Form ab, d.h. die Bieter kennen die Gebote der anderen Bieter nicht. Der Bieter mit dem höchsten Preis gewinnt die Auktion und er muss den von ihm gebotenen höchsten Preis bezahlen.

(4) Vickrey Auktion (auch geschlossene Zweitpreisauktion, Second Price Sealed Bid)

Die Vickrey Auktion funktioniert analog zu der geschlossenen Erstpreisauktion. Im Unterschied zu dieser muss der Auktionsgewinner jedoch nicht den von ihm gebotenen höchsten Preis bezahlen, sondern nur das insgesamt gesehen zweithöchste Gebot.

Neben den hier beschriebenen Grundtypen werden in der Praxis aber auch noch zahlreiche Mischformen oder sogar aus verschiedenen Auktionen zusammengesetzte Auktionen verwendet. Abbildung 5 zeigt einen Überblick über die Systematik der wichtigsten beschrieben Auktionstypen.

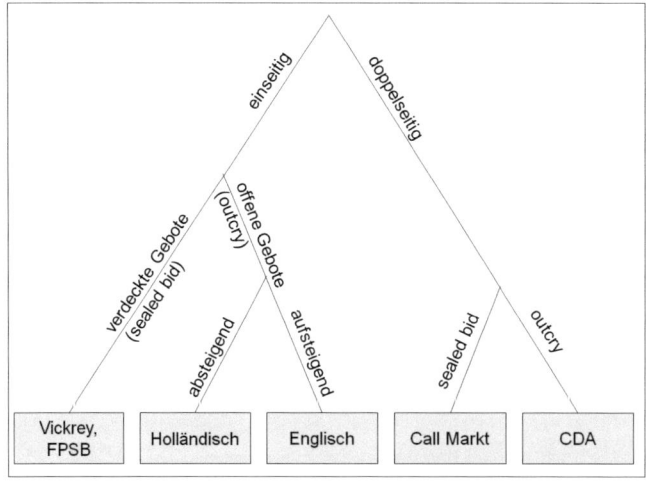

Abbildung 5: Systematik der Auktionstypen nach [WuWe01]

Auktionen werden meist eingesetzt, um bestimmte Ziele wie zum Beispiel eine effiziente Zuteilung der Ressourcen (Allokationseffizienz) zu erreichen. Zu den wichtigsten Auktionszie-
len gehören (vgl. [MoJe03]):

- Allokationseffizienz

    Eine effektive Zuteilung der Ressourcen aus gesamtwirtschaftlicher Sicht ist dann er-
    reicht, wenn die öffentliche Wohlfahrt maximiert wird. Dieses Ziel wird erreicht,
    wenn die Ressource dem Bieter mit der höchsten Wertschätzung zugeteilt wird (siehe
    auch [Kris02]).

- Einkommensmaximierung

    Aus Sicht des Auktionators, der die Auktion veranstaltet, ist jedoch oft nicht die Allo-
    kationseffizienz das wichtigste Auktionsziel, sondern die Maximierung seines eigenen
    Einkommens bzw. Nutzens. Bei einer regulären englischen Auktion wird der Auktio-
    nator beispielsweise versuchen, einen möglichst hohen Preis für das angebotene Gut
    bzw. die angebotene Dienstleistung oder Information zu erhalten. Auktionen basieren
    auf dem Prinzip des Wettbewerbs zwischen den Bietern und dieser Wettbewerb wirkt
    sich in der Regel auch positiv auf das Auktionsergebnis des Auktionators aus.

- Geschwindigkeit

    Auktionen bieten die Möglichkeit der schnellen, reibungslosen Abwicklung von Tran-
    saktionen, da der Gewinner über den Mechanismus quasi automatisch ermittelt wird
    und beispielsweise keinen langwierigen Preisverhandlungen zwischen Bieter und
    Auktionator nötig sind. Dies ist insbesondere bei leicht verderblichen Gütern und in
    Situationen, wo schnelle Entscheidungen vonnöten sind, von Vorteil.

- Wertbestimmung

    Bei vielen materiellen und besonders auch immateriellen Gütern wie Kunstwerken,
    Immobilien, Lizenzen, Rechten oder Erfindungen kann ein objektiver Wert nur schwer
    festgestellt werden, da sie Einzelstücke sind oder es keine Substitute gibt, die in einem
    marktlichen Umfeld gehandelt werden können. Auktionen sind eine einfache, aber
    sehr effektive Methode, um den Wert solcher Güter zu bestimmen. Darüber hinaus
    helfen Auktionen auch den Bietern bei der Ermittlung ihrer Wertschätzung für ein
    Gut, da sie aus den Geboten der anderen Auktionsteilnehmer Hinweise auf den wahren
    Wert des Gutes ablesen können.

- Transparenz und Fairness

  In seriösen Auktionen werden die Regeln im Vorhinein präzise festgelegt und gelten gleichermaßen für alle Teilnehmer. Dieses Vorgehen ist eine wichtige Grundlage nicht nur für die tatsächliche, sondern auch für die wahrgenommene Transparenz und Fairness eines Marktmechanismus. Daher werden Auktionen beispielsweise oft bei der Vergabe öffentlicher Güter, wie zum Beispiel Frequenzen, CO_2 Zertifikaten, Senderechten etc. eingesetzt. Sie bieten gegenüber anderen Mechanismen wie beispielsweise formlosen Verhandlungen oder Schönheitswettbewerben, bei denen die Zuteilung nach Kriterien wie Marktmacht, Umsatz oder Ansehen vergeben wird, den Vorteil, dass der Prozess nach festen, nachprüfbaren Regeln abläuft und daher auch im Nachhinein überprüft werden kann.

2.3.3 Multi-attributive Auktionen

Klassische Auktionen wie sie im vorherigen Abschnitt beschrieben sind, wurden traditionell eingesetzt, um eine effiziente Allokation von Gütern bzw. Ressourcen gegen Bezahlung eines Preises zu erreichen. Somit handelte es sich um single-attributive Auktionen mit dem einzigen Attribut Preis. Eine erste Erweiterung von Auktionen stellen Mehreinheiten-Auktionen (Multi-Unit) und Mehrgüter-Auktionen (Multi-Item) dar. Während bei Mehrgüter-Auktionen mehrere unterschiedliche Gütertypen zu einem Bündel kombiniert werden können, sind bei Mehreinheiten-Auktionen nur Bündel aus mehreren Einheiten des gleichen Gutes zulässig. Derartige Auktionsformen finden vor allem bei Beschaffungsauktionen und der Verteilung von Ressourcen beim Grid-Computing Verwendung, haben aber auch schon Einzug in verschiedene Internet-Auktionsportale gehalten.

Die Weiterentwicklung der technischen Möglichkeiten in den letzten Jahren hat darüber hinaus zu einer neuen Klasse von Auktionen geführt, den multi-attributiven Auktionen. Hierbei wird die Allokation nicht nur über das Attribut Preis alleine durchgeführt, sondern zusätzlich oder stattdessen werden weitere Attribute wie Qualität, Garantie oder Lieferzeit in die Allokation einbezogen. Während multi-attributive Auktionen prinzipiell in jeder Auktionsgattung eingesetzt werden können und daher auch in doppelseitigen Auktionen (siehe zum Beispiel [GiMä06]), sind in der Praxis und Forschung bisher hauptsächlich nur einseitige Auktionen relevant. Besonders bei der Beschaffung von Ressourcen im Unternehmensumfeld stellt oft der Preis nur einen von vielen wichtigen Parametern dar, so dass multi-attributive Auktionen vor allem bei Beschaffungsauktionen eingesetzt werden. Aufgrund des vornehmlichen Einsatzes solcher Auktionen im Bereich der Beschaffung konzentrieren sich die Untersuchungen in der Literatur in diesem Bereich auf solche umgekehrten Auktionen (siehe auch [Bich01], [Stre04]).

Multi-attributive Auktionen vereinen die Vorteile von Auktionen und Verhandlungen, indem ein schneller, effizienter Mechanismus eingesetzt wird, welcher aber nicht nur die Berücksichtigung des Preises, sondern vieler Attribute wie in einer Verhandlung ermöglicht. Dem gegenüber steht der Nachteil der hohen Komplexität solcher Auktionen. Die Beherrschung dieser Komplexität kann erst mit modernen technischen Möglichkeiten gewährleistet werden. Dies erklärt die Tatsache, dass multi-attributive Auktionen in der Praxis erst spät zum Einsatz kamen.

(Umgekehrte) multi-attributive Auktionen setzen meist voraus, dass der Käufer die auf seiner Nutzenfunktion basierende Scoringfunktion[2] offenlegt, um den Anbietern die Gebotsabgabe zu erleichtern bzw. zu ermöglichen. Es gibt jedoch auch Fälle, in denen eine Offenlegung dieser Funktion nicht gewünscht ist, da beispielsweise die eigenen Präferenzen geheim sind oder zu Nachteilen bei der Auktion führen könnten. Die Bewertung der Gebote und folglich auch die Allokation am Ende der Auktion wird im Gegensatz zur single-attributiven Auktion nicht mit Hilfe des Preises, sondern auf Basis der genannten Scoringfunktion des Käufers durchgeführt (vgl. [Bich01, S. 141]). Folglich gewinnt das Gebot die Auktion, welches die höchste mit der Scoringfunktion des Käufers ermittelte Punktzahl erreicht. Multi-attributive Auktionen erlauben es also, durch einen automatisierten Mechanismus das für den Käufer aus seiner Sicht beste Gebot der Verkäufer schnell und einfach zu ermitteln. Natürlich sind grundsätzlich nicht nur umgekehrte multi-attributive Auktionen denkbar, sondern auch reguläre Auktionen, bei denen mehrere Käufer multi-attributiv auf Güter eines Verkäufers bieten, oder sogar Auktionen, bei denen die beiden Teilnehmer nicht sinnvoll in Käufer und Verkäufer eingeteilt werden können. Die Forschung über solche Auktionen steht noch ganz am Anfang.

2.3.4 Vergleich von Verhandlungen und Auktionen

Um Auktionen und Verhandlungen vergleichen zu können, muss zuerst Klarheit über das Verhältnis von Auktionen zu Verhandlungen herrschen. Jedoch ist die Einordnung von Verhandlungen im Vergleich zu Auktionen umstritten. In der ökonomischen Literatur werden

---

[2] Die Scoringfunktion kann, muss aber nicht zwingend identisch mit der Nutzenfunktion sein. Jedoch wird hier angenommen, dass beide Funktionen die gleiche Präferenzordnung zum Ausdruck bringen.

Verhandlungen oft mit bilateralem Verhandeln gleichgesetzt und als Gegenkonzept zu Auktionen präsentiert (vgl. [BuKl95]). Die Popularität von Online Auktionen hat sogar dazu geführt, dass in einer auktionszentrierten Perspektive jede Art des strukturierten Austauschs von Nachrichten, wie er in Verhandlungen verwendet wird, als Auktion angesehen wird (siehe [WuWe01]). In der Folge werden Verhandlungen als Untergruppe von Auktionen betrachtet.

Insbesondere das Aufkommen von multi-attributiven Auktionen, bei denen wie bei Verhandlungen zwei oder mehr Attribute berücksichtigt werden können, hat zum Verschwimmen der Grenze zwischen Auktionen und Verhandlungen geführt. So bringen multi-attributive Auktionen traditionell den Verhandlungen entstammende Techniken (wie beispielsweise Nutzen statt Preis als Messgröße der Präferenzen, Austauschbeziehungen, etc.) in den Auktionsmechanismus ein [KeNo00]. Daher kann auch argumentiert werden, dass Auktionen eine automatisierte Form von Verhandlungen im weitesten Sinn und somit eine Untergruppe der Verhandlungen darstellen.

Traditionell unterscheiden sich Verhandlungen und Auktionen durch ihre unterschiedlichen Charakteristiken deutlich. So sind traditionelle Auktionen auf wettbewerblichem Bieten basierende Allokationsmechanismen, die nur das einzige Attribut Preis eines einzigen, wohldefinierten Auktionsobjekts berücksichtigen [Wolf96]. Traditionelle Auktionen basieren dagegen auf bilateralen, multi-lateralen oder multi-bilateralen[3] Verhandlungen über ein oder mehrere Attribute eines oder mehrerer Objekte, welche nicht notwendigerweise wohldefiniert sein müssen. Sie beinhalten Kooperation und/oder Wettbewerb zwischen den Verhandlungsteilnehmern (vgl. [BiKe03]). Wie anhand der Beschreibung multi-attributiver Auktionen nachzuvollziehen ist, lässt sich diese Abgrenzung nicht mehr aufrecht erhalten. Multi-attributive Auktionen beinhalten zahlreiche Elemente sowohl der traditionellen Verhandlungen als auch der traditionellen Auktionen und können daher auch als eine Art Hybridform von Auktionen und Verhandlungen angesehen werden.

Die Frage, wie Auktionen im Vergleich zu Verhandlungen eingeordnet werden müssen, kann daher nicht abschließend beantwortet werden und bedarf noch intensiver, weitergehender Forschung. Bichler et al. haben als einen ersten Schritt die zentralen Gemeinsamkeiten und Unterscheidungsmerkmale von traditionellen Auktionen, traditionellen Verhandlungen sowie

---

[3] Unter multi-bilateralen Verhandlungen versteht man die Verhandlungen, bei denen eine Partei gleichzeitig jeweils bilateral mit mehreren Gegenparteien verhandelt.

moderner elektronischer Auktionen ermittelt und beschrieben [BiKe03]. Eine Übersicht über die wichtigsten Charakteristika dieses Vergleichs findet sich in Tabelle 1.

Merkmal	Traditionelle Auktion	Traditionelle Verhandlung	Elektronische Auktion
Anzahl Teilnehmer	multi-bilateral, ein- oder doppelseitig	bilateral, multilateral, multi-bilateral, beliebige Anzahl an Seiten	multi-bilateral, ein- oder doppelseitig
Teilnehmerkreis	offen oder geschlossen	geschlossen	offen, geschlossen oder regelbasiert
Anzahl Objekte	Einzelobjekt, homogen	ein oder mehrere, homogen oder heterogen	ein oder mehrere, homogen oder heterogen
Anzahl Attribute	einattributiv	ein - oder multi-attributiv	ein - oder multi-attributiv
Struktur der Attribute	wohldefiniert	beliebig	wohldefiniert
Gebotsraum	festgelegt	festgelegt oder beliebig, u.U. unbekannt	festgelegt
Kenntnis der Gebote bzw. Zugeständnisse	öffentlich oder privat	privat (selten öffentlich)	öffentlich oder privat
Bedingte Zugeständnisse (Logrolling)	nein	ja	ja
Austausch von Argumenten, Drohungen, Meinungen	nein	ja	nein
Protokoll	a priori definiert, explizit festgelegt	wohldefiniert oder teilweise definiert, explizit oder implizit	A priori definiert, explizit festgelegt
Kooperation und Wettbewerb	Wettbewerb zwischen mindestens 2 Bietern, Kooperation verboten	Kooperation und/oder Wettbewerb zwischen den Teilnehmern	Wettbewerb zwischen mindestens 2 Bietern, Kooperation verboten
Prozesskontrolle	a priori definiert	nicht wohldefiniert, von den Teilnehmern veränderbar	a priori definiert

Tabelle 1: Vergleich Auktion, Verhandlung, elektronische Verhandlung nach [BiKe03]

Wie sich zeigt sind Auktionen, insbesondere durch die Entstehung neuer Auktionsformen, zu einem sehr flexiblen Instrument gereift, welches auch in Situationen eingesetzt werden kann, die bisher Verhandlungen vorbehalten waren. Jedoch bestehen trotz der Annäherung von Auktionen und Verhandlungen auch noch deutliche Unterschiede zwischen den beiden Mechanismen. So sind auch multi-attributive Auktionen auf wohldefinierte, a priori festgelegte Regeln und Produktstruktur angewiesen, während bei Verhandlungen deutlich mehr Freiräume bestehen und sich die Struktur oder die Regeln auch während des Verhandlungsprozesses noch ändern können.

2.4 Market-Engineering

2.4.1 Der Market-Engineering-Prozess

Wie sich gezeigt hat, existieren zahlreiche verschiedene Mechanismen für elektronische Märkte. Dazu gehören unter anderem Auktionen und Verhandlungen, welche in ihrer elektronischen Form wie alle elektronischen Märkte einer bewussten Gestaltung bedürfen. Für den jeweiligen Markt werden die Spielregeln, also die Transaktionsmöglichkeiten der Marktteilnehmer, definiert und in Software implementiert (vgl. [WeHo03]). Diese Marktregeln, auch Marktstrukturparameter genannt, sind Stellschrauben, welche die Marktgestaltung und folglich auch das Marktergebnis beeinflussen. Schon kleine Änderungen der Parameter können große Auswirkungen auf das Marktergebnis haben. Daher ist die Gestaltung der Marktparameter von immenser Wichtigkeit für den späteren Erfolg eines elektronischen Marktes.

Elektronische Märkte können bedingt u. a. durch die für die Realisierung notwendige Technologie heute noch nicht spontan entstehen, sondern müssen bewusst gestaltet werden (vgl. auch [Neum04, S. 123]). Diese bewusste Gestaltung elektronischer Märkte wird als Market-Engineering bezeichnet. Es widmet sich nicht nur der Gestaltung, sondern auch der Weiterentwicklung elektronischer Märkte und bezieht sich dabei insbesondere auf die Art und Weise, wie Angebot und Nachfrage in Transaktionen zusammengeführt und abgewickelt werden und auch auf die Umsetzung in technische Infrastrukturen [WeHo03].

Wie in Abschnitt 2.2 beschrieben, ist das Umfeld eines elektronischen Marktes exogen gegeben. Somit bleibt als Einflussbereich für den Marktdesigner ausschließlich die Marktinstitution. Die Bestandteile der Marktinstitution und dabei insbesondere die Mikro-, Infra- und Businessstruktur bieten jedoch ein weites Betätigungsfeld und weitreichende Einflussmöglichkeiten auf Ausgestaltung und Ergebnis von Märkten. Die Gestaltung und Umsetzung elektronischer Märkte wird zwar in den meisten Fällen von Marktveranstaltern durchgeführt, jedoch beeinflussen vielfältige Anspruchsgruppen diesen Prozess in erheblichem Maße. Zu diesen Anspruchsgruppen gehören u. a. die Handelsteilnehmer als Kunden, die Lieferanten ergänzender Dienstleistungen wie Zahlung oder Transport und die staatlichen Regulatoren [WeHo03]. Aufgrund der Vielzahl möglicher Parameter und Ausgestaltungsmöglichen in den verschiedenen Bereichen der Marktinstitution, den heterogenen Ansprüchen der unterschiedlichen Anspruchsgruppen sowie den ex ante oft unbekannten Abhängigkeiten innerhalb oder zwischen den Komponenten der Institution, ist der Komplexität des Gestaltungs- und Entwicklungsprozesses sehr hoch. Darüber hinaus beeinflusst nicht nur die Institution, sondern auch das Umfeld sowie das Zusammenspiel von Umfeld und Institution das Verhalten der Marktteilnehmer (vgl. [NeHo02]). Daher ist es oft schwierig vorherzusagen, ob der Markt die an ihn gestellten Anforderungen am Ende erfüllt.

Da viele etablierte Methoden und Theorien aufgrund der hohen Komplexität bei der Marktgestaltung an ihre Grenzen stoßen, bieten sich ingenieurwissenschaftliche Techniken an, um Anregungen und Werkzeuge für die Gestaltung von elektronischen Märkten zu erhalten bzw. zu entwickeln. So ist es beispielsweise sinnvoll, ein strukturiertes Vorgehen bei der Gestaltung von Märkten zu wählen und dabei nicht nur den eigentlichen Gestaltungsvorgang zu berücksichtigen, sondern die entwickelten Märkte auch zu testen und zu evaluieren. In diesem Sinne bezeichnet Market-Engineering „das systematisch und theoretisch fundierte Vorgehen zur Analyse, Gestaltung, Einführung, Qualitätssicherung und Weiterentwicklung elektronischer Märkte sowie ihrer rechtlichen Rahmenbedingungen auf Basis einer integrierten Sicht von Mikrostruktur, Infrastruktur, Businessstruktur" (vgl. [WeHo03]).

Analog dem Vorgehen beim Software-Engineering empfiehlt es sich also, die Anforderungen und Ziele klar zu spezifizieren und einen strukturierten Prozess zu entwickeln, der das Market-Engineering von der ersten Definition der Anforderungen bis zur Einführung des fertigen Marktes vollständig unterstützt. Das Market-Engineering-Vorgehensmodell (siehe Abbildung 6) liefert einen solchen umfassenden Prozess, der dabei hilft durch die systematische Berücksichtigung aller relevanten Gestaltungsparameter nachvollziehbare Ergebnisse und damit auch einen hohen Qualitätsstandard bei der Gestaltung, Einführung und Weiterentwicklung elektronischer Märkte zu erhalten [Holt04, S. 140].

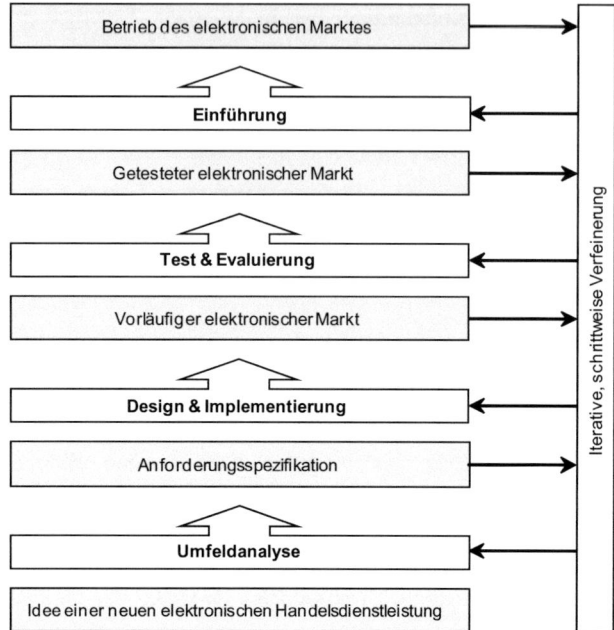

Abbildung 6: Market-Engineering-Vorgehensmodell adaptiert von [Neum04, S. 155]

Das Vorgehensmodell ist von den beiden Kernaktivitäten des Market-Engineering, dem Design und Betrieb eines elektronischen Marktes, geprägt. Dabei wird ein problemorientierter
Ansatz gewählt, der zuerst die Anforderungen mit Hilfe wissenschaftlicher und theoretisch
fundierter Methoden ermittelt und dann ein Konzept zur Lösung des Problems bzw. Erzielung
des gewünschten Prozesses entwickelt. Die einzelnen Schritte innerhalb des Vorgehensmodells werden im folgenden kurz erläutert (vgl. [Neum04, S. 156ff]):

(1) Umfeldanalyse

Die Umfeldanalyse steht am Anfang des Market-Engineering-Vorgehensmodells.
Sie beginnt mit der Beschreibung der Ziele und Strategie des Marktbetreibers und
dient der Identifikation der Anforderungen an den zu entwickelnden Marktes und
dessen Nebenbedingungen. Dazu gehören insbesondere die Zielsetzung des Marktbetreibers sowie die Bestimmung geeigneter Marktsegmente und der Zielgruppe.
Die Umfeldanalse dient also zur Beschreibung des sozio-ökonomischen Umfelds
des Marktes, welches u. a. aus der Anzahl der Teilnehmer, ihrer Präferenzstruktur
und Risikoeinstellung, den angebotenen Ressourcen und ihrer Charakteristika sowie der Teilnehmerausstattung besteht. Auf dieser Grundlage werden dann die ge-

wünschten Funktionalitäten und Eigenschaften des Marktes festgelegt [Neum04, S. 164].

(2) Design und Implementierung

Die zweite Phase des Market-Engineering-Vorgehensmodells beginnt, wenn das Designproblem ausreichend spezifiziert wurde, und umfasst den eigentlichen Designprozess. Sie besteht aus den drei Unterphasen Konzeptdesign, Ausgestaltung, und Detaildesign. Zu Beginn wird aus den im Rahmen der Umweltanalyse spezifizierten Anforderungen ein erstes Konzept der Marktregeln entwickelt. Dieses Konzept wird dann im Verlauf der drei Unterphasen bis hin zum vollkommen ausgestalteten elektronischen Markt verfeinert und in einem zweiten Schritt in ein lauffähiges Softwaresystem transformiert.

(3) Test und Evaluierung

Um Überraschungen bei der späteren Einführung des Marktes zu vermeiden und die Marktqualität zu sichern, kommt der dritten Phase besondere Bedeutung zu. Sie dient nicht nur dazu, die Funktionsfähigkeit des implementierten Marktes zu überprüfen, sondern auch der Untersuchung, inwieweit der Markt die gestellten Anforderungen erfüllt und ob er zu dem gewünschten Marktergebnis führt. Dabei kann eine Palette verschiedener Methoden angewandt werden, die von einem axiomatischen bis hin zu einem experimentellen Vorgehen reicht [Neum04]. So bieten sich beispielsweise Laborexperimente an, um zu vergleichsweise geringen Kosten vorab die Reaktion von menschlichen Teilnehmern auf die Marktinstitution zu testen und damit das zu erwartende Marktergebnis zu prognostizieren (siehe auch Abschnitt 3.3).

(4) Einführung

Nachdem die Evaluierungsphase eines Marktes erfolgreich abgeschlossen ist, kann der Markt im gewünschten Umfang eingeführt werden. Das Market-Engineering endet nach der Einführung des Marktes mit einer Nachprüfung, welche die Zufriedenheit bzw. Akzeptanz der Kunden direkt nach der Einführung des neuen Marktes misst.

Eine ausführlichere Erläuterung der beschriebenen Prozessschritte und insbesondere auch der Designphase findet sich bei [Neum04, S. 156ff].

Das beschriebene strukturierte und umfassende Vorgehensmodell bietet Hilfestellung bei der strukturierten Entwicklung eines neuen Marktes und sorgt dabei für die Erfüllung der an den Markt gestellten Anforderungen und dadurch auch für Qualitätssicherung des Ergebnisses des Engineering-Prozesses. Der Prozess ist dabei nicht als strikt sequentieller Ablauf zu verstehen. Bei jedem Schritt sollte eine Überprüfung der Erreichung der vorgegebenen Ziele und Anforderungen und ggf. ein Iterationsschritt erfolgen, um eventuell noch vorhandene Defizite zu beseitigen.

2.4.2 Computer-Aided Market-Engineering (CAME)

Um den komplexen Market-Engineering-Prozess beherrschbar zu machen, bietet sich in Anlehnung an den Software-Engineering-Prozess die Nutzung von Informationssystemen zur Unterstützung des Prozesses an. Die Anforderungen beim Software-Engineering ähneln den Anforderungen des Market-Engineering. Auch hier müssen Applikationen mit hoher Komplexität und großer Funktionsvielfalt in kurzer Zeit entwickelt werden. Dieses Ziel kann durch den Einsatz so genannter CASE Techniken (Computer-Aided Software-Engineering) erreicht werden. CASE Werkzeuge erlauben die Automatisierung eines signifikanten Teils des zeitaufwändigen Lebenszyklus der Softwareentwicklung. Diese Vorgehensweise lässt sich auf das Market-Engineering übertragen. Das Computer-Aided Market-Engineering (CAME) dient also dazu, den Market-Engineering-Prozess zu automatisieren sowie die einzelnen Schritte des Vorgehensmodells mit Hilfe von Tools zu unterstützen [Neum04, S. 253f].

Um CAME praktisch einsetzen zu können, ist eine Software-Toolsuite nötig, welche diese Anforderungen in der Praxis erfüllt. Besonders wichtig ist hierbei aufgrund der im vorherigen Abschnitt beschriebenen Schwierigkeiten die Unterstützung der zweiten Phase Design und Implementierung mit ihren drei Unterphasen Konzeptdesign, Ausgestaltung und Detaildesign. Als zentrales Element der CAME-Toolsuite ist ein Marktkern erforderlich, welcher die grundlegenden Marktdienste bereitstellt. Dieser Marktkern kann aber nicht statisch sein, sondern muss die dynamische Konfiguration der Marktregeln erlauben, um eine Vielzahl an Variationsmöglichkeiten für den Marktdesigner zu bieten [NeMä05]. Für die Konfiguration dieser Regeln sollte idealerweise ein Benutzerinterface zur Verfügung stehen, welches eine einfache Eingabe bzw. Änderung der Regeln erlaubt. Dabei sollte eine möglichst große Auswahl an verschiedenen Auktions- bzw. Marktformen (siehe auch Abschnitt 2.3) unterstützt werden. Aus diesen weitgehenden Variationsmöglichkeiten des Marktkerns folgt der hohe geforderte Grad an Flexibilität für die restliche Plattform. Insbesondere auch die Benutzeroberfläche für den Handel auf den erstellten Märkten muss sich an die Anforderungen der verschiedensten Märkte und Domänen anpassen können.

Neben der Automatisierung des eigentlichen Designprozesses ist jedoch auch die Unterstützung der anderen Phasen von großer Bedeutung. So kann dem Marktdesigner schon im Vorfeld ein Entscheidungsunterstützungssystem zur Seite gestellt werden, um ihm die Auswahl der passenden Marktform und die Wahl der für sein Problem geeigneten Parameter zu erleichtern. Ein solches System kann darüber hinaus auch neue Erfahrungen, zum Beispiel durch einen Marktdesigner entdeckte Zusammenhänge zwischen Parametern und Ergebnis, speichern und den anderen Nutzern zur Verfügung stellen (vgl. auch [NeMä05]). Für die Entdeckung solcher Zusammenhänge und auch für den Test und die Evaluierung der in der Design- und Implementierungsphase erstellten Märkte, ist die Unterstützung auch der dritten Phase im Vorgehensmodell essentiell. Ohne vorherigen Test auf Funktionalität und Auswirkungen kann ein Markt nicht eingeführt werden, da bereits die Auswirkungen kleiner Parameteränderungen kaum im Vorhinein abzuschätzen sind. Für diese Tests bieten sich verschiedene Methoden an, von besonderem Interesse sind jedoch Simulationen und Experimente (siehe auch Abschnitt 2.4.1 und Abschnitt 3.3). Da sich diese jedoch nur mit erheblichem Aufwand implementieren und durchführen lassen, ist hier eine Unterstützung durch ein Market-Engineering-System von besonderer Wichtigkeit. Im Idealfall sollte der Marktdesigner Tests, Simulationen und Experimente genau wie das Design von Märkten einfach und schnell über eine Benutzeroberfläche konfigurieren und durchführen können.

CAME ist bisher eher als Vision und nicht als real existierendes Softwareprodukt zu verstehen. Erste Realisierungen der computerbasierten Unterstützung des Market-Engineering sind beispielsweise Plattformen wie der Michigan Internet AuctionBot (siehe [WuWe98]), der Global Electronic Market (vgl. [ReBe98]), die Generic Negotiation Plattform (siehe [BeKe00]) oder das Invite-System (siehe Abschnitt 3.5.4). Jedoch decken diese Systeme und Plattformen nur Teile des gesamten Market-Engineering-Vorgehensmodells ab bzw. konzentrieren sich auf die Phase Implementierung und Design. Einen ersten Ansatz, den gesamten Market-Engineering-Prozess zu unterstützen, stellt das in Kapitel 4 vorgestellte meet2trade-System dar.

3 Experimente als Bestandteil des Market-Engineering

3.1 Einführung

Obwohl bereits sehr früh ökonomische Experimente durchgeführt wurden, konnten sie sich erst in den letzten 20 Jahren richtig etablieren. So führte Bernoulli im Jahr 1738 ein ökonomisches Experiment zum St. Petersburg-Paradoxon durch [Bern38]. Trotzdem vertraten Samuelson und Nordhaus noch 1985 die These, dass Ökonomen im Gegensatz zu Naturwissenschaftlern keine kontrollierten Experimente durchführen könnten, sondern nur die Realität beobachten und daher die Ökonomie keine experimentelle Disziplin sei [SaNo85].

Heute hat sich aber die experimentelle Forschung weit verbreitet und Experimente sind in industriellen Organisationen, in der Spieltheorie, in der Finanzwirtschaft, in der Politik und in vielen anderen Bereichen an der Tagesordnung. Darüber hinaus hat die experimentelle Forschung von Vernon Smith, Reinhard Selten und anderen inzwischen einen großen Bekanntheitsgrad erreicht, so dass sich die Ansichtsweise auf die Ökonomie auch als experimentelle Wissenschaft durchgesetzt hat. Die Bedeutung der experimentellen Forschung in den Wirtschaftswissenschaften wurde durch die beiden Nobelpreise für Vernon Smith und Reinhard Selten eindrucksvoll unter Beweise gestellt. Reinhard Selten wurde der Nobelpreis 1994 für seinen Beitrag in der Spieltheorie verliehen, während Vernon Smith für seine Verdienste bei der Etablierung von Laborexperimenten als ein Werkzeug für die empirische Wirtschaftsforschung den Preis im Jahr 2002 erhielt.

Die Anwendung von ökonomischen Experimenten hat die Möglichkeiten der Wirtschaftsforschung stark erweitert. Während vorher traditionell nur Beobachtungen von ökonomischen Phänomenen in der Realität zur Verfügung standen, um Theorien über wirtschaftliche Zusammenhänge aufzustellen und zu verfeinern, erweitern Experimente die zur Verfügung stehenden Datenquellen und das Instrumentarium der Wirtschaftsforschung [FrSu94]. Da in der Realität eine Vielzahl unterschiedlichster Einflussfaktoren gleichzeitig wirken, ist es nahe liegend, dass durch die Beobachtung der Realität diese Einflussfaktoren und vor allem deren Zusammenhänge nur sehr schwer festgestellt werden können. Experimente, insbesondere Laborexperimente unter kontrollierten Bedingungen erlauben dagegen das Variieren eines oder einer kleinen Anzahl von Parametern, während die anderen Parameter unverändert bleiben. Darüber hinaus ist die Erhebung von Daten in der Realität oft schwierig, da diese entweder

überhaupt nicht oder nur schwer beobachtbar sind (z. B. individuelle Präferenzen der Subjek-
te) oder aus anderen Gründen (z. B. Firmengeheimnis) den Forschern nicht zur Verfügung
stehen.

Bei Experimenten - vor allem Laborexperimenten - ist die Datenerhebung hingegen deutlich
einfacher, da Vorkehrungen getroffen werden können, um alle relevanten Daten während des
Experimentes zu erfassen. Darüber hinaus können Beobachtungen nur dazu dienen, bereits
existierende Märkte bzw. Institutionen zu untersuchen - Experimente dagegen helfen auch bei
der Entscheidungsfindung, Planung und Entwicklung zukünftiger Neuerungen.

Ökonomische Experimente können also nicht nur der Sammlung von Daten dienen, sondern
sind vielseitig einsetzbar (vgl. [FrSu94]):

- Generierung von Daten, um spezifische Entscheidungen von Konsumenten, Wählern,
  Politikern und anderen Entscheidungsträgern zu beeinflussen
- Entdeckung von empirischen Regelmäßigkeiten in noch nicht ausreichend von existie-
  renden Theorien abgedeckten Bereichen
- Überprüfung von Theorien
- Untersuchung von neuen Institutionen (z. B. Märkten) in einem Labor vor der Einfüh-
  rung in die Praxis
- Nutzung von Experimenten für pädagogische Zwecke, zum Beispiel für Schulungen
  oder in der Lehre

Im Rahmen des Market-Engineering spielt insbesondere die Untersuchung neuer Märkte eine
herausragende Rolle. Darüber hinaus werden aber auch hier Experimente für zahlreiche weitere Zwecke eingesetzt, so zum Beispiel um die Effizienz bestimmter Marktformen und
-konstellationen zu erforschen, um mögliche Gebührenmodelle vor dem Praxiseinsatz zu testen, um Regulierer und Entscheidungsträger zu beeinflussen, um Studenten die Funktionsweise von Märkten näher zu bringen und vieles andere mehr.

3.2 Ökonomische Experimente in der Literatur

Nachdem Ende der dreißiger Jahre das Interesse an Experimenten in den Wirtschaftswissenschaften langsam zunahm, begann sich zunehmend auch die Literatur zu entwickeln. Aus den

ursprünglich weit gefächerten Forschungsinteressen entwickelten sich 3 verschiedene Forschungsrichtungen (vgl. [DaHo93], [KaRo95, S. 5ff]):

(i)   Marktexperimente

        Hierbei konzentrierte man sich hauptsächlich auf die Validierung der neoklassischen Theorie.

(ii)   Spieltheoretische Experimente

        Diese Forschungsrichtung entwickelte sich aus Interesse für die Verhaltensauswirkungen nicht-kooperativer Spieltheorie. Diese spieltheoretischen Experimente wurden in der Regel mit Experimentumgebungen, welche weniger an natürliche Märkte erinnerten, durchgeführt.

(iii)   Experimente zur Untersuchung individuellen Entscheidungsverhaltens

        Hier wurden noch einfachere Experimentumgebungen als bei spieltheoretischen Experimenten eingesetzt. Es existiert keine Unsicherheit aus Entscheidungen anderer Agenten, sondern ausschließlich aus zufälligen exogenen Ereignissen.

Frühe Experimente zur Forschungsrichtung (iii) beschäftigten sich mit Untersuchungen zur Bestimmung von Indifferenzkurven bei Individuen.[4] L. L. Thurstone beispielsweise fand in seinen Experimenten, dass er aus einer großen Anzahl von Beobachtungen von Auswahlentscheidungen innerhalb mehrerer Güterbündel eine Indifferenzkurve für die Güterbündel ermitteln konnte. Die Teilnehmer mussten dabei beispielsweise ihre (hypothetischen) Präferenzen zwischen einer bestimmten Menge an Hüten und Schuhen bzw. Hüten und Mänteln abgeben. Daraus konnte Thurstone dann die Indifferenzkurve für Schuhe und Mäntel schätzen (vgl. [Thur31]). Nachdem diese ersten Experimente insbesondere wegen der konstruierten Situation und der rein hypothetischen Wahlentscheidungen heftig kritisiert wurden (vgl. [WaFr42]), führten Reousseas und Hart 1951 (vgl. [RoHa51]) weitere Experimentalreihen zum gleichen Themenkomplex durch und versuchten dabei, die Kritikpunkte u. a. durch eine realitätsnähere Situation zu beheben. Weitere Experimente zu Indifferenzkurven und zur Nutzentheorie im Allgemeinen wurden in den folgenden Jahren u. a. von Mosteller und Nogee ([MoNo51]), Edwards ([Edwa53]) sowie Davidson und Marschak ([DaMa59]) durchgeführt. (siehe auch [KaRo95, S. 5ff]).

---

[4] Auf der Indifferenzkurve befinden sich alle Kombinationen aus den Mengen zweier Güter (sog. Güterbündel) die dem Individuum bzw. Haushalt den gleichen Nutzen stiften.

Eines der bekanntesten und einflussreichsten spieltheoretischen Experimente (Forschungsrichtung (ii)) wurde 1950 von Melvin Dresher und Merrill Flood bei der Rand Corporation
durchgeführt (siehe [Floo52], [Floo58]). Dabei handelte es sich um ein so genanntes Zwei-
Personen-Nicht-Nullsummen-Spiel[5], bei welchem die Auszahlung für beide Teilnehmer anhand jeweils einer 2x2 Matrix festgelegt wurde - ein Teilnehmer bestimmte dabei die Spalte,
der andere die Zeile. Damit hingen die Auszahlungen für beide Teilnehmer sowohl von der
eigenen Entscheidung als auch von der des Gegenspielers ab. Bei geschickter Wahl der Mat-
rizen entsteht dabei ein Konflikt zwischen Maximierung des eigenen Gewinns und Maximierung des kollektiven Gewinns. Rationale Spieler, die den eigenen Vorteil maximieren wollen,
müssten sich daher in einem Punkt des pareto-ineffizienten Nash-Gleichgewichts treffen -
diese theoretische Voraussage trat aber im Experiment nicht ein, genauso wenig wie die per-
fekte Kooperation der beiden Teilnehmer, um das insgesamt beste Ergebnis zu erhalten. Die
Forscher zogen daher die Schlussfolgerung, dass die allgemeine Hypothese - die Spieler wählen eine Strategie des Nash-Gleichgewichts - in diesem speziellen Fall nicht zutrifft.

Das ursprüngliche Experiment wurde etwas später von Albert Tucker von der Princeton Universität als eine Entscheidungssituation von zwei Gefangenen formuliert und wurde daher im
Folgenden als so genanntes Gefangenendilemma (Prisoner's Dilemma) bekannt. Dieses Experiment zeigt einige der besten Eigenschaften experimenteller Wirtschaftsforschung - das Experiment stellt die klaren Vorhersagen einer allgemeinen Theorie auf die Probe, indem es sie
an einem schwierigen Testfall untersucht. Darüber hinaus stellten Dresher und Flood ihrer
eigenen Interpretation der Ergebnisse eine andere Erklärungsvariante von John Nash zur Seite
und legten so schon den Grundstein für weitere Experimente, da sie damit auch alternativen
Hypothesen Raum ließen [KaRo95, S. 9f].

Durch die Auswahl eines solchen schwierigen, aber realitätsnahen Testfalls haben Dresher
und Flood ein Spiel formuliert, welches seitdem sowohl Theoretiker als auch Experimentalforscher weltweit in vielen verschiedenen Disziplinen beschäftigt hat. Dadurch entstand eine
große Menge von Literatur rund um das Gefangenendilemma und es wird auch heute noch als
Metapher für eine große Anzahl von ähnlichen Problemen verwendet [KaRo95, S. 10]. Gerade die Übertragbarkeit auf viele Situationen des politischen und wirtschaftlichen Lebens
macht die große Bedeutung des Gefangenendilemmas aus. So lässt sich beispielsweise die Auf-
rüstungsspirale im kalten Krieg oder der Ausbruch des I. Weltkriegs als Gefangenendilemma

---

[5] Bei einem Nullsummen-Spiel handelt es sich um ein Spiel, bei dem ein Teilnehmer genau so viel verliert, wie
der andere gewinnt - die Summe aller Gewinne und Verluste am Ende des Spiels ergeben also Null.

modellieren. Auch in der Wirtschaft stellen sich viele Situationen als ein solches Dilemma dar. Eines der bekanntesten Beispiele stellt die Versteigerung der UMTS-Lizenzen in Deutschland im Jahr 2000 dar - auch hier führten die oben angesprochenen Faktoren zu einer enormen Steigerung der Auktionsgebote und damit in der Folge zu zahlreichen wirtschaftlichen Problemen der bei der Auktion erfolgreichen Mobilfunkunternehmen (vgl. auch [Niem02, S. 132f]).

Im Folgenden soll näher auf die Forschungsrichtung (i) der Marktexperimente eingegangen werden. Das erste Marktexperiment wurde von Edward Chamberlin 1948 publiziert [Cham48]. Dabei gab er den Teilnehmern Wertschätzungen und Kosten vor, um damit spezifische Angebots- und Nachfragekurven zu erhalten. Diese ersten Experimente hatten nach heutigen Vorstellungen einige Schwächen, wie z. B. eine schwache Marktstruktur (bilaterale Suche), keine monetäre Entlohnung der Teilnehmer als Motivationsanreiz, etc. Bedingt unter anderem durch diese Schwächen wichen die erhaltenen Ergebnisse signifikant von den theoretischen Vorhersagen ab. Daher und aufgrund der Neuheit der Experimentalforschung in der wirtschaftswissenschaftlichen Literatur wurde diesen ersten Marktexperimenten wenig Beachtung geschenkt [FrSu94]. In den folgenden Jahren wurde jedoch seine Technik, experimentelle Märkte mit bekannten Angebots- und Nachfragefunktionen zu konstruieren, von einer großen Anzahl von Forschern übernommen [Roth93].

Einer der Teilnehmer an diesem Experiment, Vernon L. Smith, nahm beispielsweise einige Jahre später die Idee, Marktexperimente im Labor durchzuführen, wieder auf. Da er jedoch im Gegensatz zu Chamberlin eine andere Marktstruktur wählte, eine Doppelauktion mit öffentlichen Geboten und Preisen und darüber hinaus mehrere unabhängige Runden spielte, um den Teilnehmern die Gewöhnung an die Experimentumgebung zu ermöglichen, erzielte er deutlich bessere Ergebnisse [FrSu94, S.128f]. In seinen Experimenten konnte er zeigen, dass solche Doppelauktionen zu Preisen führen können, die sehr nahe am theoretischen Gleichgewichtspreis lagen, obwohl die Teilnehmer diesen nicht errechnen konnten. Damit war im Gegensatz zur bis dahin vorherrschenden Meinung bewiesen, dass keine große Menge perfekt informierter ökonomischer Agenten nötig ist, um effiziente Marktergebnisse zu erhalten [Smit62]. Trotz der deutlich besseren Ergebnisse wurden auch die Ergebnisse von Smith in der Wissenschaft vorerst nur mit geringem Interesse aufgenommen, da sich die experimentelle Wirtschaftsforschung noch nicht ausreichend durchgesetzt hatte. Obwohl auch in den Jahren danach weitere wirtschaftswissenschaftliche Experimente durchgeführt wurden, scheiterte die Publikation der Ergebnisse meist an mangelndem Interesse seitens der Verleger [FrSu94, S. 129].

Erst ab Ende 1970 begann sich das Blatt langsam zu wenden. Besonders neue Publikationen von Smith (vgl. [Smit76]) sowie Fiorina und Pott (vgl. [FiPl78]) beeinflussten die zukünftige Forschung und legten den Grundstein für den Erfolg experimenteller Forschung in den Wirtschaftswissenschaften. Nach früheren Publikationen der Ergebnisse seiner Experimente zu Doppelauktionen geht Smith in [Smit76] näher auf die Methodik seiner Experimente, insbesondere das Prinzip der induzierten Präferenzen[6], ein. Daneben stellt der Artikel praktische und detaillierte Richtlinien zum Design von Laborexperimenten in der Wirtschaftsforschung und eine Motivation für diese Richtlinien bereit, welche in den folgenden Jahrzehnten großen Einfluss auf Experimentalforscher ausübten [FrSu94, S.131].

Die Methoden von Smith unterscheiden sich vom üblichen Ansatz psychologischer Experimente. Bei wirtschaftswissenschaftlichen Experimenten ist nach seinem Ansatz eine monetäre Entlohnung der Teilnehmer nötig, um den Einfluss von Entscheidungskosten zu minimieren, d. h. um die Teilnehmer zu motivieren, den Aufwand auf sich zu nehmen im Experiment rationale und durchdachte Entscheidungen zu treffen, anstatt einfach den Weg des geringsten Aufwands zu gehen und zufällig auszuwählen. Darüber hinaus sollten Experimente in mehreren (unabhängigen) Runden durchgeführt werden, damit die Teilnehmer sich an die Experimentumgebung gewöhnen und das Experiment vollständig verstehen können (vgl. [Smit76], [Smit82]). Der Einfluss der Arbeiten von Smith erstreckte sich jedoch nicht nur auf wirtschaftswissenschaftliche Experimente, sondern beeinflusste auch Forscher in anderen Bereichen. Zum Beispiel folgten Fiorina und Plott in [FiPl78] einem sehr ähnlichen methodischen Ansatz. Sie untersuchten dabei den Entscheidungsprozess in Ausschüssen unter Anwendung des Mehrheitsprinzips und fanden dabei heraus, dass mit Hilfe des spieltheoretischen Gleichgewichts das Ergebnis solcher Entscheidungsprozesse prognostiziert werden konnte. Sie erzielten damit großen Einfluss auf die Forschung in den Politikwissenschaften, wo im Folgenden weit reichende Literatur zur experimentellen Forschung in diesem Bereich entstand. Weitere Veröffentlichungen von Smith (z. B. [CoSm80], [Smit79], [Smit82]), Plott (z. B.

---

[6] Bei dieser Methode wird die (monetäre) Anreizstruktur des Experiments so ausgestaltet, dass damit die eigentlichen Wertschätzungen der Teilnehmer außer Kraft gesetzt werden. Damit sollen die Teilnehmer gezwungen werden, sich so zu verhalten, als würden sie einer vorgegebenen Nachfragefunktion folgen.

[Plot79], [Plot82]) und anderen festigten den Ansatz der experimentellen Forschung in den Wirtschaftswissenschaften weiter.

Smith entwickelte sogar einen Bezugsrahmen zur Untersuchung des Marktdesigns aus ökonomischer Sicht (siehe [Smit82],[Smit03]). Dieser sehr allgemein gehaltene Bezugsrahmen lässt sich prinzipiell auf jedes mikroökonomische System anwenden und war dazu gedacht, die theoretische Forschung mit Laborexperimenten in Einklang zu bringen. Es beschreibt ein allgemeines mikroökonomisches System bestehend aus den Komponenten ökonomische Umgebung, Institution (d.h. Marktmechanismus), Teilnehmerverhalten, Ergebnis und Performance, welches auch heute noch für einen großen Teil der Marktexperimente gültig ist (siehe auch Abschnitt 2.1).

Währenddessen entwickelte sich aber auch in Deutschland weitgehend unabhängig von den USA eine eigene Strömung innerhalb der Wirtschaftforschung, die sich mit ökonomischen Experimenten beschäftigte (vgl. [FrSu94, S. 127ff]). Sie wurde von dem Spieltheoretiker Reinhard Selten begründet. Reinhard Selten wurde in den späten 1950er Jahren im Rahmen von Vorträgen und auch als Teilnehmer mit den psychologischen Experimenten von Edwin Rausch konfrontiert. Dadurch lag für Selten die Idee nahe, die Technik der Laborexperimente auch für seine eigenen Zwecke einzusetzen, um Oligopole zu untersuchen [Frän95]. Nach der Durchführung dieses Experiments veröffentlichte Selten die Ergebnisse gemeinsam mit seinem Doktorvater Heinz Sauermann im ersten wissenschaftlichen Beitrag zum Thema wirtschaftswissenschaftliche Experimente in der deutschen Literatur (vgl. [SeSa59]). Zu der kleinen Forschungsgruppe, die Sauermann für die Untersuchung wirtschaftswissenschaftlicher Fragestellungen mit Hilfe von Experimenten zusammengestellt hatte, gehörten neben Selten auch noch Reinhard Tietz, Volker Haselbarth, Otwin Becker, Klaus Schuster und andere. Die Forschungsergebnisse dieser Gruppe wurden in den folgenden Jahren als Serie „Beiträge zur experimentellen Wirtschaftsforschung" von Sauermann veröffentlicht (siehe [Saue67],[Saue70] und [Saue72]).

Einen weiteren Schub bekamen wirtschaftswissenschaftliche Experimente, als Reinhard Selten nach Zwischenstationen in Berlin und Bielefeld 1984 an die Universität Bonn berufen wurde. Hier richtete er das erste große deutsche Experimentallabor ein und wurde damit zum Vorbild für zahlreiche weitere Labors an deutschen Universitäten. In letzter Zeit hat einer der Studenten Seltens in der Experimentalforschung von sich reden gemacht. Unter anderem durch die Verleihung des Leibniz Preises an Axel Ockenfels rückte seine Arbeit und das von ihm eingerichtete Experimentallabor an der Universität Köln in den Fokus der Öffentlichkeit. Axel Ockenfels beschäftigt sich schwerpunktmäßig mit zentralen Themen des Market-Engineering - die Ausgestaltung von Handelsregeln bei der Gestaltung von Märkten (Marktdesign) sowie den Einfluss von sozialen Präferenzen und eingeschränkter Rationalität auf diese Märkte. Dabei liegt der Forschungsschwerpunkt besonders auf Auktionsplattformen im Internet wie beispielsweise Ebay. In [ArOc03] untersuchen Ockenfels et al den Einfluss von Endregeln bei einseitigen Auktionen - wie sich zeigt beeinflussen unterschiedliche Endregeln die Auktionsteilnehmer und damit das Auktionsergebnis. Darüber hinaus beschäftigt er sich aber auch mit Reputationsmechanismen auf elektronischen Marktplattformen (vgl. [BoKa04]). Diese sollen dafür sorgen, dass Fremde miteinander Geschäftsbeziehungen eingehen können, ohne dafür ein hohes Risiko (z. B. des Zahlungsausfalls, der Nicht-Lieferung) eingehen zu müssen. Solche Mechanismen sind insbesondere für Internet Marktplätze von besonderer Wichtigkeit, da hier eine große Anzahl von Teilnehmern aufeinander treffen, die sich vorher nicht kennen und die auch räumlich weit voneinander entfernt sein können. Ebay setzt beispielsweise von Anfang an ein System ein, bei dem sich die Handelspartner gegenseitig positiv, negativ oder neutral bewerten können. Die zahlreichen Betrugsfälle beim Handel auf Ebay zeigen jedoch, dass dieses System in der Praxis nur lückenhaft funktioniert. Der Einfluss von Reputationssystemen auf das Handelsvolumen in elektronischen Märkten haben Ockenfels et al. in [BoKa02] experimentell untersucht und dabei herausgefunden, dass solche Systeme zwar positiven Einfluss auf das Handelsvolumen haben können, diese aber nicht so effektiv wie länger andauernde (Handels-)Beziehungen sind.

3.3 Experimente und Market-Engineering

Zur Evaluation von elektronischen Märkten haben sich mehrere unterschiedliche Methodiken entwickelt (siehe auch [WeHo03]):

- Analytischer Ansatz

  Hierbei wird versucht den Einfluss der Handelsregeln oder des Verhaltens der Marktteilnehmer auf das Marktergebnis mit Hilfe von Modellen und mathematischen Funktionen vorherzusagen. Dabei werden beispielsweise die Handelsregeln als theoretisches Modell abgebildet, dessen analytische Lösung Aussagen über die Allokation der gehandelten Produkte und der daraus resultierenden Zahlungsströme trifft.

- Laborexperimente

  Kontrollierte Experimente in einem Labor erlauben es, einzelne Einflussfaktoren zu isolieren. Dabei werden alle anderen Einflussfaktoren möglichst konstant gehalten und nur die zu untersuchende Größe (z. B. ein bestimmter Strukturparameter) variiert. Dadurch ist es beispielsweise möglich, die Auswirkungen einzelner Strukturparameter auf das Marktergebnis zu evaluieren. Darüber hinaus sind Experimente der einzige Ansatz, der es erlaubt, vom prognostizierten (rationalen) Verhalten abweichende Verhaltensweisen der Teilnehmer zu entdecken und zu untersuchen.

- Simulationen

  Um einen Markt unter fest vorgegebenen Bedingungen zu untersuchen, eignen sich Simulationen besonders gut, da sie eine exakte Kontrolle aller möglichen Einflussfaktoren ermöglichen. Neben den klassischen Simulationen hat sich in den letzten Jahren eine weitere Forschungsrichtung, Agent-based Computational Economics (ACE), entwickelt. Hierbei werden intelligente Softwareagenten verwendet, um individuelles Verhalten zu modellieren.[7]

Diese Arbeit konzentriert sich auf den experimentellen Ansatz, um im Rahmen des Market-Engineering entstandene Märkte zu untersuchen und zu evaluieren. Experimente sind insbesondere dann anderen Untersuchungsmethodiken überlegen, wenn es darum geht, die „menschliche Komponente" bei der Untersuchung mit einzubeziehen, da sich in zahlreichen Untersuchungen herausgestellt hat, dass sich das Verhalten von Handelsteilnehmern in der Praxis oft deutlich von der Theorie unterscheidet (vgl. z. B. [MuTh00]). So ist es erst durch die Einbeziehung von menschlichen Probanden bei Experimenten möglich, Bereiche zu untersuchen, die der rein theoretischen Betrachtungsweise nicht zugänglich sind. Beispielsweise löst die spezielle Situation einseitiger Auktionen bei den Teilnehmern oft eine Art „Bietfieber" aus, das dazu führt, dass deutlich höhere Beträge geboten werden als eigentlich beabsichtigt [Ku00];[HeOr04], was aber durch die ökonomische Theorie alleine nicht zu erklären ist.

Darüber hinaus gibt es noch zahlreiche weitere Faktoren, die das Bietverhalten beeinflussen können, wie z. B. die Stimmung der Teilnehmer [BoRi03] oder sogar die Anzahl bereits existierender Gebote für eine Auktion [SiAr05]. Aber auch außerhalb des Bereichs der einseitigen Auktionen zeigt sich, dass Märkte in der Praxis oft nicht nach den Vorhersagen der Theorie

---

[7] Für weitergehende Informationen zu Agent-based Computational Economics vgl. [Tesf02]

funktionieren. So zeigte Vernon Smith bereits 1988 in Laborexperimenten, dass bereits durch geringfügige Anreize (eine große Menge zur Verfügung stehendes Kapital, schneller Preisanstieg) auf Wertpapiermärkten so genannte „Blasen" entstehen können, d. h. dass Teilnehmer ungeachtet ihrer eigentlichen Wertschätzung viel zu hohe Preise zu zahlen bereit sind [SmSu88].

Neben solchen Untersuchungen, welche bestimmte Verhaltensweisen von Handelsteilnehmern näher beleuchten, haben sich Experimente in letzter Zeit auch immer mehr als „Engineering Tool" für den Test neuer Marktdesigns etabliert (vgl. [Roth02]). Man unterscheidet dabei zwei Varianten von Experimenten - Untersuchung der Marktperformance auf der einen Seite und die Zuhilfenahme von Experimenten zum Test von einzelnen Schritten bei der Entwicklung eines neuen Marktes auf der anderen Seite [FrSu94]. Für das Market-Engineering spielt insbesondere die zweite Variante eine besondere Rolle - hierbei können Experimente im Rahmen des Market-Engineering-Prozesses einen wichtigen Beitrag zu Evaluation und Test von neu erstellen Märkten leisten und besonders auch dazu, Auswirkungen von Änderungen im Marktdesign abschätzen zu können.

Ross Miller vergleicht Laborexperimente für Märkte mit Windkanälen für die Automobilentwicklung und den Brückenbau. Er argumentiert, dass Märkte damit immer weiter optimiert werden können und so im Laufe der Zeit zunehmend bessere, sicherere und leichter verständliche Märkte entstehen [Mill02]. Auch Brewer und Plott argumentieren in diese Richtung. Sie nutzen Laborexperimente als Prüfstand für neue Märkte und entwickeln und validieren so einen neuen Kosten minimierenden Markt für Rücktransporte [BrPl02]. Vernon Smith hat beispielsweise mehrere Konzepte für Energiemärkte in Australien und Neuseeland experimentell untersucht, bevor diese eingeführt wurden (vgl. [RaSm02]). Daher können Marktexperimente nicht nur in der Forschung eingesetzt werden, sondern liefern Entscheidungsträgern aus Politik und Wirtschaft auch wichtige Daten und Argumentationshilfen. Daneben sind in den letzten Jahren auch zahlreiche weitere Arbeiten im Bereich Market-Engineering rund um das Design und den Einsatz von Märkten in den verschiedensten Domänen entstanden. Dazu gehören Experimente mit Prognosebörsen (siehe [LuWe07]) ebenso wie Untersuchungen der Auswirkungen von Marktregeln auf die Ergebnisse. So erforscht z. B. Weber die Auswirkungen von Erstbieterrabatten bei einseitigen Auktionen (siehe [Webe06]) oder Seiffert die Performance von einem kombinierten Mechanismus aus einseitiger Auktion und Festpreisangebot (vgl. [Seif06]). Des Weiteren gehört auch die Untersuchung von psychologischen Ein-

flussfaktoren zum Forschungsspektrum des Market-Engineering. Gimpel untersucht beispielsweise den Einfluss des Attachment Effect[8], welcher zu einer Art Verhandlungsfieber
und damit zu einer Verschlechterung der Verhandlungsergebnisse führen kann [Gimp07].
Daneben können Marktexperimente auch eine wichtige Rolle beim Training von Entscheidungsträgern in Firmen oder Politik und an Universitäten spielen [AsGr04].

3.4 Ablauf eines typischen Laborexperiments

Da Laborexperimente in einer kontrollierten Umgebung ablaufen, um die gewünschten Einflussfaktoren gezielt beeinflussen zu können und gleichzeitig alle anderen Faktoren möglichst
auszuschließen, wird bei der Durchführung solcher Experimente in der Regel ein standardi-
sierter Ablauf eingehalten (siehe [FrSu94]).

Bereits vor der Verwirklichung des eigentlichen Experiments und idealerweise bereits in der
Planungsphase sollte die Durchführung eines Pilotexperiments erfolgen. Nur mit Hilfe eines
solchen Pilotexperiments können eventuelle Probleme schon im Vorfeld erkannt und eliminiert werden. So können beispielsweise Missverständlichkeiten in der Experimentanleitung,
fehlende Informationen, eine falsch bemessene Experimentlaufzeit, Softwareprobleme und
eine Vielzahl weiterer Probleme rechtzeitig aufgedeckt werden. Daneben können Pilotexpe-
rimente auch dabei helfen, relevante Parameter bzw. Einflussfaktoren erst zu entdecken oder
auszuschließen.

Bei der Durchführung des endgültigen Experiments sollten dann die Schritte (i) Laboreinrichtung, (ii) Teilnehmerregistrierung und Platzierung, (iii) Instruktion der Teilnehmer, (iv) das
eigentliche Experiment und (v) Ende / Nachbesprechung / Auszahlung eingehalten werden
(vgl. [FrSu94, S. 74ff]). Die Laboreinrichtung mit ausreichendem Abstand zum Beginn des
Experiments ist nötig, um die Ausrüstung bzw. die Computer einzurichten und zu testen,
eventuell benötigte Zusatzgeräte wie z. B. Projektoren oder Kameras aufzubauen, die Ar-
beitsplätze mit Anleitungsdokumenten, Identifikationsnummern etc. vorzubereiten und andere
Hilfsmittel bereitzulegen. Danach sollten die Teilnehmer empfangen werden. Nach deren
Identifikation und Registrierung wird den Teilnehmern, sofern erforderlich und nicht später
computerbasiert im Labor durchgeführt, die Einverständniserklärung zum Unterschreiben

---

[8] Unter Attachment Effect versteht man einen bei Verhandlungen mit mehreren Zielgrößen zu beobachtenden
Effekt. Er bezeichnet eine Veränderung der Präferenzen der Verhandlungsführer in Abhängigkeit verhaltensen-
dogener Referenzpunkte.

vorgelegt. Es wird empfohlen den Teilnehmern ihren Platz im Labor mittels eines Losverfahrens zuzuweisen, um zu vermeiden, dass sich befreundete Gruppen zusammensetzen und später das Experiment durch Gespräche stören. Wichtig ist auch mit den Teilnehmern vor dem Experiment nicht über das Experiment zu sprechen, da auch beiläufige Kommentare später das Verhalten der Teilnehmer beeinflussen könnten.

Nachdem alle Teilnehmer ihre Plätze im Labor eingenommen haben, beginnt das Experiment mit der Instruktion der Teilnehmer. Neben schriftlichen Unterlagen, welche die Teilnehmer selbständig lesen sollen, hilft es zusätzlich mündliche Instruktionen durch den Experimentleiter zu geben, um sicher zu stellen, dass alle Teilnehmer die nötigen Informationen auch zur Kenntnis genommen haben. Der Experimentleiter, welcher auch den Ablauf des folgenden Experiments überwacht und mögliche Rückfragen der Teilnehmer beantwortet, sollte möglichst nicht mit dem Forscher, der für die Planung und das Design des Experiments zuständig war, identisch sein, da sonst Beeinflussungen der Teilnehmer nicht ausgeschlossen werden können. Oft wird auch nach einer gewissen Einlesezeit die vollständige Experimentanleitung noch einmal vorgelesen. Dabei können auch besonders wichtige Punkte hervorgehoben werden oder besonders komplizierte Schritte genauer erläutert werden. In computerbasierten Experimenten können ein Teil oder alle Instruktionen über den Computerbildschirm gegeben werden. Allerdings kann so nicht sichergestellt werden, dass alle Teilnehmer auch alle notwendigen öffentlichen Informationen zur Kenntnis genommen sowie alle Schritte verstanden haben. Um zu überprüfen, ob die Teilnehmer die wichtigsten Grundlagen des Experiments verstanden haben, wird oft nach der Instruktionsphase ein kleines Quiz durchgeführt, welches die zentralen Punkte abfragt. Dieses Quiz kann mittels Papier oder computerbasiert durchgeführt werden. Spätere Verständnisfragen von Teilnehmern sollten vorsichtig beantwortet werden, damit keine privaten Informationen anderer Teilnehmer verraten werden und um zu vermeiden, die Teilnehmer in eine bestimmte Richtung zu führen, was den Ausgang des Experiments beeinflussen könnte (vgl. [FrSu94, S. 77ff]).

Sobald sichergestellt ist, dass alle Teilnehmer die Instruktionen zur Kenntnis genommen und verstanden haben, kann das eigentliche Experiment beginnen. Vor allem bei komplizierten Sachverhalten werden oft zwei bis vier Proberunden ohne Bezahlung gespielt, um den Teilnehmern Zeit zu geben, sich mit dem Szenario zurechtzufinden und eventuell auftretende Rückfragen und Probleme schon vor den bezahlten Runden zu klären. Solche Proberunden müssen allerdings den Teilnehmern vorher angekündigt werden. Allerdings können Probe-

runden das Ergebnis auch verfälschen, zum Beispiel, wenn der Lerneffekt oder die Einge-
wöhnungsphase Teil des Experiments sind. Daher muss im Einzelfall entschieden werden, ob
solche Proberunden wünschenswert und sinnvoll sind. Das Ende des Experiments kann entweder zu einem festen Zeitpunkt oder nach einer bestimmten Anzahl an Runden erfolgen. Das
Ankündigen der letzten Runde kann allerdings die Ergebnisse dieser Runde verfälschen, da
die Teilnehmer dazu neigen, bei der letzten Runde etwas Neues auszuprobieren [FrSu94, S.
79].

Nach dem Ende des Experiments können eine Nachbesprechung und eine Überprüfung ob
Manipulationen stattgefunden haben, erfolgen, was jedoch eher in psychologischen als in
ökonomischen Experimenten verbreitet ist. Eine solche Nachbesprechung kann jedoch wichtige Informationen über eventuell unentdeckte Probleme mit dem Experimentszenario, der
Anleitung oder dem Experimentsystem liefern. Darüber hinaus kann sie auch einen Einblick
in die Strategien, Einstellungen und Denkprozesse der Teilnehmer gewähren. Daher wird
empfohlen, auf eine solche Nachbesprechung nicht zu verzichten. Stattdessen oder zusätzlich
kann auch ein Fragebogen nach dem Experiment nützliche Kommentare sammeln (siehe
[FrSu94, S. 80]).

Am Schluss sollten die Teilnehmer gemäß den vorher festgelegten Regeln bezahlt werden.
Um Neid und übertriebenes Konkurrenzbewusstsein unter den Teilnehmern zu vermeiden, ist
es besser, die jedem Teilnehmer ausgezahlten Beträge nicht öffentlich, sonder nur dem jeweiligen Teilnehmer zu verkünden.

3.5 Software zur Durchführung von Marktexperimenten

3.5.1 Arten von Experimentalsoftware

Experimente werden insbesondere im ökonomischen Bereich zunehmend computergestützt
durchgeführt. Diese Entwicklung ist getrieben von den Vorteilen, die solche Experimente
bieten. So sind einfache Märkte zwar auch ohne Computer mit Papier und Bleistift realisier-
bar, allerdings stößt die manuelle Methode bei komplexen Marktmechanismen schnell an ihre
Grenzen. So sind zum Beispiel Märkte mit schnellem Wechsel der Auktionsart oder Marktsysteme mit mehreren parallelen Märkten nur schwer ohne Computerunterstützung realisier-
bar. Zusätzlich helfen Computer, einen vorher geplanten Ablauf einzuhalten und vereinfachen

die lückenlose Aufzeichnung der während eines Experiments anfallenden Daten. Auch sind das Design, die Implementierung und Durchführung von Laborexperimenten zeit- und arbeitsaufwändig. Des Weiteren ist oft eine Vereinfachung der tatsächlichen realen Handelsumgebung auf eine reduzierte Experimentumgebung nötig. Dabei kann es aber passieren, dass die Vereinfachung in für das Ergebnis relevanten Parametern nicht mehr der Realität entspricht. Weiterhin kann auch die Umgebung selbst einen Einfluss auf das Verhalten der Teilnehmer ausüben (vgl. z. B. [Schl03].

Daher wird meist spezielle Experimentsoftware eingesetzt, um die Durchführung eines Experiments überhaupt erst zu ermöglichen oder zu vereinfachen und eine lückenlose Aufzeichnung aller relevanten Daten zu garantieren. Insbesondere Marktexperimente sind ohne spezialisierte Software kaum mehr vorstellbar. Daher wird im Folgenden auf Software zur Durchführung von Marktexperimenten näher eingegangen und die wichtigsten Systeme werden kurz vorgestellt. Anschließend wird in Kapitel 4 und 5 ein neuartiges System zur einfachen Durchführung von Marktexperimenten vorgestellt und im letzten Teil der Arbeit ein mit Hilfe dieses Systems durchgeführtes Experiment beschrieben und die Ergebnisse vorgestellt.

Die für die Durchführung von Experimenten zur Verfügung stehende Software kann grob in drei Kategorien eingeteilt werden (siehe auch [Fisc07]):

(1) Systeme für einen speziellen Anwendungsfall

Die überwiegende Anzahl der Systeme fällt in diese Kategorie. Da die Anforderungen für ein Experiment oft sehr speziell sind und existierende Software daher nur schlecht oder nur mit hohem Änderungsaufwand verwendbar ist, werden die meisten Systeme für einen individuellen Anwendungsfall erstellt. Zwar sind manche Systeme noch begrenzt an neue Anwendungsfälle anpassbar, jedoch werden bei auf konkrete Ziele ausgerichteten Forschungsprojekten in der Regel, wenn überhaupt, nur wenig Ressourcen auf Generik für zukünftige Fälle verwendet. Teilweise wachsen Systeme über Jahre hinweg, indem immer neue spezielle Anwendungsfälle hinzugefügt werden. Zu dieser Kategorie gehören auch Systeme, die für eine sehr begrenzte Gruppe von Anwendungsfällen, wie zum Beispiel bestimmte Oligopolexperimente oder eine kleine Gruppe von Doppelauktionen, geeignet sind.

(2) Frameworks und Bibliotheken

Um den hohen Aufwand zu vermeiden, bei jedem neuen Experiment ein neues System entwickeln zu müssen und unter Berücksichtigung der Tatsache, dass Experimente einer Domäne oft ähnliche Komponenten enthalten, gibt es eine weitere Kategorie von Experimentalsoftware. Frameworks bzw. Codebibliotheken versuchen daher, häufig verwendete Komponenten oder Dienste (Services) generisch zu implementieren, damit sie für eine Vielzahl von Systemen und Experimenten verwendbar sind. So können zum Beispiel Dienste für das Nutzermanagement oder eine Codebibliothek für die einfache Erstellung von Benutzeroberflächen bereitgestellt werden. Daher können im Vergleich zur kompletten Neuimplementierung eines Systems für ein spezifisches Experiment Zeit und Aufwand eingespart werden. Der Nachteil solcher Experimentalsoftware ist jedoch, dass in der Regel natürlich nur ein Teil der benötigten Funktionalitäten und Dienste zur Verfügung steht, so dass trotzdem noch zum Teil erheblicher Aufwand in die Programmierung fließen muss.

(3) Konfigurierbare Systeme

Um den Aufwand für die Erstellung eines Experiments noch weiter zu senken, bietet sich die dritte Kategorie an. Konfigurierbare Systeme zeichnen sich dadurch aus, dass sie es erlauben, Experimente vollständig ohne Kenntnisse einer klassischen Programmiersprache wie Java aufzusetzen. Solche Systeme können in der Regel mit Hilfe eines Satzes von Parametern, mit einer leicht zu erlernenden, eigenen Sprache oder sogar vollständig GUI-basiert auf neue Experimente konfiguriert werden. Diesen Vorteilen steht der Nachteil entgegen, dass solche Systeme immer nur einen Teilbereich aller denkbaren Experimente abdecken können. Trotzdem können sehr individuell auf eine Domäne ausgerichtete Systeme oder Systeme mit sehr allgemeinen Parametern oder einer eigenen Sprache die Anforderungen einer großen Anzahl von Experimenten gut abdecken.

3.5.2 Anforderungen an Experimentalsoftware

Die Anforderungen an die Software zur Durchführung von Labor- (oder auch Internet-) Experimenten sind mannigfaltig, jedoch existiert fast keine Literatur, die bestehende Systeme untersucht oder allgemeingültige Anforderungen definiert. Trotzdem ergeben sich aus dem beschriebenen allgemeinen Experimentablauf (vgl. Abschnitt 3.4) und der Anwendungsdomäne (elektronische) Märkte (siehe Abschnitt 3.2 und 3.3) eine Reihe von Anforderungen. Hierzu gehören (siehe auch [Fisc07] und [ScWü03]):

(1) Zuverlässigkeit und Stabilität

An erster Stelle muss ein Experimentalsystem stabil laufen, da Abstürze und Fehler während eines Experiments die ganze Sitzung unbrauchbar machen können. Daher müssen Systemfehler so abgefangen werden, dass keine Beeinträchtigung des Experimentablaufs eintritt, d.h. ein Fehler darf weder zum Experimentabbruch noch zu Dateninkonsistenz führen. Daraus lässt sich schließen, dass bei Abstürzen oder versehentlichem Schließen der Clients, ein erneutes Verbinden und die Möglichkeit der Fortsetzung an der Stelle des Abbruchs möglich sein müssen.

(2) Bedienbarkeit

Die Benutzeroberfläche des Systems muss sowohl für den Experimentleiters als auch für die Experimentteilnehmer so gestaltet sein, dass eine einfache und intuitive Bedienung des Systems und damit der reibungslose Ablauf des Experiments garantiert sind. Anderenfalls könnten Mängel bei der Benutzerführung die Ergebnisse des Experiments verfälschen.

(3) Schnelle Erstellung von Experimenten

Um eine Zeitersparnis im Vergleich zur Neuerstellung von spezifischer Software zu bieten, muss eine schnelle Erstellung von neuen Experimenten möglich sein. Darüber hinaus mussen die erstellten Experimente schnell änderbar und an neue Anforderungen anpassbar sein.

(4) Funktionsumfang

Der Funktionsumfang eines Experiments begründet sich auf die Standards und Gebräuche experimenteller Wirtschaftsforschung (vgl. Abschnitt 3.4 sowie [FrSu94]). Es sollten daher die notwendigen Funktionalitäten für mindestens das Aufsetzen eines Experiments, die Durchführung und die Protokollierung aller anfallenden Experimentdaten sowie eine Exportschnittstelle für die Daten vorhanden sein. Eine weitergehende Unterstützung der Datenanalyse ist optional.

Außerdem muss der Standardablauf ökonomischer Experimente und deren Gepflogenheiten Berücksichtigung finden. Somit sind neben den für das eigentliche Experiment benötigten Märkten und Interaktionsmöglichkeiten insbesondere die Unterstützung für elektronische Anleitungsdokumente, Fragebögen zum Verständnis vor dem Experiment (Quiz), Fragebögen am Ende des Experiments (für Kommentare oder Wahrnehmungen) sowie die automatisierte Berechnung und Anzeige der von den Teilnehmern während des Experiments erwirtschafteten Erträge wünschenswert.

(5) Konfigurierbarkeit (Generik)

Die Experimentalsoftware muss generisch genug sein, um einen möglichst großen Bereich von Experimenten abdecken zu können. Dabei muss allerdings berücksichtigt werden, dass Systeme, die eine weitgehende Unterstützung für spezifische Szenerien bieten, zum Beispiel eine einfache Konfigurierbarkeit von verschiedenen Markttypen ohne die Marktlogik programmieren zu müssen, in der Regel zwar diese spezifischen Szenerien besser unterstützen als sehr allgemeine Systeme, diese sich dafür aber meist für mehr Szenarien konfigurieren lassen. Darüber hinaus sollte die Software möglichst einfach und ohne Programmierkenntnisse konfigurierbar sein.

(6) Performanz

Die Software muss eine verzögerungsfreie Eingabe, Verarbeitung und Rückmeldung bei Benutzereingaben auch bei der jeweiligen Maximalanzahl an möglichen Teilnehmern des Systems gewährleisten. Anderenfalls könnten eventuelle Verzögerungen beispielsweise bei einer Gebotsabgabe zu starken Verzerrungen der Ergebnisse führen.

(7) Erweiterbarkeit

Da auch sehr generische Systeme niemals alle denkbaren Experimente abdecken können, ist es wichtig, dass die Systeme möglichst einfach erweitert werden können. Dazu
ist eine auf Komponenten oder Diensten basierende Architektur von Vorteil. Des Weiteren sollte das System in einer möglichst gängigen Programmiersprache wie z. B. Java erstellt sein und der Quellcode sollte verfügbar sein.

3.5.3 Experimentalsoftware im Überblick

Für die Durchführung von Experimenten existiert eine Vielzahl von Systemen. Aufgrund des
sehr großen Spektrums verschiedener Experimente beschränkt sich der Überblick dieses Abschnitts auf Experimente, die sich für Marktexperimente einsetzen lassen. Darüber hinaus sind
Systeme der Kategorie 1 (für einen spezifischen Anwendungsfalls) aufgrund ihrer beschränkten Konfigurierbarkeit nur begrenzt für Forscher außerhalb des jeweiligen Projekts interessant. Daher werden solche Systeme nur einbezogen, wenn sie grundsätzliche Bedeutung haben oder in größerem Umfang konfiguriert werden können.

Eines der bekanntesten Experimentalsysteme der ersten Stunde ist MUDA (Multiple Unit
Double Auction, siehe [Plot91]) des California Institute of Technology. Zwar ist dieses System bezüglich der implementierten Klasse einfacher Doppelauktionen weitgehend konfigurierbar, unterstützt jedoch keine anderen Auktionsmechanismen oder Erweiterungen der einfachen Doppelauktion. Darüber hinaus ist das MUDA System aufgrund seines hohen Alters in
veralteter DOS Technologie programmiert und kann daher den heutigen Anforderungen an
die Benutzerführung und das Systemdesign nicht mehr gerecht werden. Ein weiteres, moder-
neres System des California Institute of Technology ist Gencam (General Call Auction Mechanism). Trotz einer im Vergleich zu MUDA moderneren Benutzeroberfläche und der Möglichkeit zur Nutzung komplexerer Märkte ist Gencam eine Insellösung für Call Auktionen.
Weitere Systeme dieser Art sind der Michigan Internet Auction Bot (siehe [WuWe98]) und
der Global Electronic Market (GEM, vgl. [ReBe98]).

Als nächster Schritt wurden daher Bibliotheken mit den gebräuchlichsten Funktionalitäten für
Experimente entwickelt, um den Aufwand bei der Entwicklung neuer Systeme zu minimieren.
Eine der am meisten genutzten solcher Bibliotheken ist RatImage (siehe [AbAb95]). Jedoch

ist diese Bibliothek inzwischen stark veraltet und bietet nur Funktionalitäten für die inzwischen praktisch nicht mehr verwendete Programmiersprache Turbopascal. Darüber hinaus ist bei solchen Bibliotheken der Programmieraufwand für neue Experimente trotz der bereitgestellten grundlegenden Elemente wie beispielsweise spezielle Funktionen, Variablen oder Konstanten für die Benutzeroberfläche, die Kommunikation oder die Datenverwaltung, immer noch sehr hoch. Ein viel versprechender Ansatz wäre hier, statt einzelnen vordefinierten Elementen und Komponenten, Dienste in Form von Webservices oder ähnlichem bereitzustellen. Allerdings sind bis zum heutigen Zeitpunkt noch keine solchen Systeme bekannt.

Aufgrund der Beschränkungen und Probleme der bisher genannten Systeme wird neuere Experimentalsoftware zunehmend in Form weitgehend konfigurierbarer Systeme entwickelt. Das bekannteste System dieser Gattung ist das an der Universität Zürich entwickelte z-Tree (Zürich Toolbox for Readymade Economic Experiments, siehe [Fisc07]). Das mit einer relativ modernen Windows-basierten Benutzeroberfläche ausgestattete System erlaubt es einem Experimentator, neue Experimente mittels einer sehr einfachen, über eine grafische Oberfläche einzugebenden Programmiersprache zu erstellen und anzupassen. Bedingt durch die Tatsache, dass z-Tree weder bezüglich der Oberfläche noch bezüglich der Ablauflogik auf eine spezielle Art von Experimenten wie z. B. Marktexperimenten ausgerichtet ist, kann es für eine Vielzahl der verschiedensten Experimente eingesetzt werden. Daher und wegen seiner einfach zu erlernenden Konfigurationsmöglichkeiten erreichte es auch einen sehr hohen Verbreitungsgrad unter Forschern und Praktikern, die sich mit Experimenten beschäftigten. Jedoch hat auch z-Tree einige Nachteile. So war die ursprünglich für die Experimentteilnehmer zur Verfügung stehende Bedienungsoberfläche sehr einfach gestaltet und bestand ausschließlich aus Text und Tabellenelementen. In der neuesten Version kam zwar die Möglichkeit hinzu, Bilder und auch Videos darzustellen, jedoch ist die Oberfläche trotzdem noch nicht flexibel genug, um auch aufwändige Benutzerschnittstellen darstellen zu können. Fragen des eigentlichen Systemdesigns können deshalb bei heutigen Anforderungen noch nicht untersucht werden. Eine weitere Einschränkung ist die auf der Definition einer Sequenz von Tabellen beruhenden Ablauflogik für die Implementierung von Experimenten. Diese erlaubt zwar die Abbildung einer Vielzahl einfacher Experimente aus den verschiedensten Bereichen, stößt aber bei sehr komplexen Spielen oder aufwändigen Marktsystemen an ihre Grenzen. Darüber hinaus kann z-Tree nicht webbasiert eingesetzt werden, sondern es muss auf jedem Teilnehmer-PC eine nur für die Microsoft Windows- Plattform zur Verfügung stehende Client-Software installiert werden.

Um die Einschränkungen von z-Tree zu überwinden, wurde in den Hewlett Packard Laboratories die Softwarc MUMS (Multi-User Multi-Stage, siehe [ChWu03]) entwickelt. Im Zentrum der Entwicklung stand hier insbesondere die Anforderung nicht nur einfache Spiele abdecken zu können, sondern auch bei sehr komplexen Modellen, zum Beispiel anspruchsvollen Geschäftsszenarien aus dem Hewlett Packard Umfeld einsetzbar zu sein. Zu diesem Zweck wurde eine eigene Skriptsprache entwickelt, welche auf der einen Seite das gewünschte Maß an Komplexität abdecken konnte, auf der anderen Seite aber trotzdem leicht zu erlernen sein sollte. Zudem sollte der Experimentator neue Experimente ohne genaue Kenntnisse der darunterliegenden Hardwaretopologie, Kommunikationsmechanismen oder Datenbank entwickeln können. Die entwickelte Skriptsprache beinhaltet Elemente regulärer Programmiersprachen wie beispielsweise Variablen, Arrays oder Funktionen, verzichtet aber auf systemnahe Elemente wie Zeiger. Die Sprache verbirgt dabei alle Details der technischen Umgebung wie der Datenbank oder das Netzwerk. Sie enthält Funktionen zur Dateneingabe, Oberflächenaktualisierung und Datenverwaltung. Die Oberfläche ist vollständig tabellenbasiert und sehr nahe an Excel angelehnt. Die Oberfläche ist daher zum einen bezüglich ihres Layouts eingeschränkt, zum anderen ist die Programmierung komplexer Layouts extrem aufwändig (vgl. [ChWu03]), was einen der wesentlichen Nachteile des Systems darstellt. Außerdem wird zwar eine eigene Skriptsprache zur Verfügung gestellt, welche es dem Experimentator erlaubt, ohne Kenntnis einer regulären Programmiersprache wie JAVA neue Experimente zu erstellen. Allerdings ist die zur Verfügung gestellte Programmiersprache sehr komplex und erfordert daher einen nicht zu unterschätzenden Einarbeitungsaufwand, was die Frage aufwirft, ob die Nutzung des Systems im Vergleich zur Programmierung eines ganz neuen Systems überhaupt Aufwand einspart. Darüber hinaus ist das System zwar sehr generisch, bietet damit aber nur sehr wenig Unterstützung für die einfache schnelle Realisation von Märkten.

Einen etwas anderen Weg beschreiten daher die Systeme Invite (siehe [StKe06]), Generic Negotiation Platform (GNP, siehe [BeKe00]) und meet2trade bzw. das darauf basierende MES. Statt möglichst komplexe generische Experimente zu ermöglichen, unterstützen sie einen großen, aber dennoch beschränkten Teilbereich aller möglichen Marktexperimente. Während Invite speziell elektronische Verhandlungen im engeren Sinn unterstützt, aber auf Auktionen erweitert werden kann, bietet meet2trade besondere Unterstützung für alle auktionsbasierten Märkte. GNP ist für alle Typen von Verhandlungen ausgelegt, zu denen die Autoren auch alle Auktionstypen zählen. Diese können mit Hilfe einer Skriptsprache einfach erstellt werden (siehe auch Abschnitt 5.2). Außer dem Experimentalsystem bietet meet2trade zudem noch zahlreiche weitere Funktionalitäten zur Unterstützung des Market-Engineering-Prozesses (siehe Kapitel 4). Neben meet2trade und Invite existieren noch weitere bereits fertige oder sich in der Entwicklung befindliche Systeme für die Durchführung von Marktexperimenten. Ein weiteres populäres Beispiel für solche Systeme ist das von der Carnegie Mellon Universität entwickelte ComLabGames. Im folgenden Abschnitt wird aufgrund der Verwendung für den Systemvergleich (siehe Kapitel 6) das Invite-System kurz vorgestellt.

3.5.4 Das Invite-System

Beim Invite-System handelt es sich ähnlich wie beim meet2trade-System (siehe Kapitel 4) um eine Laufzeitumgebung für Märkte. Dabei ist Invite jedoch besonders auf elektronische Verhandlungen ausgelegt, wofür auch bereits zahlreiche Implementierungen bereitstehen. So bietet das Invite-System mit unter anderem SimpleNS (einfache Verhandlungen mittels Angeboten und Nachrichten), Inspire (enthält zusätzlich Verhandlungsunterstützungsfunktionalitäten und grafische Elemente) und Imbins (multi-bilaterale Verhandlungen) bereits eine breite Palette vorgefertigter Verhandlungen, welche leicht an neue Anforderungen adaptiert werden können. Durch die weitgehende Konfigurierbarkeit können aber nicht nur Verhandlungen im engeren Sinne unterstützt werden, sondern auch Auktionen sind möglich. Beispielsweise bietet Invite unter dem Namen Inauction eine multi-attributive englische Auktion zur Nutzung an. Invite ist als Web-Applikation ausgelegt, somit können die Clients auf beliebigen PCs ohne Installation eingesetzt werden (siehe Kapitel 6 für Bildschirmabbildungen des Invite-Systems). Darüber hinaus können auch Experimente über das Internet auf einfache Weise durchgeführt werden. Demgegenüber steht der Nachteil, dass die Invite Clients Daten nur auf Anforderung durch den Benutzer auffrischen können und keine dynamische servergesteuerte Datenaktualisierung bieten. Als technische Plattform nutzt das Invite-System zurzeit die proprietäre Software Cold Fusion mit einigen Erweiterungen.

Um elektronische Verhandlungen systemtechnisch abbilden zu können und den Verhandlungsprozess so konfigurierbar wie möglich zu gestalten, zerlegt Invite den Verhandlungsprozess in eine Sequenz von Aktivitäten, das so genannte Verhandlungsprotokoll. Strecker et al. gehen davon aus, dass Verhandlungen in 5 Phasen zerlegt werden können: Planung, Festlegung der Agenda und Erkunden des Fachgebiets, Austausch von Angeboten und Argumenten, Erzielen einer Übereinkunft sowie Abschluss der Verhandlung (siehe [StKe06] für eine genaue Beschreibung der einzelnen Phasen). Phasen bestehen aus einem Satz von Stati, die sich wiederum in die zu einem bestimmten Zeitpunkt verfügbaren Informationen und die zu diesem Zeitpunkt verfügbaren Aktionen unterteilen. Das Ergebnis einer Aktivität ist wieder eine Aktivität oder ein Konstrukt. Konstrukte sind zum Beispiel Nachrichten oder Angebote (siehe [Law05, S. 26ff]). Abbildung 7 zeigt einen schematischen Überblick über diese Dekomposition. Stati werden im nächsten Schritt wiederum zu Sequenzen zusammengefügt. Eine Sequenz ist dabei immer aus einem initialen Status als Einstiegspunkt, einem verbindlichen Status als Ausstiegspunkt sowie 0 bis n zusätzlichen optionalen Stati aufgebaut.

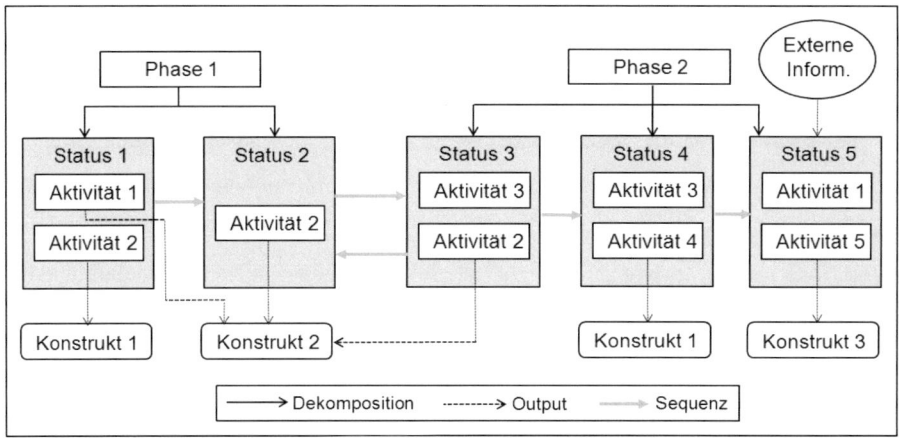

Abbildung 7: Dekomposition des Verhandlungsprozesses beim Invite-System nach [Law05]

Die beschriebene Dekomposition ermöglicht die einfache Wiederverwendung von existierenden Codefragmenten und Konfiguration neuer Verhandlungsprotokolle. Die mit den einzelnen Aktivitäten bzw. Stati verbundenen Codefragmente, Cold Fusion Codefragmente und HTML-Seiten werden in einer komplexen Datenbankstruktur angelegt. Diese relativ komplizierte Struktur stellt einen der Nachteile des Invite Konzeptes dar. Darüber hinaus existiert zwar eine Administrationsoberfläche zum Anlegen neuer Experimente, Teilnehmer und Instanzen bereits existierender Protokolle, jedoch fehlen spezifische Werkzeuge zur Unterstützung bei der Wiederverwendung existierender und der Erstellung neuer Komponenten vollständig. Daher ist auch Invite noch weit entfernt von einem System, dass mittels wenig Aufwand und ohne Programmierung für neue Experimente umkonfiguriert werden kann.

In den nächsten Kapiteln folgt eine Beschreibung von meet2trade und des darauf aufbauenden MES. meet2trade wurde entwickelt, um im Gegensatz zu den in diesem Abschnitt vorgestellten Systemen ein integriertes Instrument für die Forschung im Bereich elektronischer Märkte zur Verfügung zu stellen und die Nachteile bisheriger Systeme für diesen Forschungsbereich zu minimieren.

**Teil II
Konzeption und Umsetzung**

4 meet2trade als Market-Engineering-Toolsuite

4.1 Das meet2trade-System

Da sehr viele Marktstrukturparameter existieren, sowie verschiedene Teilnehmergruppen heterogene Ansprüche an einen Markt haben können, ist der Market-Engineering-Prozess sehr komplex [Ne02]. Ein weiteres Problem stellt die aufgrund der Unsicherheit über das Verhalten der Marktteilnehmer und der teilweisen Abhängigkeit der Parameter schwierige Abschätzbarkeit der Auswirkungen einzelner Parameter auf das Marktergebnis dar. Daher liegt die computerbasierte Unterstützung nahe, um diesen komplexen Vorgang des Market-Engineering zu vereinfachen, die CAME - Computer-Aided Market-Engineering genannt wird [Ne04].

Bisher standen zwar einzelne Tools zum Beispiel für die Durchführung von Simulationen oder Experimenten (siehe Kapitel 3) zur Verfügung, jedoch kein integriertes System, welches den kompletten Market-Engineering-Prozess unterstützen kann. Daher wurde, um der Vision des Computer-Aided Market-Engineering Rechnung zu tragen, im Rahmen des eFIT-Projektes[9] als Werkzeug zur Durchführung von Forschung über elektronische Märkte die Software Suite meet2trade entwickelt, welche in diesem Kapitel genauer beschrieben werden soll[10]. meet2trade ist als Client-Server System auf Java-Basis realisiert. Im Mittelpunkt der Entwicklung stand dabei die möglichst vollständige Unterstützung des Market-Engineering-Prozesses vom Entwurf über das Design und die Implementierung eines Marktes bis hin zum Betrieb. Daher handelt es sich bei meet2trade nicht nur um ein einfaches Handelssystem, sondern um eine Software Suite. D.h. neben der Kernkomponente, welche eine Plattform für verschiedene Märkte bietet und auf der die eigentliche Abwicklung des Handels stattfindet, sowie den Clients für die Interaktionen mit den Benutzern enthält die Software Suite noch zahlreiche weitere Komponenten: einen Editor für Märkte (MML-Editor), ein Simulationssystem (AMASE), ein Informationssystem für Marktbetreiber (MAPOI) sowie ein Experimentalsystem (MES, siehe Kapitel 5). Darüber hinaus wurden im Rahmen des Projektes neu entwickelte innovative Handelskonzepte implementiert und damit deren Realisierbarkeit gezeigt sowie

---

[9] Beim e-FIT Projekt handelt es sich um ein BMBF-gefördertes Projekt mit dem Ziel der „ökonomisch fundierten Konzeption, Entwicklung und prototypische Implementierung einer generischen, personalisierten Handelsplattform für das börsliche und außer-börsliche Brokerage unter Nutzung innovativer IT-Technologien" [Bmbf99]
[10] Teile der in diesem Kapitel dargestellten Systembeschreibung wurden in [WeDi05] und [WeDi06] publiziert.

die Untersuchung mittels Simulationen und Experimenten ermöglicht. Das meet2trade-System stellt die technische Grundplattform dar, auf der das im nächsten Kapitel beschriebene meet2trade Experimentalsystem MES aufbaut. Abbildung 8 zeigt den Market-Engineering Prozess und die Unterstützung dieses Prozesses durch die verschiedenen Bestandteile der meet2trade Toolsuite.

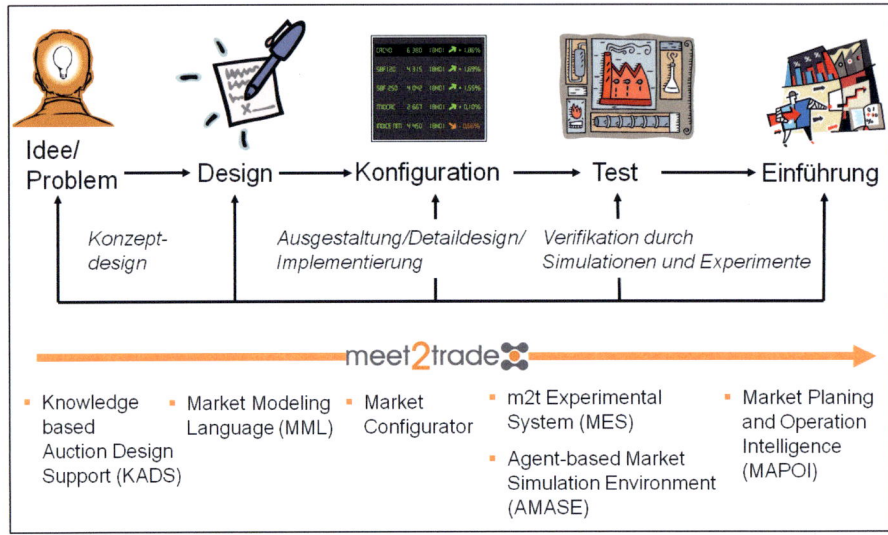

Abbildung 8: CAME Prozess und Unterstützung durch meet2trade

Um eine möglichst breite Palette von Fragestellungen untersuchen zu können, wurde das System in den zentralen Bereichen so flexibel und konfigurierbar wie möglich gestaltet. Die zentralen Aspekte der meet2trade Plattform sind daher Flexibilität aus Systemsicht und Konfigurierbarkeit aus Benutzerperspektive (siehe auch [We05]).

Flexibilität aus Systemsicht bedeutet in diesem Zusammenhang:

1. die Fähigkeit Märkte aus den verschiedensten Domänen (z. B. Finanzmärkte, Immobilienmärkte, …) auf einer Plattform zu beherbergen
2. die automatische Anpassung des Systems an die unterschiedlichen Anforderungen der verschiedenen Domänen, z. B. verschiedenartige Produkt-Struktur oder Order-Struktur
3. die nahtlose Integration sowohl einseitiger als auch doppelseitiger Auktionen in das System

4. das Ermöglichen einer schnellen Entwicklung und Evaluation von neuen elektronischen Märkten sowie

5. die Unterstützung verschiedenartiger innovativer Handelskonzepte wie z. B. innovative Ordertypen[11] oder Bundletrading[12].

Aus Benutzerperspektive sollte das System so konfigurierbar wie möglich gehalten werden, um eine möglichst gute Anpassung an die individuellen Bedürfnisse zu ermöglichen. Diese Konfigurierbarkeit äußert sich in mehreren Aspekten. Zum einen erlaubt der Handelsclient eine Anpassung der Funktionalitäten und Oberfläche an die eigenen Wünsche, zum anderen erlaubt das System die Auswahl, Kombination und Konfiguration von Märkten entsprechend der persönlichen Präferenzen. Diese besondere Konfigurierbarkeit aus der Nutzerperspektive ermöglicht darüber hinaus die Untersuchung von besonderen Fragestellungen, wie zum Beispiel Auswirkungen von mehreren alternativ zur Verfügung stehenden verschiedenen Marktmodellen[13] für ein Produkt auf das Verhalten der Handelsteilnehmer und die Marktqualität (Akzeptanz, Liquiditätsverteilung, Preise, …).

Zur Unterstützung des Entwurfsprozesses von neuen Märkten steht eine XML-basierte Marktbeschreibungssprache (MML - Market Modelling Language) zur Verfügung [MW05]. Zur weiteren Vereinfachung der Marktgestaltung wurde darüber hinaus eine auf dieser MML basierende grafische Oberfläche entwickelt, welche die Konfiguration, Erstellung und Inbetriebnahme von Märkten mit wenigen Mausklicks ermöglicht.

Um die mit Hilfe der MML erstellten Märkte vor der Einführung untersuchen zu können und um die Untersuchung weiterer Fragestellungen rund um elektronische Märkte zu ermöglichen, wurden in die meet2trade-Plattform das meet2trade Experimental System (MES) und das agentenbasierte Simulationssystem AMASE integriert. Damit werden zwei wesentliche Untersuchungsmethodiken als fertig nutzbare Toolkits im Rahmen der Software Suite bereitges-

---

[11] Ordertypen bezeichnen in diesem Zusammenhang Arten von Orders, welche die klassischen Markt- und Limitorders um neue zusätzliche Funktionalitäten ergänzen, so passt z. B. die so genannte „Pegged Order" ihr Limit immer automatisch so an, dass Sie die beste existierende Order der eigenen Marktseite um ein festgelegtes Inkrement über- bzw. unterbietet. Eine detaillierte Beschreibung der „Pegged Order" und weiterer Ordertypen findet sich in [KM05]

[12] Unter Bundletrading versteht man den simultanen Kauf und/oder Verkauf von mindestens zwei Finanzprodukten auf der Basis eines Entscheidungskalküls. Zur Realisierung und Untersuchung von Bundle-Trading im Rahmen des e-FIT Projekts siehe [Gr05].

[13] Als Marktmodell wird die Gesamtheit der konkreten Ausprägungen der Strukturmerkmale einer Marktstruktur bezeichnet [Gomb00]. Im Gegensatz zu Gomber wird der Begriff Marktmodell im Rahmen dieser Arbeit jedoch nicht nur auf Wertpapiermärkte beschränkt, sondern universell verwendet.

tellt. Das Experimentalsystem MES wird in Kapitel 5 ausführlich beschrieben. Nähere Informationen zu AMASE finden sich in [Czern05].

4.2 System-Aufbau und Technologien

meet2trade ist als Client-Server System mit einem zentralen Server als Plattform für alle laufenden Märkte sowie zur Verwaltung und Aufbereitung aller Daten (Userdaten, Kontodaten, Produktdaten, Protokolldaten) realisiert. Die mit diesem Server verbundenen Clients stellen die Daten dar und bilden die Schnittstelle zur Eingabe von Orders und Geboten. Die grafische Benutzerschnittstelle der Clients ermöglicht einen einfachen Marktzugang; die asynchrone Client-Server-Kommunikation gewährleistet bei Verwendung gleichrangiger Prioritäten für jeden Handelsteilnehmer die Fairness des Marktzugangs.

Das meet2trade-System basiert vollständig auf Java Technologie - während serverseitig das Enterprise Java Beans (EJB) Konzept verfolgt wird, kommt clientseitig pure Java zum Einsatz. Der Server ist gemäß einer 3-Schichten Architektur aufgebaut (siehe Abbildung 9). Die Persistenz der in meet2trade befindlichen Daten wird durch die transaktionssichere Speicherung in einer Datenbank gewährleistet.

Die Kommunikationsschicht bereitet die Daten für die Präsentation im Client auf, sorgt für die Kommunikation zwischen Client und Server und verwaltet alle angeschlossenen Clients.

Die Anwendungsschicht besteht hauptsächlich aus dem Systemkern ARTE[14], welcher die zentrale Laufzeitumgebung für alle Märkte darstellt und die weitere Bearbeitung eingehender Orders übernimmt.

Die Datenbankschicht kapselt alle Datenbankzugriffe und stellt die Funktionalitäten für das Protokollieren der Handelsdaten sowie für die Verwaltung der User- und Kontodaten zur Verfügung.

---

[14] Vom technischen Standpunkt aus kann ARTE als eine Laufzeitumgebung für Auktionen betrachtet werden. Sie ist so konzeptioniert, dass eine beliebige Anzahl von Auktionen simultan ausgeführt werden kann. Weiterhin verwaltet ARTE den Lebenszyklus der Auktionen von Ihrer Definition und Konfiguration bis hin zu Ihrer Terminierung. ARTE unterstützt verschiedene Auktionstypen und Domänen und stellt darüber hinaus diverse Services, wie beispielsweise einen Timerdienst oder Kommunikationsdienste, für die Auktionen zur Verfügung.

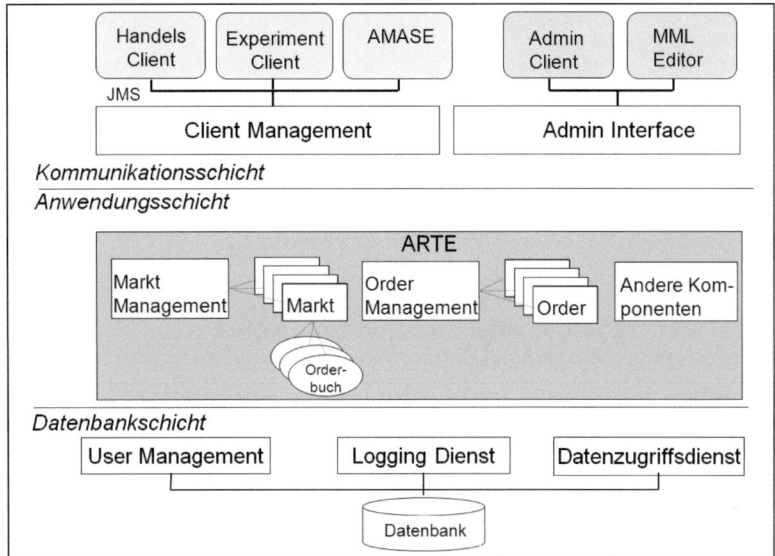

Abbildung 9: Systemarchitektur des meet2trade-Systems

Der meet2trade Server bietet Funktionalitäten für die Bereitstellung, Konfiguration und den Betrieb von verschiedenen Auktionsmechanismen, die Verwaltung von Userkonten und Depots, die Bearbeitung von Orders und die Ausführung von Trades sowie für die Protokollierung aller anfallenden Handelsdaten.

Um auf dem meet2trade-System handeln zu können, muss ein Teilnehmer im System registriert sein und sich vor der Benutzung mit seinem Benutzernamen und Passwort authentifizieren. Die Benutzerauthentifizierung und -verwaltung wird durch die User Management Komponente sichergestellt. Erst nach der Anmeldung am System kann der Teilnehmer seine Orders bzw. Gebote über den Client ins System schicken. Die Orders werden von der Order Management Komponente entgegengenommen und an die angegebenen Märkte weitergeleitet. Ab hier können Orders nach den in ihnen spezifizierten Vorgaben unabhängig von weiteren Interaktionen mit dem Nutzer oder dem Order Management Märkte betreten und wieder verlassen. Diese Unabhängigkeit der Orders von einer zentralen Verwaltungsinstanz oder von weiteren Eingriffen durch den Anwender wurde durch die Modellierung der Orders als autonome Objekte erreicht.

Das Markt Management sorgt für die Verwaltung der innerhalb des Systems laufenden Märkte. Ein Markt kann sich in zwei verschiedenen Zuständen befinden: aktiv oder passiv. Nur aktive Märkte können Orders entgegennehmen, die dann im Orderbuch des jeweiligen Marktes abgelegt werden. Wenn zwei passende Orders innerhalb eines Orderbuchs zusammentreffen, kann ein Handel gemäß der spezifischen Handelsregeln dieses Markts durchgeführt werden. Nachdem ein Handel erfolgreich abgeschlossen wurde, werden die Depots der beteiligten Teilnehmer durch die User Managementkomponente in der Datenbank aktualisiert. Somit erfolgt das Clearing und Settlement[15] innerhalb des Systems.

Neben dem Management der Benutzerdaten stellt die Datenbankschicht zwei weitere Dienste zur Verfügung: den Logging Dienst und den Datenzugriffsdienst. Der Logging Dienst übernimmt die Speicherung sämtlicher während des Handels anfallenden Daten. Dazu gehören u. a. die eingehenden Orders, die ausgeführten Trades sowie die Bewegungen der Orders im System. Beim meet2trade-System wird aus Performancegründen ein Großteil der zur Laufzeit benötigten Daten im Hauptspeicher gehalten. Für das Auslesen und Aufbereiten des persistenten, in der Datenbank gespeicherten Teils der Daten wie zum Beispiel der ausgeführten Trades, ist der Datenzugriffsdienst zuständig.

Zur Nachrichtenübermittlung wird in meet2trade der asynchrone Java Messaging Service (JMS) in den beiden Varianten „Point-to-Point" und „Publish-Subscribe" verwendet. Die Point-to-Point-Kommunikation eignet sich insbesondere zur Kommandoübermittlung vom Client an die verteilten Komponenten und für die hieraus resultierenden, singulären Antworten. Für einen kontinuierlichen Informationsfluss, wie z. B. die Übermittlung sämtlicher Orderbuchupdates an einen Client, stellt das Publish-Subscribe eine adäquate Methode dar. In diesem Fall registrieren sich die Clients für das jeweilige Thema („Topic") und erhalten die Updates eventgesteuert per Java Message. An den Client geschickte Nachrichten besitzen grundsätzlich XML-Format. Das XML-Format wurde verwendet, da die weitgehende Konfigurierbarkeit und Flexibilität des meet2trade-Systems bezüglich der Benutzerschnittstelle, der Orderstruktur sowie der Domänen ein sehr flexibles, aber trotzdem leicht zu handhabendes Format erforderlich machte.

---

[15] Unter Clearing versteht man die Abrechnung der aus dem Geschäft resultierenden Forderungen und Verbindlichkeiten, unter Settlement die Eigentumsübertragung durch Tausch eines Gutes bzw. Wertpapiers gegen Geld oder andere Vermögenstitel.

4.3 Besonderheiten des meet2trade-Systems

4.3.1 Generik

Ein wichtiges Ziel bei der Erstellung von meet2trade war es, das Handelssystem so flexibel zu gestalten, dass damit nicht nur ein spezieller Anwendungsfall abgedeckt werden kann, sondern stattdessen die Unterstützung von Märkten aus fast jeder beliebigen Anwendungsdomäne zu ermöglichen. Um dieses Ziel zu erreichen, müssen sich sowohl der zentrale Serverbestandteil ARTE als auch die Benutzerschnittstelle den Marktcharakteristika verschiedener Domänen anpassen können. Zu den charakteristischen Markteigenschaften zählen dabei vor allem die konkreten Marktregeln und die Eigenschaften der auf diesen Märkten gehandelten Produkte.

Um das Regelwerk von Märkten den domänenspezifischen Anforderungen anpassen zu können, wurde die MML (vgl. Abschnitt 4.3.4) entwickelt. Sie erlaubt die userspezifische Generierung und Konfiguration von Märkten, um auch individuellen Anforderungen Rechnung tragen zu können. Darüber hinaus wurde eine generische Orderstruktur entwickelt, um eine Anpassung der Orders an verschiedene Produktcharakteristika zu ermöglichen. Die generische Orderstruktur definiert ein Framework, welches die Charakteristika des Transaktionsobjekts beinhaltet. Die Struktur einer Order kann sich damit abhängig von Änderungen im Umfeld oder von bestimmten Ereignissen dynamisch ändern oder neu definiert werden. Um auch dem Client eine dynamische Anpassung an diese variable Orderstruktur zu ermöglichen, kommuniziert der Server während der Laufzeit die konkrete Attributkonstellation eines Produkts in Form einer XML-Beschreibung an den Client, der dann eine automatische Anpassung der Benutzerschnittstelle vornimmt. Eine genauere Beschreibung dieses Anpassungsprozesses findet sich im folgenden Abschnitt 4.3.2.

Jeder Markt muss bei seiner Definition einer einzigen Produktkategorie zugeordnet werden, d. h. in diesem Markt können dann nur Produkte einer spezifischen Kategorie, z. B. Aktien, gehandelt werden. Die genaue Ausprägung einer solchen Produktkategorie muss während des Marktdefinitionsprozesses festgelegt werden und bestimmt damit die Orderstruktur für alle Produkte, die in diesem Markt handelbar sind. So unterscheidet sich beispielsweise die Orderstruktur eines Fahrradmarkts fundamental von der Orderstruktur eines Aktienmarkts. Bei der Definition einer Produktkategorie müssen daher die Attribute der Produkte innerhalb dieser

Kategorie festgelegt werden. Diese Attribute haben zweierlei Funktionen: (i) Beschreibung des Produkts (ii) Festlegung der Matchingkriterien. Für Standardauktionen sind die grundlegenden Attribute in der Regel Volumen und Preis, bei multi-attributiven Auktionen können noch weitere Attribute wie Qualität, Lieferzeit etc. hinzukommen. Jedes Attribut kann durch das Setzen von Attributparametern noch weiter konfiguriert werden. Zu diesen Attributparametern gehören der Attributtyp (Beschreibend oder Matching), die Einheit (z. B. Euro, Stück) und der Wertebereich für den Wert des Attributs.

4.3.2 Adaptiver Client

Professionelle Handelssysteme müssen Marktdaten, wie z. B. Orderbücher oder Marktinformationen in Echtzeit liefern, um den Händlern eine unmittelbare Reaktion auf Änderungen innerhalb der Märkte zu ermöglichen. Da HTML-basierte Web-Applikationen aus technischen Gründen ohne weitere Hilfsmittel, wie beispielsweise eingebettete Java Applets, keine Echtzeitdaten darstellen können, wurde der Client des meet2trade-Systems als Javaapplikation implementiert[16]. Die Nutzung von Java erlaubt die Realisierung eines Server-basierten Pushdiensts für Echtzeit Marktdaten und bietet darüber hinaus weitere Vorteile:

- Jeder Benutzer kann seinen Client individuell konfigurieren, z. B. durch Verschieben der Fenster, Ein- bzw. Ausblenden der benötigten Funktionen oder Verteilung der Funktionalitäten auf mehrere virtuelle Bildschirme. Diese benutzerspezifische Konfiguration wird auf Mausklick abgespeichert. Dabei wandelt der Client die Konfiguration in eine XML-Darstellung um und übermittelt sie an den Server, wo sie schließlich in der Datenbank abgelegt wird. Da die Daten nicht lokal abgespeichert werden, stehen die gesicherten Einstellungen dem Benutzer unabhängig von einem spezifischen Rechner nach jedem Einloggen wieder zur Verfügung.

- Die Benutzerschnittstelle basiert auf Standard-Windowskomponenten wie Pulldown-Menüs, verschiebbaren oder in der Größe anpassbaren Fenstern. Das sorgt für eine bessere Bedienbarkeit als bei HTML-basierten Web-Applikationen.

---

[16] In der Zwischenzeit stehen neue Technologien wie AJAX (Asynchronous JavaScript and XML) zur Verfügung, die auch normalen Web-Applikationen die dynamische, eigenständige Aktualisierung von Inhalten ermöglichen. Zum Zeitpunkt der Programmierung des meet2trade-Systems standen diese Technologien noch nicht zur Verfügung. Darüber hinaus bestehen durch die Neuigkeit und das Fehlen von guten Entwicklungswerkzeugen noch erhebliche Schwierigkeiten beim Einsatz dieser Technologien.

- Das Verhalten der Clients kann zentral durch den Server überwacht und gesteuert werden. Diese Eigenschaft ist besonders bei der Durchführung von Experimenten mit Hilfe der in meet2trade integrierten Experimentalumgebung von Bedeutung.

Um die Darstellung von Echtzeitdaten in den Clients zu ermöglichen, wurde ein intelligenter Pushmechanismus für Daten implementiert. Dieser Mechanismus ist in der Client-Managementkomponente gekapselt. Bevor ein Client Daten vom Server empfangen kann, muss er zuerst die Datenquelle (z. B. ein spezifisches Orderbuch oder die Handelshistorie) beim Client Management abonnieren. Jeder Client verwaltet dabei selbständig die für die aktuell geöffneten Fenster nötigen Datenabonnements. Wird ein Abonnement nicht mehr benötigt, weil alle darauf basierenden Fenster in einem Client geschlossen wurden, wird das Abonnement automatisch beendet.

Da die Orderattribute abhängig vom Markt bzw. den darauf gehandelten Produkten variieren können, ist ein Mechanismus zur Anpassung der Benutzeroberfläche an die Marktgegebenheiten nötig. Dazu liefert jeder Markt auf Anfrage durch den Client eine spezielle XML-basierte Marktbeschreibung, die der Client nutzt, um das entsprechende Ordereingabefenster an den Auktionstyp und die Produktattribute eines Marktes anzupassen. Während die Produktattribute nur die Eingabefelder der Ordereingabemaske beeinflussen, unterscheiden sich die Eingabemasken und auch die Orderbuchdarstellung abhängig vom Auktionstyp grundlegend. Doppelseitige Auktionen werden beispielsweise in der Regel durch ein zweiseitiges Orderbuch mit den Kauforders auf der einen Seite und den Verkaufsorders auf der anderen Seite visualisiert. Einseitige Auktionen benötigen dagegen meist nur eine Auflistung der eingegangenen Gebote.

Die anpassungsfähige Struktur des Clients, die eine Anpassung an die verschiedensten Auktionstypen und Domänen ermöglicht, sowie die Personalisierbarkeit des Clients durch den Benutzer ermöglichen die Realisierung eines sehr flexiblen Systems. Dieses lässt zum einen viele verschiedene Arten von Märkten auf einer Plattform zu, zum anderen ist es trotzdem noch einfach zu überblicken und zu benutzen. Abbildung 10 zeigt ein Bildschirmabbild des adaptiven Clients, weitere Abbildungen insbesondere im Zusammenhang mit multi-attributiven englischen Auktionen finden sich in Kapitel 6.

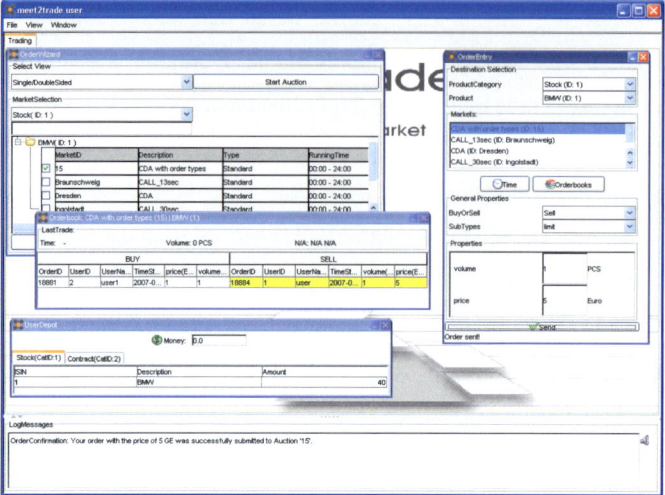

Abbildung 10: Der adaptive Client des meet2trade-Systems

4.3.3 Laufzeitumgebung für Märkte und kaskadierend dynamische Marktmodelle

Die Anforderungen der Investoren bezüglich des Marktmodells und der gehandelten Produkte sind uneinheitlich und können aufgrund der individuellen und situativen Gegebenheiten über die Zeit gesehen einem stetigen Wandel unterworfen sein. Daher stellt die Erfüllung dieser Anforderungen eine besondere Herausforderung an den Marktdesigner dar.

Es können eine Vielzahl von Anforderungen identifiziert werden, die die Investoren an das Design von Märkten und Marktmechanismen bezüglich Informationen aus dem Orderbuch und Ausführung stellen. Jedoch werden in der Realität nicht jegliche Ansprüche von Investoren durch ein entsprechendes Marktmodell erfüllt. Die Verschiedenheit der Marktmodelle auf unterschiedlichen Börsen und im Besonderen die Existenz von OTC Märkten zeigen, dass ein Bedarf für neue und innovative Marktmodelle existiert. Nachfolgende Beispiele verdeutlichen dies:

- Zur Unterstützung des Handels großer Volumina hat die Deutsche Börse ein gesondertes Marktmodell Xetra XXL eingeführt.

- Ganze Produktgruppen werden nicht in den institutionalisierten Handel aufgenommen, z. B. Aktien nicht börsengehandelter Unternehmen.

- Insbesondere bei institutionellen Anlegern besteht der Bedarf, ausgewählte Wertpapiere nur mit einem bestimmten Kreis von Kontrahenten zu handeln. Eine solche Einschränkung des Teilnehmerkreises wird derzeit nicht in den führenden Handelssystemen abgebildet.

Diese Beispiele zeigen, dass selbst in den fortschrittlichen Finanzmärkten vielen Anforderungen der Investoren nicht oder nur eingeschränkt entsprochen werden kann. Daher ist es nötig, Möglichkeiten zu schaffen, um auf die individuellen Anforderungen der Investoren eingehen zu können. Dieses Ziel wird einerseits mit Hilfe des ARTE-Kerns des meet2trade-Systems erreicht, welcher als Laufzeitumgebung eine Koexistenz von unterschiedlichen Märkten aus den verschiedensten Domänen auf einer Plattform erlaubt. Andererseits wurde die MML (siehe Abschnitt 4.3.4) entwickelt, welche die Konfiguration von Märkten nach den individuellen Wünschen und Vorgaben der Investoren ermöglicht.

Um individuelle Anfoderungen realisieren zu können, sind jedoch noch weitere Maßnahmen nötig. So würde die Erfüllung der Anforderungen der Investoren durch jeweils ein eigenes Marktmodell zur Splittung der Liquidität führen. Konsequenterweise hätte dies unter Umständen das Nichterreichen der für den Handel notwendigen kritischen Masse zur Folge. Um dieses Dilemma zu lösen, wurde der Ansatz des kaskadierende dynamischen Marktmodells (KDMM) entwickelt [NeHo02]. Die Grundidee dieses auf dem Vorschlag von dynamischen Marktmodellen (DMM, vgl. [BuGo99]) basierenden Ansatzes ist, die Investoren selbst die Marktmodelle aussuchen zu lassen, in denen sie handeln wollen. Um der Splittung der Liquidität entgegen zu wirken, operieren diese Marktmodelle in einem gemeinsamen logischen Orderbuch und sind über dieses integriert. So entstehende Marktmodelle nennen die Autoren kaskadierende dynamische Marktmodelle. Der Vorteil dieses Ansatzes gegenüber DMM ist die gleichzeitige Erfüllung der Anforderungen der Investoren und das Lösen des Problems der Liquidität.

Die Idee der KDMM beschreibt die Möglichkeit, Marktmodelle sequentiell oder parallel zu verbinden. Dadurch entsteht eine Vielzahl von neuartigen Marktmodellen. Ein KDMM ist dann gegeben, wenn ein Marktdesigner einzelne Marktmodelle durch individuelle Abhängigkeiten zueinander in Beziehung setzen kann oder wenn ein Investor in einem solchen Markt für seine Order die Marktmodelle bestimmen kann, die sie bis zu ihrer Ausführung sequentiell oder parallel durchlaufen. Abbildung 11 stellt KDMMs symbolisch dar. Wie leicht zu erkennen ist, können einzelne Marktmodelle beliebig sequentiell und parallel zu neuen größeren KDMMs zusammengestellt werden. Eine genaue Beschreibung der KDMM und ihrer Implementierung in meet2trade finden sich in [WeDi06] und [Mäki06].

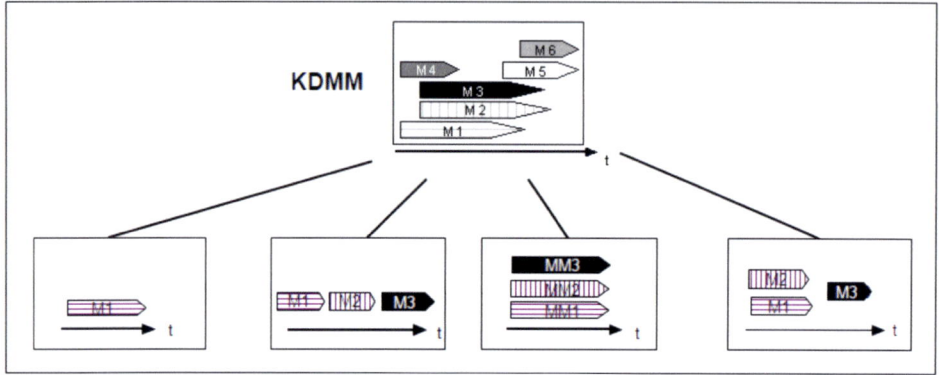

Abbildung 11: KDMMs in meet2trade

4.3.4 Marktkonfiguration mit der Modellierungssprache MML

Die MML ist eine XML-Schema-basierte Modellierungssprache zur Konfiguration von Märkten. Sie besteht aus etwa 110 Parametern, die in zwei Gruppen unterteilt sind: *MarketModel* und *MetaMarket*. In der ersten Gruppe werden Parameter zur Spezifikation von Regeln einzelner Marktmodelle zusammengefasst. Diese Gruppe umfasst etwa 65 Parameter. Zur zweiten Gruppe gehören die Parameter, die für die Spezifikation der Metamarktregeln benötigt werden. Als Metamarkt wird in diesem Fall die logische Hülle bezeichnet, die einzelne Marktmodelle eines KDMM zusammenhält und nach außen darstellt. Metamärkte stellen somit das technische Konzept von meet2trade dar, um kaskadierende dynamische Marktmodelle in der Marktplattform abzubilden. Die zweite Regelgruppe ist in zwei weitere Untergruppen gegliedert - *MarketAttributes* und *MetaMarketAttributes*.

Die Gruppe *MarketAttributes* umfasst die Regeln, die das Zusammenspiel der einzelnen Märkte kontrollieren. Hier werden marktexogene oder marktendogene Ereignisse definiert, anhand derer ein Markt innerhalb eines Metamarktes gestartet oder gestoppt werden kann. Ein marktexogenes Ereignis ist z. B. das Anhalten eines anderen Markts. Dieses Ereignis kann beispielsweise das Starten eines anderen Markts verursachen. Ein marktendogenes Ereignis

kann u. a. dann vorliegen, wenn der aktuelle Marktpreis einen definierten Preiskorridor verlässt. Dieses Ereignis verursacht eine so genannte Volatilitätsunterbrechung. Regeln, die den
Metamarkt betreffen, sind in der Gruppe *MetaMarktAttributes* zusammengefasst. Hier wird
unter anderem festgestellt, wann der Metamarkt gestartet wird, welche Anwender hier zuge-
lassen sind sowie welche Produkte gehandelt werden.

Die Marktkonfiguration mit der MML ist in drei Schritte unterteilt. Im ersten Schritt werden
die *MetaMarketAttributes* konfiguriert, die von den später einzuführenden Marktmodellen
unabhängig sind oder die für alle integrierten Marktmodelle gleich sind. Im nächsten Schritt
werden die einzelnen Marktmodelle spezifiziert, die in einem Metamarkt zusammengefasst
werden (*MarketModel*). Im letzten Schritt werden *MarketAttributes* spezifiziert. Eine genaue
Beschreibung der einzelnen Schritte der Marktkonfiguration sowie der in jedem Schritt zur
Verfügung stehenden Parameter und Regeln findet sich zum Beispiel in [WeDi06]. Mit Hilfe
der MML ist die Erstellung einer großen Anzahl von single- und multi-attributiven Auktionstypen und sogar die Kombination verschiedener solcher auktionsbasierter Marktmodelle zu
kaskadierend dynamischen Marktmodellen möglich. Tabelle 2 zeigt einen Überblick über die
mit Hilfe der MML und meet2trade konfigurierbaren Auktionstypen sowie deren Kombinier-
barkeit innerhalb eines KDMM. Die doppelseitigen Auktionstypen können dabei beliebig
untereinander kombiniert werden.

Einseitig		Doppelseitig			
	Proxy	Multi-Attributiv	CDA	Call Markt	Bundle
Aufsteigend	Nein	Nein	Ja	Ja	-
	Ja	Nein	Nein	Nein	-
Beschaffungs-auktion	Nein	Nein	Ja	Ja	-
	Ja	Nein	Nein	Nein	-
Absteigend	Nein	Nein	Nein	Nein	-
	Ja	-	-	-	-
Hit&Take		Nein	Nein	Nein	-
K^{ter} Preis SealedBid		Nein	Ja	Ja	-
K^{ter} Preis SealedBid Beschaffungsauktion		Nein	Ja	Ja	-

Tabelle 2: Kombination von einseitigen und doppelseitigen Auktionen nach [WeDi06]

Um eine einfache Konfiguration der Märkte zu ermöglichen, ohne manuell XML-Dokumente
erstellen zu müssen, wurde basierend auf der MML ein grafischer Editor entwickelt. Dieser
fragt die nötigen Parameter vom Marktdesigner ab, erstellt das MML-Dokument und sendet

dieses an den meet2trade-Server, welcher dann den Markt instanziiert und den Handelsteilnehmern zur Verfügung stellt. Abbildung 12 zeigt eine Abbildung des MML Editors.

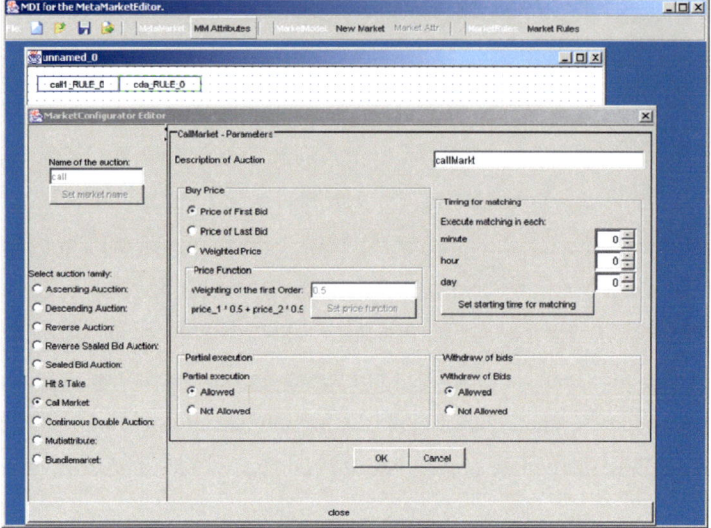

Abbildung 12: MML Editor

5 MES - Konzeption und Implementierung

5.1 Überblick

Um eine große Anzahl von Marktexperimenten möglichst schnell und einfach durchführen zu können, ist ein weitgehend konfigurierbares, „generisches" Experimentalsystem nötig.[17] Da mit der meet2trade Software Suite (vgl. Kapitel 4) bereits ein mächtiges Werkzeug zur Konfiguration und zum Betrieb von elektronischen Märkten entwickelt wurde, sollte die Möglichkeit, Experimente durchführen zu können, direkt in dieses System integriert werden anstatt ein weiteres separates System zu implementieren. Daher wurde das meet2trade Experimental System (MES) im Rahmen und aufbauend auf der meet2trade Software Suite realisiert. Bei der Entwicklung standen dabei vor allem die möglichst freie Konfigurierbarkeit innerhalb des Einsatzgebietes sowie die Einfachheit der Bedienung des Systems im Vordergrund. Dabei lag der Fokus vor allem auf einer adäquaten Unterstützung von Marktexperimenten und nicht auf der Unterstützung einer möglichst großen Bandbreite von Experimenten aller Art.

Ein wichtiges Ziel war es, die Erstellung und Durchführung von Experimenten in kurzer Zeit und ohne Programmierkenntnisse zu ermöglichen. Dazu wurde eine Experimentkonfigurationssprache entwickelt, in dem Experimente in möglichst allgemeine Parameter zerlegt wurden. Im nächsten Schritt wurde ein spezieller Experiment-Konfigurations- und Administrationsclient erstellt, welcher auf Basis dieser Konfigurationssprache die Erstellung und Steuerung von Experimenten mit Hilfe einer grafischen Oberfläche erlaubt. Außerdem sollte die Handelsumgebung während eines Experiments zwar gegenüber einem regulären System in der Komplexität reduzierbar sein, jedoch trotzdem den eigentlichen Charakter eines realen Handelssystems beibehalten, um Märkte unter möglichst realistischen Bedingungen evaluieren zu können.

Da die meet2trade Software Suite einen konfigurierbaren, an reale Handelssysteme angelehnten Handelsclient enthält, wurde dieses Ziel durch direkte Integration des Experimentalsystems in meet2trade erreicht. Der reguläre Handelsclient wird dabei auch während des Experiments genutzt - allerdings in einem speziellen Modus. In diesem Modus wird das Aussehen der Handelsoberfläche, die Menge der Interaktionsmöglichkeiten, sowie der Experimentablauf zentral durch den meet2trade Server gesteuert. Der Teilnehmer kann also beispielsweise

---

[17] Teile der in diesem Kapitel dargestellten Systembeschreibung wurden in [KoWe06] und [WeDi05] publiziert.

nur dann handeln, wenn gerade eine (Experiment-)Runde läuft und er kann auch nur auf denjenigen Märkten handeln, die der Experimentleiter vorher freigegeben hat. Ähnliches gilt für das Handelssystem an sich - auch hier werden der Ablauf, die Marktlaufzeiten, die Ausstattung der Depots und weitere Parameter während des Experiments durch eine spezielle Komponente kontrolliert. Der Experimentleiter kann über einen Administrationsclient diese Komponente steuern und den Experimentablauf verfolgen.

Durch die enge Integration in meet2trade stehen alle Funktionalitäten dieses Systems auch während eines Experiments zur Verfügung. So sind unter anderem sowohl Experimente im Bereich einseitiger als auch doppelseitiger Auktionen möglich, darüber hinaus können auch die gehandelten Produkte durch flexible Attribute beliebig konfiguriert werden. Neben der Untersuchung einzelner Märkte auf Marktqualität (z. B. Liquidität, Volatilität) und Nutzerakzeptanz beispielsweise bei Änderung einzelner Marktstrukturparameter, können mit dem System auch Märkte miteinander verglichen oder sogar Kombinationen von Märkten untersucht werden.

5.2 Ausgangspunkt

Am Anfang der Entwicklung des meet2trade Experimentalsystems stand die Analyse der bereits existierenden Experimentalsysteme. Es war zu prüfen, inwieweit solche Systeme die Anforderungen von Experimenten im Rahmen des Market-Engineering erfüllen. Wie in Abschnitt 3.5.3 beschrieben, existiert eine Vielzahl von Systemen für die Durchführung von computergestützten Experimenten. Die Mehrzahl dieser Systeme beschränkt sich allerdings auf einen Anwendungsfall, d. h. in der Regel auf ein einziges Experiment. In manchen Fällen sind auch durch kleine Änderungen im Code leichte Variationen des Grundthemas möglich. Andere Systeme bieten eine Bibliothek von Funktionen, welche für die Programmierung eigener Experimente herangezogen werden können. Die Software z-Tree bietet als einziges bekanntes System die Möglichkeit, komplette Experimente mit Hilfe einer eigenen, einfachen Programmiersprache schnell und unkompliziert zu entwickeln. Allerdings gibt es auch hier Grenzen - zum einen eignet sich das System nicht für komplexe Experimente, bei der mehrere Aktionen parallel stattfinden müssen, zum anderen ist die Benutzeroberfläche für die Experimentteilnehmer auf einfache Eingabeelemente beschränkt.

Für eine Anwendung im Market-Engineering kommen nur Systeme in Frage, die entweder speziell für Experimente im Bereich elektronischer Märkte programmiert wurden oder Systeme, die so weit konfiguriert werden können, dass sich solche Experimente durchführen lassen. Darüber hinaus sollten sich die Systeme nicht nur für einen speziellen Anwendungsfall einsetzen lassen, sondern zumindest im Bereich Auktionen möglichst weitgehend konfiguriert werden können. Schließlich muss ein solches System aktuelle Technologien nutzen und ein ansprechendes, möglichst universell einsetzbares Frontend für die Experimentteilnehmer besitzen.

Von den in Kapitel 3 vorgestellten Systemen bleiben damit nur z-Tree sowie die Verhandlungssysteme Invite und Generic Negotiation Platform (GNP) übrig. Während z-Tree trotz seiner weitgehenden Konfigurationsmöglichkeiten wegen seiner einfachen Benutzeroberfläche und den eingeschränkten Möglichkeiten, komplexe Marktexperimente durchführen zu können, ausscheidet, bieten Invite und GNP weitgehende Möglichkeiten im Bereich Auktionen und Verhandlungen. Beiden Systemen gemeinsam ist dabei die HTML-basierte Weboberfläche, die bei GNP durch eine Kombination mit einem Java-Applet auch in der Lage ist, Daten ohne eine vom Benutzer ausgelöste Aktualisierung der dargestellten Webseite selbständig zu aktualisieren (vgl. [BeKe00]). Während Invite sich hauptsächlich auf Verhandlungen im engeren Sinne beschränkt, erlaubt GNP auch die Konfiguration einer Vielzahl von Auktionen, die hier als Untergruppe von Verhandlungen verstanden werden. Da Invite ein sehr flexibles, auf Zuständen und Prozessen basiertes System darstellt, lassen sich hier jedoch auch Auktionen implementieren, was aber mit relativ hohem Programmieraufwand verbunden ist.

Aufgrund der Notwendigkeit, für das Market-Engineering ein Tool zu entwickeln, das vollständig ohne Implementierungsaufwand auf Seiten des Experimentators auskommen kann, verblieb als mögliche Lösung nur noch das GNP System. Hier ist die Definition von Auktionen mittels einer endlichen Zustandsmaschine möglich. Neben der HTML-basierten Weboberfläche kann zusätzlich auch eine Java-basierte Oberfläche mit der Möglichkeit der Datenaktualisierung ohne Neuladen der Webseite angebunden werden. Allerdings ist die Konfiguration mit dieser Zustandsmaschine immer noch recht kompliziert. Zudem sind für die Erstellung eines konkreten Experiments auch Programmierarbeiten nötig, für die jedoch vorgefertigte Komponenten existieren, die diesen Prozess vereinfachen. Schließlich wurde das System nie vollständig fertig gestellt, so dass die tatsächlichen Möglichkeiten hinter den Visionen der Entwickler zurückbleiben.

Da im Rahmen des e-FIT Projektes das elektronische Handelssystem meet2trade entwickelt worden war, stand als Basis bereits ein vielseitig einsetzbares, auf Auktionsebene durch Parameter konfigurierbares System zur Verfügung. Aufgrund der Entwicklungsgeschichte als Prototyp eines neuartigen, konfigurierbaren Handelssystems war die Nutzung als Experimentplattform zwar von vorneherein angedacht, es standen jedoch in der ersten Version keine Experimentalfunktionalitäten zur Verfügung, d. h. der Ablauf der Aktionen im System sowie die Interaktionen der Benutzer mit dem System konnten nur vollständig unkontrolliert stattfinden. Darüber hinaus gab es keine zeitliche Steuerung des Systems und es wurde kein Konto geführt, auf dem Auszahlungssaldi für ein Experiment abgespeichert werden können. Daher war das meet2trade-System für kontrollierte Experimente in einer Laborumgebung nur sehr eingeschränkt nutzbar. Der Gedanke, meet2trade um die nötigen Funktionalitäten für ein Experimentalsystem zu ergänzen, lag daher nahe, insbesondere da meet2trade die Vorteile einer Java-basierten, an ein reales Handelssystem angelehnten Benutzeroberfläche sowie der einfachen, parametrischen Konfiguration von Auktionen vereint.

Somit mussten die vorhandenen Komponenten des meet2trade-Systems, vor allem der adaptive Client und der Serverkern um Funktionalitäten zur Steuerung und zur Nutzerkontrolle erweitert werden. Außerdem sollte die Konfiguration eines Experiments, auch über die reine Marktkonfiguration hinaus, einfach, schnell und vor allem ohne Programmieraufwand möglich sein.

5.3 Parametrisierung von Marktexperimenten

Eine wesentliche Anforderung an das meet2trade Experimental System war es also, nicht nur für ein spezielles Experiment einsetzbar zu sein, sondern möglichst viele Marktexperimente mit einer Plattform durchführen zu können, ohne dazu Anpassungen im Programmcode vornehmen zu müssen. Um diese Anforderung zu erfüllen, sind verschiedene Ansätze möglich. Zum einen kann ein allgemeiner Prozess definiert werden, der mit Hilfe von Parametern an die jeweilige konkrete Situation angepasst wird. Wenn ein einzelner Prozess nicht ausreicht, um alle möglichen Anwendungsfälle abzudecken, muss auch der Prozess an sich modellierbar gestaltet werden. Da die Modellierung eines Prozesses aber deutlich komplexer ist, als die Anpassung eines existierenden Prozesses mit Hilfe von Parametern, ist eine Unterstützung bei der Prozessmodellierung für den Anwender nötig. Aufgrund der vielen Freiheitsgrade, die sich dabei ergeben können, liegt hier die Nutzung einer dezidierten Modellierungssprache nahe. Dabei muss entweder eine eigene Modellierungssprache entworfen werden, die auch grafisch basiert sein kann, oder es kann auf eine bereits existierende Sprache zur Prozessmodellierung zurückgegriffen werden. Beispiele für solche bereits existierende Sprachen zur Prozessmodellierung sind die BPEL (Business Process Modeling Language) der Organization for the Advancement of Structured Information Standards (OASIS) (siehe [CuAn02]) oder auch die BPML (Business Process Modeling Language), welche von der Business Process Management Initiative (BPMI) spezifiziert wurde. Diese bereits existierenden Prozessmodellierungssprachen fokussieren hauptsächlich auf die Modellierung von Geschäftsprozessen und bauen meist auf Web Services als technische Plattform auf.

Die hohe Komplexität der Prozessmodellierung sowohl auf Implementierungsseite als auch auf Anwendungsseite lässt dieses Konzept als weniger geeignet für die Modellierung des Experimentablaufs erscheinen. Darüber hinaus differiert die technische Grundlage der bereits existierenden Prozessmodellierungssprachen und -konzepte deutlich von den in meet2trade verwendeten Konzepten. Weiterhin lässt sich der Ablauf eines Großteils der angestrebten Marktexperimente so weit standardisieren, dass sich durch die Parametrisierung eines einzigen „generischen" Prozesses bereits sehr viele Experimente abbilden lassen. Unter Generik werden in diesem Zusammenhang die weitgehenden Konfigurationsmöglichkeiten des Prozesses und die damit mögliche Anpassung an die individuellen Bedürfnisse über Parameter verstanden. Schließlich ist die Konfiguration eines generischen Prozesses durch den Experimentersteller sehr viel einfacher als die Modellierung eines kompletten Prozesses und zudem ohne große Einarbeitungszeit und vollständig ohne Programmierkenntnisse möglich. Daher wurde dieser Ansatz für das meet2trade Experimental System gewählt.

Um den Ablauf eines Experiments leichter in allgemeiner Form abbilden zu können, wird ein Experiment in Organisationseinheiten zerlegt. Dafür werden, so weit möglich, Einheiten gewählt, die sich in Literatur und Praxis bewährt haben. So werden Experimente typischerweise in einer bis mehreren Sitzungen, hier als *Session* bezeichnet, durchgeführt. Eine Session stellt dabei eine konkrete Experimentalsitzung mit einer festen Teilnehmergruppe dar. Jede Session besteht aus einzelnen *Treatments*, die wiederum in *Stages* unterteilt sind, welche die eigentlichen (Handels-)Runden repräsentieren. Treatments stellen dabei eine Untereinheit eines Experiments dar, in denen in der Regel eine bestimmte Parameterkonfiguration konstant gehalten wird. Zwischen den verschiedenen Treatments eines Experiments werden dann einzelne oder mehrere Parameter variiert, um aus den daraus resultierenden Veränderungen der Experimentergebnisse, d. h. der aufgezeichneten Daten, den Einfluss dieser Parameter untersuchen zu können.

Innerhalb eines Treatment im MES können beliebig viele Handelsrunden bzw. Stages enthalten sein. Aus systemtechnischen Gründen besteht jede Stage aus zwei Phasen, der Informations- oder *Pre-Stage-Phase*, in der einleitende Informationen angezeigt werden, sowie der *Trading-Phase*, in der der eigentliche Handel stattfindet. Da bei Laborexperimenten identische Treatments meist mehrmals mit verschiedenen Teilnehmergruppen durchgeführt werden, um die Anzahl der Beobachtungen zu erhöhen, kann jedes Treatment beliebig vielen Sessions zugeordnet werden, ohne neu eingegeben werden zu müssen. Darüber hinaus kann ein Treatment auch mehrfach innerhalb einer Session enthalten sein. Eine Experimentalsitzung endet, sobald alle in dieser Session enthaltenen Treatments abgearbeitet wurden.

Jedes Experiment bzw. jede Session läuft damit nach dem gleichen Schema ab - die einzelnen Organisationseinheiten können dabei aber durch den Experimentersteller mit unterschiedlichen Parametern belegt werden. Einen Überblick über den logischen Aufbau eines Experiments liefert Abbildung 13. Der generische Prozess des Experiments orientiert sich genau an diesem Aufbau. Innerhalb einer Session werden also alle dort vorhandenen Treatments nacheinander durchlaufen, jedes Treatment arbeitet sequentiell die darin vorhandenen Stages ab, d. h. in jeder Stage werden immer die Pre-Stage-Phase und danach die Trading-Phase durchlaufen. Optional kann am Beginn jeder Stage vor der Pre-Stage-Phase sowie am Ende einer Session noch ein Fragebogen erscheinen. Eine genauere Beschreibung des Experimentablaufs, insbesondere aus Sicht der Experimentteilnehmer, findet sich in Kapitel 5.6.

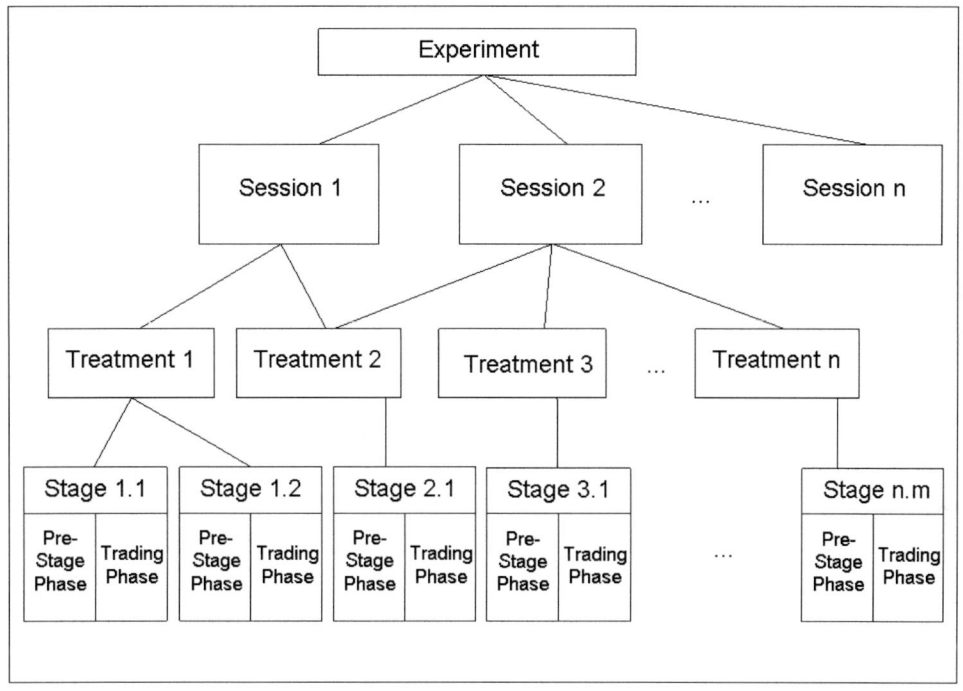

Abbildung 13: Logischer Experimentaufbau

5.4 Experimentparameter

Der nächste Schritt auf dem Weg zur Experimentbeschreibungssprache ist die Bestimmung von charakteristischen Parametern für jede der zuvor identifizierten Organisationseinheiten. Dabei wird systematisch von oben nach unten vorgegangen, um möglichst alle relevanten Parameter zu erfassen. Am Ende soll eine hierarchische XML-basierte Experimentbeschreibungssprache stehen, die es ermöglicht, den allgemeinen Experimentprozess genauer zu spezifizieren und an die Anforderungen eines konkreten Experiments anzupassen.

Um eine feingranulare, teilnehmerspezifische Konfiguration eines Experiments zu ermöglichen, müssen unterhalb der in Kapitel 5.3 vorgestellten Organisationseinheiten noch zwei weitere Ebenen eingezogen werden. So werden in der Experimentbeschreibungssprache unterhalb der Stage-Ebene noch eine User-Ebene und eine Marktebene eingezogen. Auf der User-Ebene können userspezifische Parameter, wie beispielsweise die Definition der Benutzeroberfläche oder die Depotausstattung des einzelnen Teilnehmers festgelegt werden, auf der Marktebene kann für jeden Teilnehmer separat die globale Definition der durch den Marktdesigner festgelegten Marktparameter lokal überschrieben werden.

Die Aufteilung in Pre-Stage-Phase und Trading-Phase ist eher für den Experimentablauf wichtig, in der Beschreibungssprache spielt diese Trennung eine eher untergeordnete Rolle. Da die Pre-Stage-Phase nur einen in Grenzen konfigurierbaren Informationsbildschirm darstellt, beziehen sich fast alle Parameter der Beschreibungssprache ausschließlich auf die Trading-Phase, in der die eigentlichen Interaktionen der Teilnehmer stattfinden.

Im Folgenden werden für jede Ebene die wichtigsten Parameter kurz beschrieben. Bei der Auswahl der Parameter wird versucht, einerseits eine möglichst feingranulare Konfiguration der Experimente zu ermöglichen, andererseits aber die Menge an Parametern nicht beliebig weit wachsen zu lassen, um den Eingabevorgang beherrschbar zu halten. Parameter auf höheren Ebenen gelten daher auch für alle darunter befindlichen Ebenen. Je weiter unten in der Hierarchie sich ein Parameter also befindet, umso spezieller ist er. Auf ein lokales Überlagern von Parametern aus höheren Ebenen wurde dabei aus Komplexitätsgründen verzichtet.
So werden beispielsweise auf oberster Ebene die Teilnehmer, auf Treatment-Ebene die Anzahl der Runden und auf Rundenebene die in dieser Runde zur Verfügung stehenden Märkte festgelegt.

(i) Experimentebene

Auf der obersten Ebene werden nur sehr allgemeine Parameter, wie der **Experimentname** und die Liste der Systemteilnehmer (**User**), festgelegt. Der Experimentname dient dabei ausschließlich zur leichteren Identifikation der protokollierten Daten. Die User in diesem Zusammenhang stellen nur die Teilnehmer auf Systemebene dar, d. h. die Logins und Passwörter für den Zugang zum System während eines Experiments, welche dann später den realen Experimentteilnehmern zugeordnet werden. Darüber hinaus müssen auf dieser Ebene über die Parametern **PathToScreenpack** und **Path-ToQuestionnaire** die Speicherorte aller später im Experiment verwendeten externen XML-Dateien (Screenpacks, Questionnaires) angegeben werden.

(ii) Treatment-Ebene

Auf Treatment-Ebene werden die innerhalb des Treatment im System zur Verfügung stehenden Produkte (**Products**) gemäß der meet2trade Produktstruktur festgelegt (**ProductCategory, Product**). Die Angabe dieser Produkte ist hier nötig, da diese während des Experiments vom System automatisch in der Datenbank angelegt werden müssen, damit eine korrekte Verbuchung der ausgeführten Trades in den Depots möglich ist. Weiterhin wird hier festlegt, ob und ggf. welcher Fragebogen (**FinalQuestionnaire**) am Ende eines Treatment angezeigt wird, um noch weitere Informationen oder die Zufriedenheit mit dem Experiment von den Teilnehmern abzufragen.

(iii) Stage-Ebene

Hier erfolgt die Festlegung der Laufzeit einer Runde (**StageDuration**). Darüber hinaus werden die Laufzeiten (**MarketRunningTime**) aller in dieser Runde zur Verfügung stehenden Märkte festgelegt. Dabei sind jeweils eine Start- und eine Stoppzeit für jeden Markt anzugeben. Alle Märkte, die in einem Experiment genutzt werden sollen, müssen vor dem Experiment mit Hilfe des Market Editors oder des Experimentadministrationsclients erstellt worden sein. Optional kann auch ein so genanntes Szenario über den Parameter **LoadStartScenario** angegeben werden, welches am Beginn der Runde automatisch geladen wird. Ein Szenario bezeichnet hierbei einen konkreten Orderbestand, der beliebig auf alle Orderbücher der verfügbaren Märkte verteilt sein kann. Ein solcher Orderbestand kann schnell und einfach erstellt werden, indem mit Hilfe eines normalen Handelsclients die gewünschten Orders in das System abgegeben werden und der Bestand anschließend mit Hilfe der „SaveScenario"-Funktion des Administrationsclients in der Datenbank abgelegt wird.

(iv) User-Ebene

Auf der Teilnehmerebene finden sich die meisten Parameter des Experimentalsystems wieder. Hier werden zuerst die Oberflächenbeschreibung und falls gewünscht der anfängliche Fragebogen benutzerspezifisch ausgewählt. Der Fragebogen sowie die Oberflächenbeschreibung müssen zu diesem Zeitpunkt bereits mit Hilfe der angebotenen Funktionen des Administrationsclients erstellt und auf der Experimentebene dem Experiment hinzugefügt worden sein. Die Auswahl erfolgt über die ID der entsprechenden Dateien (**QuestionnaireID, ScreenPackID**).

Weiterhin muss auf der User-Ebene die Ausstattung jedes Teilnehmers an Geld und Stücken für die aktuelle Runde festgelegt werden. Dafür wird für jedes Produkt (auch für den Geldbestand) ein Depoteintrag (**StartDepotEntry**) spezifiziert, indem jeweils die **ProductCategoryID**, die **ProductID** und die vorgegebene Anzahl an Stücken bzw. Geldeinheiten (hier **Amount** genannt) angegeben werden. Daneben müssen hier auch noch die Wertschätzungen des Teilnehmers für jedes Produkt festgelegt werden. Diese werden für die automatisierte Berechnung der Experimentalkonten am Ende jeder Runde genutzt. Dazu muss neben der Wertschätzung (**BondRating**) für das Produkt auch die Berechnungsfunktion (**CalculationFunction**) sowie deren Parameter (**FunctionParameters**) angegeben werden. Diese Konstruktion wurde gewählt, um eine leichte Erweiterbarkeit mit zusätzlichen Berechnungsfunktionen zu ermöglichen. Zurzeit ist jedoch nur eine Standard-Berechungsfunktion mit einem Parameter implementiert. Eine genauere Beschreibung der Funktionsweise dieser Berechnungsfunktion ist in Kapitel 5.8.3 zu finden.

Auf der User-Ebene lassen sich schließlich auch noch die Rundenstartzeit (**StageStart**) und Rundenendzeit (**StageEnd**) benutzerspezifisch anpassen. Hierzu kann für **StageStart** eine Startverzögerung in Millisekunden angegeben werden, sowie für **StageEnd** eine Verkürzung der Runde ebenfalls in Millisekunden.

(v) Marktebene

Auf der Marktebene können die vom Marktdesigner voreingestellten globalen Marktparameter (z. B. Sichtbarkeit des Orderbuchs) runden- und benutzerspezifisch überschrieben werden. Dazu ist ein Großteil der von der Market Modelling Language MML bereitgestellten Marktparameter (siehe auch [MäWe05]) hier noch einmal vorhanden, ein Teil der im Experimentalsystem verfügbaren Parameter geht sogar noch über die Möglichkeiten der MML hinaus. Die im Experimentalsystem eingestellten Parameter haben jedoch keinen direkten Einfluss auf die Märkte im System, die Realisierung dieser nutzerspezifischen Parameter erfolgt über einen durch XML konfigurierbaren, clientseitigen Filter. Dieser Filter wird in Kapitel 5.8.1 näher beschrieben.

An erster Stelle der Marktebene werden die für den Handelsteilnehmer sichtbaren Märkte festgelegt (**AccessibleMarkets**). Wird hier kein Markt hinzugefügt, sind als Standardeinstellung alle Märkte sichtbar. Sobald ein neuer **AccessibleMarket** angelegt wurde, können für diesen Markt weitere Einschränkungen eingestellt werden. So

ist die Sichtbarkeit des Orderbuches sowohl in der Tiefe, d. h. der Anzahl der angezeigten Orders (**OrderbookDepth**), als auch in der Breite, d. h. welche Spalten des
Orderbuchs angezeigt werden und welche nicht (**OrderbookWidth**), justierbar. Darüber hinaus ist einstellbar, welche Ordertypen (**OrderSubTypes**) dem Nutzer zur Verfügung stehen sollen (siehe [KuMä05]), wie viele Orders jeder abgeben darf (**MaxOr-
ders**), welche Arten von Orders (**OrderType**) abgegeben werden dürfen (Kauforders,
Verkauforders oder beides) und zahlreiche weitere Parameter. Auch ist eine Einschränkung der Eingabemaske für Orders in den Teilnehmerclients möglich (**Text-
fieldConfiguration**). Dabei kann jedes Feld für jeden Markt separat über einen regulären Ausdruck beschränkt werden. Dieser reguläre Ausdruck wird dann im Client zur
Laufzeit ausgewertet und die Eingabe wird abgelehnt, wenn sie nicht den Bedingungen des Ausdrucks genügt.

Schließlich ist das MES auch für ein nutzerspezifisches Gebührenmodell vorbereitet. Die
Einbeziehung von Gebühren bei der Berechnung der Trades ist zurzeit systemseitig noch
nicht implementiert, jedoch sind die nötigen Datenstrukturen bereits vorhanden. Sobald das
Gebührenmodell vom System unterstützt wird, erfolgt die Eingabe der Gebühren über den
Parameter **Fees.** Das XML-Schema der Experimentbeschreibungssprache mit allen Parame-
tern und Wertebereichen findet sich im Anhang A. Abbildung 14 zeigt eine vereinfachte
Übersicht über die oben aufgeführten Parameter.

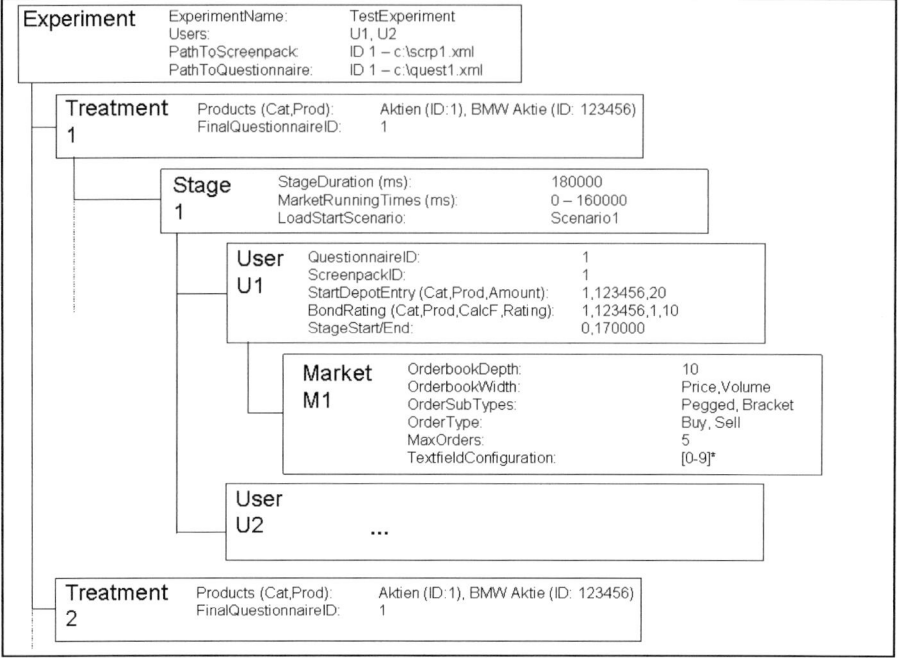

Abbildung 14: Überblick Experimentparameter (vereinfacht)

5.5 Entwicklung einer Beschreibungs-XML

Nachdem die Parameter der Sprache feststehen, müssen diese in ein XML-basiertes Format überführt werden. Das Format XML wird gewählt, da es einen hierarchischen Aufbau unterstützt und darüber hinaus im Klartext vorliegt. Dadurch sind schnelle Änderungen an einem Experiment ohne spezielle Werkzeuge nur mit einem einfachen Texteditor möglich.

Das MES sollte aber noch einen Schritt weiter gehen. Um dem Experimentator das manuelle Erstellen von XML-Dateien abzunehmen und um die Konfiguration des „generischen" Experimentprozesses so einfach wie möglich zu gestalten, sollte eine grafische Oberfläche zur Erfassung der Experimentparameter bereitgestellt werden. Die über diese Oberfläche erfassten Parameter werden dann in ein XML-Format umgewandelt und zum Server des Systems übertragen, wo sie von der Experimentsteuerungskomponente ausgewertet werden. Dadurch ist zusätzlich eine organisatorisch sinnvolle Aufteilung der Daten nötig. Alle das eigentliche Experiment, d. h. die Interaktion der Nutzer mit den Märkten betreffenden Parameter, sollen dabei innerhalb einer zentralen Experimentdatei abgelegt werden. Um die Übersichtlichkeit dieser Experimentdatei zu wahren und gleichzeitig die Darstellungsebene von der Logikebene zu trennen, werden Beschreibungen der Benutzeroberfläche für die einzelnen Teilnehmer und andere, nicht die eigentliche Marktinteraktion betreffenden Parameter, in separate Dateien ausgelagert.

Dadurch ergibt sich folgende Datei-Struktur:

(i)   Experiment-XML

        Diese Datei enthält alle zentralen Parameter für ein Experiment. Hier werden der Aufbau des Experiments, die Ausstattung der Teilnehmer und Ihre Interaktionsmöglichkeiten mit den Märkten festgelegt.

(ii)   Session-XML

        Der Experiment-XML wird eine weitere Datei zur Seite gestellt, um die schnelle Umstellung der Treatmentreihenfolge und der Experimentteilnehmer zu ermöglichen. Sie enthält neben der Reihenfolge, in der die Treatments aus der Experiment-XML abgearbeitet werden, die Realnamen der Experimentteilnehmer zu Verwaltungszwecken.

(iii)   Screenpack-XML

        Diese Datei bildet den Rahmen für die eigentliche Oberflächenbeschreibung. Darüber hinaus enthält sie die Parameter für die Konfiguration der Informationsbildschirme, die während der Pre-Stage-Phase zu sehen sind, sowie der Hilfefunktion. Hierbei kann rundenspezifisch eine HTML-Seite erstellt werden, die den Experimentteilnehmern jederzeit über die Hilfefunktion ihrer Bedienungsoberfläche zur Verfügung steht.

(iv)   Screen-XML

        Die Screen-XML enthält die eigentliche Oberflächenbeschreibung. Hier wird für jedes Fenster festgelegt, ob, wo und in welcher Form es dem Experimentteilnehmer angezeigt wird. Das hierfür eingesetzte XML-Format wird dabei nicht nur vom Experimentalsystem genutzt. Auch außerhalb von Experimenten verwendet das meet2trade-System das Format, um die Oberflächenkonfiguration jedes Nutzers serverbasiert abzuspeichern.

(v)   Questionnaire-XML

In dieser Datei ist die Beschreibung für einen Fragebogen spezifiziert. Sie enthält jeweils den Fragetext, den Fragetyp (Multiple Choice oder Textfrage) sowie die möglichen Antworten.

Wie anhand der beschriebenen Dateistruktur leicht ersichtlich ist, ist neben den eigentlichen Experimentparametern eine Vielzahl weiterer Informationen, insbesondere für die Konfiguration der Benutzeroberflächen nötig. Die dadurch im Falle einer einzigen Datei zwangsläufig entstehende sehr große und unübersichtliche Datenmenge wird durch die Aufteilung in logische Einheiten elegant vermieden. Darüber hinaus erlaubt diese Struktur, bereits vorhandene Oberflächenbeschreibungen oder Fragebögen aus anderen Experimenten sehr einfach weiter zu verwenden.

Die Experiment-XML enthält Verweise auf sämtliche weitere für das Experiment benötigte XML-Dateien. So sind für jede Oberflächenbeschreibung eines Teilnehmers jeweils eine Screenpack-XML und eine zugehörige Screen-XML nötig, jeder im Experiment verwendete Fragebogen erfordert eine Questionnaire-XML. Zusätzlich wird noch pro Experimentsitzung eine Session-XML benötigt. Sie enthält die Reihenfolge der in dieser Sitzung durchgeführten Treatments sowie die Teilnehmer und deren monetäre Anfangsausstattung. Einen Überblick über den Zusammenhang der verschiedenen XML-Dateien gibt Abbildung 15 .

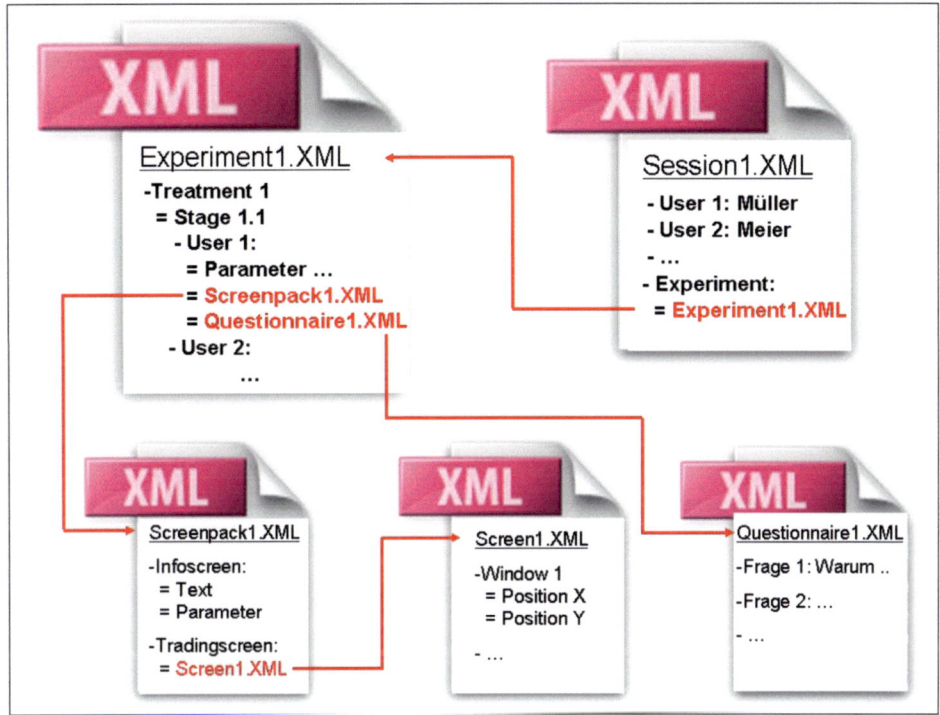

Abbildung 15: Zusammenhang der Konfigurationsdateien

5.6 Experimentablauf

Sobald der Experimentleiter ein Experiment mit Hilfe der Experimentbeschreibungssprache konfiguriert hat, steht es zur Durchführung durch das MES zur Verfügung. Ein Experiment läuft hierbei immer nach dem vordefinierten generischen Prozess ab. Dieser wird zwar vom Experimentleiter mit Hilfe der gegebenen Parameter individuell konfiguriert, der generelle Ablauf eines Experiments ist aber immer der gleiche.

Nach dem Start des Experiments durch den Experimentleiter wartet der Server zuerst auf die Anmeldung aller für das Experiment vorgesehenen Benutzer am System. Sobald die Teilneh-mer vollständig angemeldet sind, startet das System eine (optionale) Fragerunde, wobei zent-ral gesteuert an alle angemeldeten Clients ein elektronischer Fragebogen verschickt wird, der das Verständnis der Experimentinstruktionen überprüfen soll und von allen Teilnehmern ab-gearbeitet werden muss. Nachdem der Fragebogen von allen Teilnehmern beantwortet wurde, kann der Experimentleiter per Knopfdruck die erste Runde des Experiments starten. Dabei wird in jeder Runde zuerst ein Informationsbildschirm angezeigt (Pre-Stage-Phase), der bestätigt werden muss. Dieser kann neben dem aktuellen Kontostand und der Rundennummer auch Instruktionen zur nächsten Runde enthalten. Sobald alle Teilnehmer diesen Informationsbildschirm bestätigt haben, erscheint auf den Teilnehmerclients der eigentliche Handelsbildschirm und die Teilnehmer können gemäß den vorgegebenen Regeln am Handel teilnehmen (Trading-Phase). Um eventuelle Wartezeiten für das Bestätigen des Informationsbildschirms durch alle Teilnehmer zu umgehen, kann diese Bestätigung durch den Experimentleiter übersprungen werden.

Im Gegensatz zu anderen Systemen wie z. B. z-Tree ist der Teilnehmer während einer Handelsrunde im Rahmen der von der Benutzeroberfläche zur Verfügung gestellten Funktionalitäten in den Abläufen seiner Aktionen relativ frei. Zwar kann der Aktionsraum durch den Experimentersteller weitgehend eingeschränkt werden - beispielsweise ist es möglich, nur eine Ordereingabemaske für einen Markt und die dazugehörige Oderbuchanzeige freizugeben. Jedoch ist der Ablauf innerhalb der Handelsrunden nicht streng nach dem Schema Eingabe - Ergebnis - Eingabe - Ergebnis - … reglementiert. So kann der Teilnehmer, falls mehrere Märkte und Funktionalitäten freigegeben sind, diese in beliebiger Reihenfolge aufrufen bzw. bedienen. Das birgt zwar einerseits, je nach Konfiguration, unter Umständen eine etwas erhöhte Fehlerquote bei der Eingabe, erhält aber andererseits den Charakter eines realen Handelssystems. Darüber hinaus sollte bei der Realisierung des MES im Gegensatz zu beliebig konfigurierbaren Systemen wie z-Tree die Basis des meet2trade-Systems genutzt werden, um die Darstellung der Oberfläche möglichst nahe an einem realen System zu orientieren anstatt ein einfaches Textfeld zur Eingabe eines Wertes anzubieten, und um eine möglichst weitgehende Unterstützung bei der Realisierung auch von komplexen Märkten anbieten zu können. Dadurch sind die Ergebnisse im Gegenzug je nach Experiment auch besser auf reale Systeme übertragbar.

Während des Ablaufs der Handelsrunden sorgt das MES automatisch für die Protokollierung aller anfallenden Daten, wie beispielsweise der eingegangenen Orders oder der ausgeführten Trades. Nach dem Ablauf einer Runde schalten alle Clients servergesteuert auf einen Wartebildschirm bis die nächste Runde durch den Experimentleiter gestartet wird. Dieser Wartebildschirm stellt die Ergebnisse der letzten Runde dar und dient gleichzeitig als Informationsbildschirm für die nächste Runde (Pre-Stage-Phase).

Dann wiederholt sich der beschriebene Vorgang bis alle Runden des Treatment abgearbeitet sind. Am Ende eines Treatment wird anstatt eines Wartebildschirms der Endkontostand angezeigt. Schließlich kann noch ein weiterer optionaler Fragebogen konfiguriert werden, über welchen Wahrnehmungen, Anregungen und Probleme der Teilnehmer oder Anmerkungen zum Experiment abgefragt werden können. Die Antworten auf diesen Fragebogen werden im Gegensatz zum Verständnisfragebogen am Anfang des Experiments auf dem Server datenbankgestützt abgespeichert, damit eine spätere Auswertung der Antworten möglich ist. Sofern in der Session weitere Treatments konfiguriert sind, werden diese danach wie beschrieben abgearbeitet bevor die Session endet. Abbildung 16 zeigt beispielhaft einen solchen vereinfachten Experimentablauf.

Die nötigen Aktionen durch den Experimentleiter beschränken sich während des gesamten Experiments auf das Starten des Experiments und das Bestätigen des Beginns der einzelnen Runden.

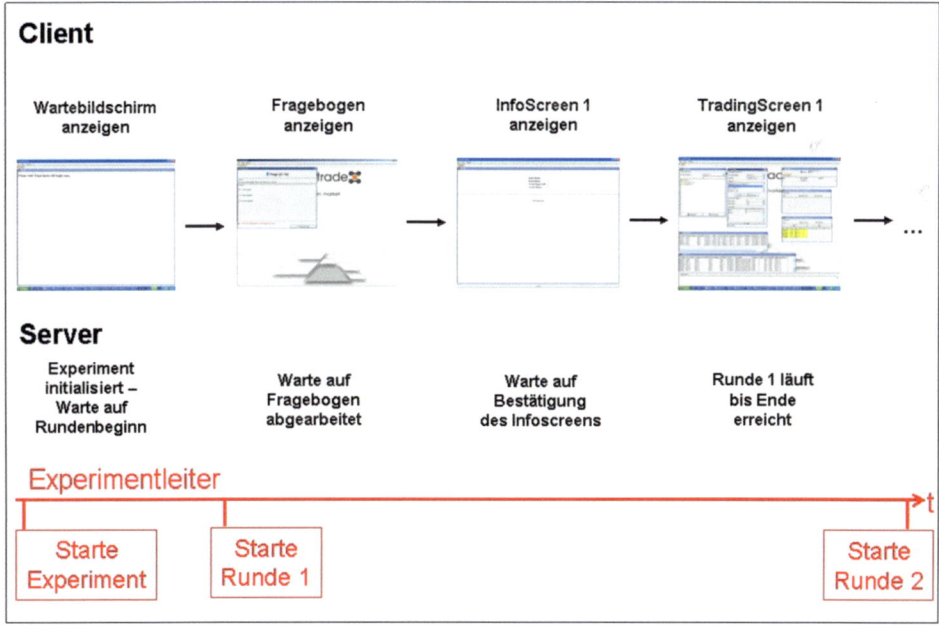

Abbildung 16: Experimentablauf

5.7 Funktionsumfang

Das Ziel des Experimentalsystems für möglichst viele verschiedenartige Experimente nutzbar zu sein, wird durch die in diesem Kapitel dargestellte Zerlegung eines Experiments in Parameter erreicht, welche dann mit Hilfe einer einfachen Beschreibungssprache definiert werden können. Naturgemäß lassen sich bei der Definition eines Experiments mit Hilfe dieser parametrischen Beschreibungssprache nur solche Experimente definieren, für die die erforderlichen Parameter der Sprache ausreichen. Obwohl bei der Entwicklung der Sprache versucht wurde, möglichst viele solche Parameter miteinzubeziehen, kann bei einem derartigen Ansatz nie die gesamte Breite aller möglichen Experimente abgedeckt werden. So liegt der Fokus von MES besonders auf Marktexperimenten - andere Experimente lassen sich nur dann durchführen, wenn sie mit Hilfe der vom System unterstützten Marktmechanismen dargestellt werden können. Darüber hinaus muss sich das System über einen längeren Zeitraum entwickeln bis wirklich alle relevanten Parameter identifiziert wurden. Jedes durchgeführte Experiment erweitert durch die gesammelten Erfahrungen die Nutzbarkeit des Systems auch für weitere Experimente. Daher soll im Folgenden der Funktionsumfang des MES kurz umrissen werden.

Fragebögen

Das System unterstützt grundsätzlich zwei Typen von Fragebögen: Fragebögen zum Abfragen des Verständnisses (Quiz) und Fragebögen zur Erfassung von Daten bei den Teilnehmern (Questionnaire). Im letzteren Fall werden die vom Teilnehmer erfassten Daten in der Datenbank abgespeichert, im ersteren Fall muss der Teilnehmer eine vordefinierte richtige Antwort geben, damit das System zur nächsten Frage springt.

Für beide Typen von Fragebögen stehen zwei Arten von Fragen zur Verfügung - Multiple Choice und Textfrage. Bei Multiple Choice präsentiert das System eine vom Experimentleiter definierte Anzahl von Antwortmöglichkeiten aus denen der Teilnehmer eine auswählen muss, im Fall der Textfrage muss der Teilnehmer ein Wort oder einen längeren Text eingeben. Bei beiden Fragetypen wird die Antwort ohne weitere Überprüfung abgespeichert, wenn es sich um ein Questionnaire handelt, bei einem Quiz wird überprüft, ob die Antwort mit der vom Experimentleiter vorgegebenen richtigen Antwort übereinstimmt. Hier wird die Antwort selbst nicht abgespeichert, dafür aber die Anzahl der Versuche, die der Teilnehmer für die richtige Antwort benötigt hat.

Märkte

Im Rahmen des MES können sämtliche in meet2trade konfigurierbaren Märkte eingesetzt werden (vgl. Abschnitt 4.3.4). Die während eines Experiments benötigten Märkte müssen vor der Definition des Experiments mit Hilfe der MML-Oberfläche konfiguriert und in der Datenbank abgespeichert werden. Weitere Einschränkungen für die Märkte können auf Teilnehmerebenen individuell getroffen werden (siehe Abschnitt 5.4).

Parameterraum

Die wichtigsten Parameter des Experimentalsystems und Ihre Bedeutung sind in Abschnitt 5.4 beschrieben.

Experimentalkonto/Wertschätzungen

Das MES führt automatisch für jeden Teilnehmer neben dem Depot ein zweites, so genanntes Experimentalkonto. Während das Depot eine Art Spielgeldkonto darstellt, auf dem die Anfangsausstattung des Teilnehmers an Spielgeld als auch den Bestand an den verschiedenen Handelsgütern sowie der Handelserfolg während einer Runde verbucht werden, wird auf dem Experimentalkonto der tatsächliche Auszahlungssaldo für den Experimentteilnehmer mitgeführt. In der Regel wird nach jeder Runde der Erfolg des Teilnehmers in dieser Runde - gemessen an der Differenz auf dem Spielgeldkonto am Anfang und am Ende der Runde - in einen Auszahlungsbetrag umgerechnet und auf das jeweilige Experimentalkonto des Teilnehmers addiert. Während sich die Differenz im Betrag an Spielgeld auf dem Spielgeldkonto noch relativ leicht bestimmen lässt, muss für die Umrechnung der Stücke, d. h. die Anzahl der im Depot befindlichen Aktien (bzw. Produkte), ein Wert der Produkte bekannt sein. Für Experimente im Rahmen des MES wird dabei von einer bekannten, objektiv messbaren, Wertschätzung für die Produkte ausgegangen, die aber für jeden Teilnehmer individuell festgelegt werden können. Diese Wertschätzungen sind den Teilnehmern bekannt und werden diesen vor dem Experiment zugewiesen.

Experimente bei denen diese Annahmen nicht zutreffen, können zwar auch mit Hilfe des MES durchgeführt werden, allerdings kann dann das Experimentalkonto nicht mehr automatisch vom System geführt werden.

Client-Konfiguration

Die Konfiguration der Benutzerschnittstellen für die einzelnen Experimentteilnehmer erfolgt mit Hilfe der im meet2trade-System vorhandenen Mechanismen für die Client-Konfiguration. Das System speichert dabei die Fensteranordnung, -größe und -verteilung als XML-Repräsentation in der Datenbank des meet2trade Servers ab. Für Experimente wird der gleiche Mechanismus verwendet, d. h. für jeden Teilnehmer kann individuell bestimmt werden, welche Fenster sichtbar sind, wie groß diese sind, wo sie sich befinden und ob diese geschlossen oder verschoben werden können. Darüber hinaus sind für einzelne Fenster, insbesondere die Ordereingabemaske oder die Marktauswahl, noch weitere Einschränkungen möglich (vgl. Abschnitt 5.8.1). Eine darüber hinausgehende optische oder funktionale Anpassung einzelner Fenster ist prinzipbedingt jedoch nicht möglich.

Beispiele

Mit dem beschriebenen Umfang an Konfigurationsmöglichkeiten und der Flexibilität des Systems lassen sich eine Vielzahl von verschiedenen Experimenten im Marktumfeld konfigurieren und durchführen. So können beispielsweise die Auswirkungen von Marktparametern wie der Auktionsform, der Markttransparenz oder des Allokationsmechanismus auf das Marktergebnis oder die Zufriedenheit der Teilnehmer untersucht werden. Insbesondere im Bereich einseitiger Auktionen sind darüber hinaus zahlreiche Variationen der Parameter, wie z. B. der Endregel (festes Ende oder variabel), des Mindestgebots, einer Festpreisoption oder in Form eines Rabatts für frühe Bieter möglich. Weiterhin lassen sich neue Entwicklungen wie die innovativen Ordertypen oder kaskadierend dynamische Marktmodelle (siehe Abschnitt 4.3.3) umfassend untersuchen. Hier steht neben dem Marktergebnis besonders die Akzeptanz dieser Neuentwicklungen bei den Marktteilnehmern im Mittelpunkt. Weitere Anwendungsmöglichkeiten liegen im experimentellen Test von Auktionen vor Ihrem tatsächlichen Einsatz, beispielsweise im Handel mit Emissionszertifikaten, in der Versteigerung von Lizenzen oder beim Handel mit Rohstoffen. Darüber hinaus sind zahlreiche weitere Einsatzmöglichkeiten in Forschung, Lehre und zur Schulung denkbar.

5.8 Systemaufbau

Beim MES handelt es sich, im Gegensatz zum Simulationssystem AMASE (vgl. [Cz05]), nicht um eine Standalone-Applikation, sondern um einen integrierten Bestandteil des meet2trade-Servers. Während AMASE sich gegenüber dem System wie ein regulärer Client verhält, ist das Experimentalsystem soweit integriert, dass viele bereits vorhandene System-komponenten, beispielsweise die Marktkonfiguration oder der zentrale Handelskern ARTE nicht nur genutzt, sondern auch direkt vom Experimentalsystem angesprochen und gesteuert werden können. Weitere Komponenten, wie die Datenprotokollierung oder der Handelsclient, erfüllen eine Doppelfunktion und enthalten besondere Funktionalitäten sowohl für den regulä-ren Handelsbetrieb als auch den Experimentalbetrieb des Systems.

Um zum Beispiel die Handelsclients auch für Experimente nutzbar zu machen, wurden diese um einen speziellen Experimentalmodus erweitert, in welchem dem Benutzer nur einge-schränkte Funktionalitäten zur Verfügung stehen. Darüber hinaus werden die Clients zentral durch den Server gesteuert. Neben diesen (Teilnehmer-)Handelsclients besteht das Experi-mentalsystem aus dem Konfigurations- und Administrationstool, der zentralen Experiment-steuerungskomponente ECC sowie der Protokollierungskomponente.

Das grafische Experimentkonfigurations- und -administrationstool dient zur einfachen Erstel-lung und Kontrolle der Durchführung von Experimenten. Das Tool generiert nach der Einga-be aus den Experimentdaten mehrere XML-Dateien (z. B. die Experimentbeschreibung oder die Handelsoberflächenbeschreibungen) und überträgt diese an den Server, wo sie in einer Datenbank abgelegt werden. Diese Daten werden dann, sobald ein Experiment über die Ad-ministrationsoberfläche gestartet wird, von der Experimentkontrollkomponente geladen. An-schließend wird das Experiment gemäß den Parametern in den Beschreibungsdateien durch-geführt. Die Kontrollkomponente ECC stellt die zentrale Komponente des Experimentalsys-tems dar. Sie übernimmt die komplette Steuerung des Systems während eines Experiments. Die dabei anfallenden Daten werden an die Protokollierungskomponente weitergeleitet und dort zentral in einer Datenbank abgelegt.

Die Anbindung an den meet2trade-System Core ist über eine Schnittstelle, die so genannte Dispatcher-Klasse (siehe auch [Mäki06]) realisiert. Hier sind alle Methoden für die Steuerung des Systems gekapselt und zentral zusammengefasst. So können beispielsweise von hier aus Märkte gestartet oder gestoppt oder das System zurückgesetzt werden. Daneben kommt dem

Experimentalsystem die 3-Schichtenarchitektur von meet2trade zugute. So können die Datenbankschicht und die Kommunikationsschicht auch von der Experimentalsteuerung einfach
und unkompliziert mitgenutzt werden, so dass nur kleinere Ergänzungen für spezifische Experimentalfunktionalitäten erforderlich sind.

Wegen der engen Integration in meet2trade wurden für das MES die gleichen Technologien
wie bei der meet2trade Plattform eingesetzt (vgl. Kapitel 4). Während der Experimentalclient
als reine Java-Applikation ausgelegt ist, wurde die Steuerungskomponente als Enterprise Java
Bean im bei meet2trade eingesetzten JBoss Applicationserver realisiert. Diese Technologie
bietet die Vorteile der einfachen Kommunikation mit den bereits vorhandenen meet2trade
Komponenten und guter Skalierbarkeit sowie der möglichen Verteilung des Systems auf verschiedene physikalische Maschinen. Eine Übersicht über die Systemarchitektur und die Integration in die meet2trade Plattform zeigt Abbildung 17.

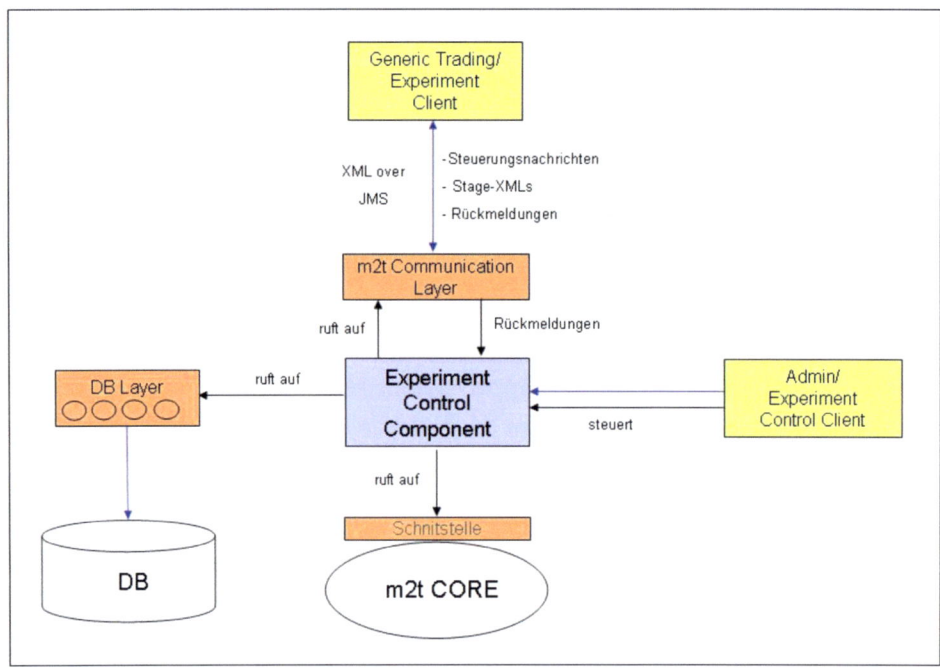

Abbildung 17: MES Systemarchitektur

5.8.1 Handelsclient

Wie bereits erwähnt, erfordert die Handelsoberfläche für die Experimentteilnehmer besondere Funktionalitäten. Um einen reibungslosen Experimentablauf zu gewährleisten, müssen alle Clients zentral gesteuert werden. Diese zentrale Steuerung sorgt dafür, dass sich alle Clients synchron verhalten und immer nur zu den vom Experimentersteller vorgesehenen Zeitpunkten Eingaben erlauben. Weiterhin müssen die Aktionsmöglichkeiten für die Teilnehmer auf das nötige Minimum reduziert werden, um mögliche Fehleingaben oder Fehlbedienungen zu vermeiden. Solche Fehleingaben können einige oder sogar alle Daten eines Experiments wertlos machen.

Die Handelsclients sind als reine Java-Applikationen ausgelegt und damit nicht nur auf Windows-Betriebssystemen sondern auf jedem Betriebssystem, für das Java zur Verfügung steht, einsetzbar. Sogar der gemischte Betrieb auf verschiedenen Betriebssystemen ist möglich. Darüber hinaus steht auch eine Java-Applet-Version zur Verfügung. Diese ermöglicht den Start der Oberfläche über einen Webserver direkt im Browser ohne vorherige Installation. Dazu ist nur die Eingabe der Internetadresse des Servers in den Browser des Teilnehmers nötig. So werden auch Experimente in größerem Rahmen über das Internet möglich.

Die Experimentalfunktionen sind vollständig in den regulären Handelsclient des meet2trade-Systems (siehe Abschnitt 4.3.2) integriert. Die Unterscheidung, in welchem Modus der Client starten soll, wird über einen Kommandozeilenparameter getroffen. Das System sorgt dafür, dass während sich ein Experiment in der Ausführung befindet, nur Experimentalclients auf den Server zugreifen können, damit Störungen durch reguläre Clients mit vollen Zugriffsmöglichkeiten auf das System ausgeschlossen werden können. Während ein Experiment läuft, wird das System zentral durch die Experimentsteuerung kontrolliert. Diese sorgt unter anderem für die Auswertung der vorher festgelegten Experimentparameter und die Aufbereitung und Umwandlung der Daten in die von den Clients benötigten Formate (siehe auch Abschnitt 5.8.3). Einen Überblick über diesen Ablauf zeigt Abbildung 18.

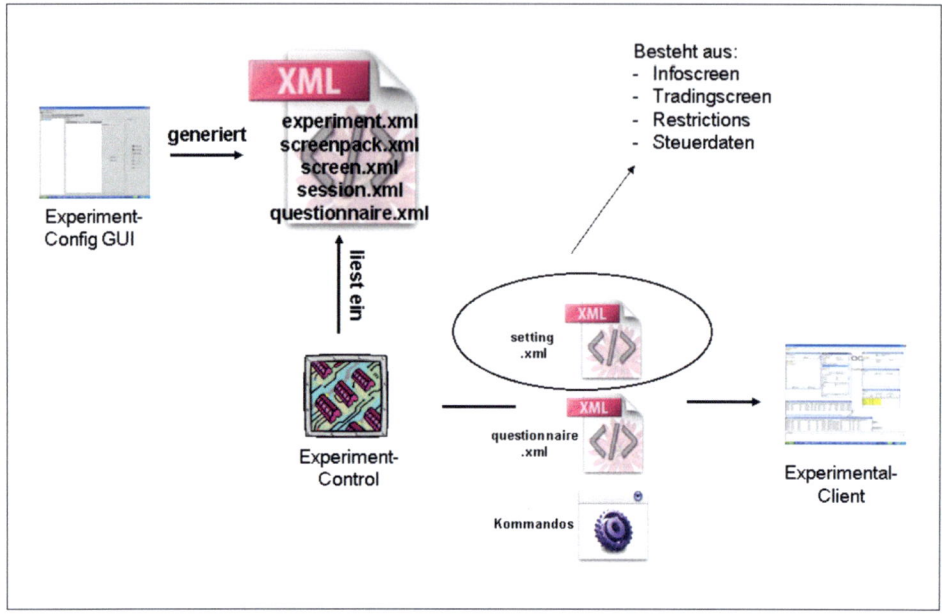

Abbildung 18: Steuerung der Clients im Experimentalmodus

Wird der Client im Experimentalmodus gestartet, erscheint nach dem Login nicht wie im regulären Modus die normale Handelsoberfläche, sondern eine integrierte Zustandsmaschine
übernimmt die Kontrolle. Diese wird durch Kontrollnachrichten des Servers in ihre unterschiedlichen Zustände versetzt:

(i)   AWAIT_SETTING_OR_QUESTIONAIRE

(ii)   AWAIT_QUESTIONNAIRE_FINISH

(iii)   AWAIT_START_PRESTAGE

(iv)   PRESTAGE_RUNNING

(v)   STAGE_RUNNING

Im Zustand (i) erscheint ein Wartebildschirm. Dieser weist den Benutzer auf die Situation hin
(je nach Zeitpunkt entweder *Warten auf Beginn des Experiments* oder *Warten auf die nächste
Runde*), erlaubt darüber hinaus aber keinerlei Aktionen. Sobald die XML-Beschreibung eines
Fragebogens beim Client ankommt, wechselt das System in den Zustand (ii). Hier muss der
Teilnehmer den dargestellten Fragebogen beantworten. Erst wenn der Fragebogen vollständig
beantwortet wurde, wechselt das System wieder in den Zustand (i). Wenn nun ein Setting

eintrifft, wechselt das System in den Zustand (iii) und wartet nun auf den Befehl, die Runde mit einem vorgeschalteten Informationsfenster zu beginnen. Sobald das Kommando START_PRESTAGE empfangen wird, zeigt das System dieses Informationsfenster an, in dem Informationen über die letzte abgelaufene sowie die nächste Runde dargestellt werden. Das Informationsfenster muss von jedem Teilnehmer bestätigt werden, bevor das Experiment fortgesetzt werden kann. Erst wenn diese Bestätigung erfolgt ist, wechselt das System in Zustand (iv) und wartet auf den Beginn der eigentlichen Handelsrunde. Nach dem Eintreffen des Kommandos START_STAGE wechselt der Client schließlich in den Zustand (v). Nur hier steht dem Teilnehmer die normale Handelsfunktionalität des Clients zur Verfügung. Am Ende des Experiments werden alle Clients wieder in den Zustand (i) versetzt und können daher jederzeit wieder mit einem neuen Experiment beginnen. Damit die angezeigten Ergebnisse nicht vom Bildschirm gelöscht werden, wird jedoch in diesem Fall kein Wartebildschirm angezeigt. Optional kann sich dem Experiment ein Fragebogen anschließen, um beispielsweise die Zufriedenheit der Teilnehmer mit dem Ablauf des Experiments abzufragen. Abbildung 19 zeigt eine grafische Darstellung der Client-Zustandsmaschine.

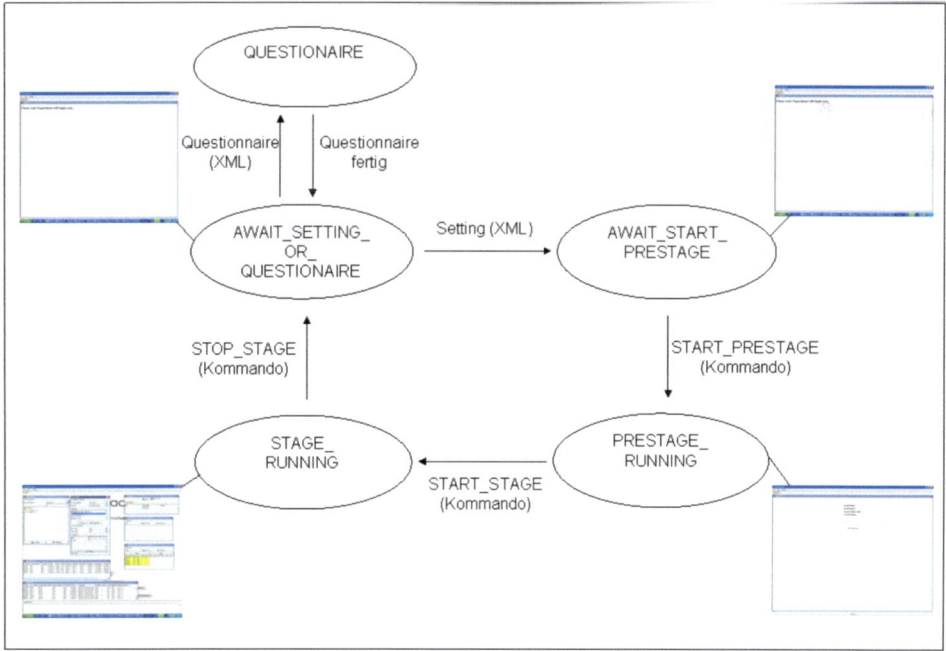

Abbildung 19: Client-Zustandsmaschine

Wie in Abschnitt 4.3.2 bereits beschrieben, ist der Client weitgehend konfigurierbar gestaltet. Dazu existiert eine XML-basierte Oberflächenbeschreibung, die im normalen Modus vom Benutzer jederzeit serverseitig abgespeichert bzw. wieder geladen werden kann, um eine Anpassung der Oberfläche an die individuellen Bedürfnisse des einzelnen Nutzers zu ermöglichen. Im Experimentalbetrieb wird diese Funktionalität zur individuellen Anpassung der Teilnehmerclients an die Vorgaben des Experiments genutzt. Dazu wird vom Experimentersteller vor dem Experiment für jeden Teilnehmer eine individuelle Oberflächenbeschreibung erstellt (Screen-XML). Alternativ ist natürlich auch die Nutzung einer Beschreibung für mehrere Teilnehmer möglich, falls sich die Clients unterschiedlicher Teilenehmer in der Funktionalität nicht unterscheiden müssen. Diese Oberflächenbeschreibung wird von der Experimentsteuerung zusammen mit den Informationen über die letzte Runde und weiteren Steuerungsdaten als so genanntes Setting an die Clients übertragen (siehe auch Abbildung 18). Sobald ein Client dann die Steuerungsnachricht erhält, in den Zustand (v) zu wechseln, nutzt er diese Informationen, um die Oberfläche aufzubauen.

Zusätzlich enthält das Setting-XML während eines Experiments noch einen Bereich mit so genannten Restrictions. Diese wurden nötig, da Märkte im meet2trade-System zwar durch den Benutzer beliebig konfiguriert werden können, diese Marktkonfiguration jedoch immer systemweit gilt, d. h. die Parameter eines Marktes gelten für alle Benutzer gleichermaßen. Mit Hilfe der Restrictions kann die Bedienbarkeit eines konkreten Marktes jedoch genauer auf den einzelnen Teilnehmer angepasst werden. So kann beispielsweise die Orderbuchtransparenz so eingestellt werden, dass ein Teilnehmer alle Orders innerhalb eines Marktes sehen kann, ein anderer aber nur eine Teilmenge oder überhaupt keine. Die Auswertung dieser benutzerspezifischen Einschränkungen erfolgt dabei nicht zentral im Server, sondern erst direkt bei der Anzeige im Client. Dazu wird im Experimentalmodus vom Client überprüft, ob die ankommenden Settings einen Restrictions-Bereich enthalten. Ist das der Fall, wird ein spezielles Objekt im Client mit diesen Werten initialisiert. Der Client überprüft automatisch beim Anzeigen der Orderbücher, Marktlisten und Eingabemasken, ob dieses Restrictions-Objekt für die jeweilige Anzeige relevante Einschränkungen enthält und blendet, falls nötig, nicht erlaubte Daten aus. Auf diese Weise lassen sich

- die in der Marktauswahlliste angezeigten verfügbaren Märkte,
- die Orderbuchtiefe und -breite,
- die Anzeige des Orderbuchs als Ganzes,

- die verfügbaren Ordertypen,

- der Wertebereich jedes Eingabefelds sowie

- die Menge der erlaubten Orders pro Markt

teilnehmerspezifisch einschränken. Diese individuelle Konfiguration erlaubt beispielsweise die Untersuchung von Auswirkungen eingeschränkter Informationsbereitstellung für einen Teil der Teilnehmer und zahlreiche weitere Fragestellungen.

5.8.2 Experiment Konfigurations- und Administrationsclient

Experimente des MES werden vollständig über den bereits beschriebenen Satz von XML-Dateien gesteuert. Diese sind hierarchisch aufgebaut und die einzelnen Parameter sind im Klartext benannt. Daher können die Experimentdateien mit jedem beliebigen Texteditor erstellt werden. Für mehr Komfort bei der Eingabe der Experimentparameter wurde darüber hinaus ein spezieller Konfigurations- und Administrationsclient entwickelt (siehe Abbildung 20 für einen Screenshot der Oberfläche dieses Clients).

Dieser Client teilt sich in die folgenden Bereiche auf:

(i)   Erstellung der Experimentkonfiguration

(ii)   Erstellung der Screenpacks

(iii)   Erstellung der Bildschirmoberflächen

(iv)   Erstellung der Fragebögen

(v)   Markterstellung

(vi)   Experimentsteuerung

(vii)   Systemsteuerung

Zentrales Element des Clients ist die Experimentkonfiguration (i). Dabei werden in der linken Hälfte des Bildschirms alle in Abschnitt 5.3 beschriebenen Ebenen der Experiment-XML baumförmig dargestellt. Auf der rechten Seite erfolgt die Eingabe der für die aktuell ausgewählte Ebene relevanten Parameter. Die einzelnen Parameterbereiche sind durch Reiter voneinander abgegrenzt. Durch die Aufbereitung der Daten in Baumform und die Trennung der Parameter in Ebenen und Bereiche ist eine übersichtliche und konsistente Eingabe der Experimentparameter möglich.

Da für ein Experiment neben der zentralen Experimentkonfigurationsdatei noch weitere Dateien nötig sind, die die Bildschirmoberflächen und Fragebögen beschreiben, ist auch deren Erstellung innerhalb des Clients möglich. Diese müssen als Vorarbeit noch vor der Eingabe des eigentlichen Experiments erstellt und dann von der zentralen Experimentdatei aus referenziert werden. Um die Bildschirmoberfläche für einen Teilnehmer zu definieren, muss im ersten Schritt eine Screen-XML erstellt werden. Dazu stellt der Client im Bereich (iii) eine angepasste Version der Handelsoberfläche zur Verfügung. Hier kann die Oberfläche grafisch mit Hilfe von Drag-and-Drop eingerichtet werden. Diese wird anschließend auf Knopfdruck automatisch in eine XML-Datei (Screen-XML) ungewandelt. Im zweiten Schritt muss anschließend die Erstellung einer Rahmendatei (Screenpack-XML) erfolgen (Bereich (ii)). Hier werden vor allem weitere Parameter für den Pre-Stage Teil (siehe Abschnitt 5.3) einer Experimentrunde spezifiziert.

Sofern Fragebögen eingesetzt werden sollen, um beispielsweise den Wissensstand der Teilnehmer zu überprüfen oder um die Zufriedenheit abzufragen, können diese im Bereich (iv) erstellt werden. Hier müssen für jede Frage lediglich der Fragetyp (Multiple Choice oder Textfrage) sowie der Text der Frage und die möglichen Antworten eingegeben werden.

Die während eines Experiments verwendeten Märkte müssen sich vor dem Start des Experiments bereits vorkonfiguriert in der Datenbank befinden. Zur Erstellung dieser Märkte kann die Market Modelling Language MML bzw. der darauf basierende grafische Market Editor genutzt werden (vgl. Abschnitt 4.3.4). Als weiteres Komfortmerkmal enthält der Experimenterstellungs- und Administrationsclient eine vereinfachte und verbesserte Oberfläche (Bereich (v)) zur Erstellung von Märkten basierend auf ein- oder doppelseitigen Auktionen. Hier können alle vom meet2trade-System unterstützten Märkte konfiguriert werden. Die einzige Ausnahme bilden aus mehreren sequentiellen oder parallelen Submärkten zusammengesetzte Märkte, für deren Konfiguration die Nutzung des Market Editors zwingend erforderlich ist.

Sobald die Eingabe aller Parameter abgeschlossen ist und alle XML-Dateien lokal abgespeichert wurden, kommen die Administrationsfunktionalitäten des Clients (Bereich (vi)) zur Anwendung. Nach Auswahl einer Experimentsession werden alle dazugehörigen Dateien in die Datenbank des meet2trade Servers übertragen. Dort stehen sie dann für die Weiterverarbeitung durch die Experimentsteuerungskomponente zur Verfügung. Die Kontrolle der Steuerungskomponente erfolgt durch die Administrationsoberfläche im Breich (vi) des Clients.

Hier kann ein Experiment gestartet bzw. angehalten werden. Darüber hinaus muss der Start jeder einzelnen Runde innerhalb eines Experiments explizit freigegeben werden. Der Status des Experiments wird dabei zusammen mit den am System angemeldeten Teilnehmern jederzeit angezeigt. Die Speicherung der XML-Dateien auf dem Server erfolgt nur für die Dauer eines Experiments. Daher müssen erstellte Experimente auch lokal auf dem Administrationsrechner abgelegt werden und können von hier aus jederzeit wieder geladen und gestartet werden. Beim Laden von früher oder per Texteditor erstellen XML-Dateien erfolgt eine Gültigkeitsprüfung anhand der hinterlegten XML-Schemata.

Zusätzlich zu den Experimentalfunktionalitäten enthält der Client noch weitere Funktionalitäten zur Administration des meet2trade-Systems (Bereich (vii)). Diese sind für den Experimentbetrieb größtenteils nicht zwingend erforderlich, wurden aber zu Test- und Präsentationszwecken integriert. Hier können beispielsweise einzelne Märkte geladen, gestartet und wieder angehalten werden oder es kann ein Zurücksetzen des Systems erfolgen. Darüber hinaus ist es möglich, hier komplette Orderbestände des Systems über alle verfügbaren Märkte und Orderbücher hinweg auf Knopfdruck als so genannte Szenarien abzuspeichern bzw. zu laden. Solche Szenarien können Präsentationszwecken dienen oder während eines Experiments als Ausgangspunkt einer Runde automatisch geladen werden.

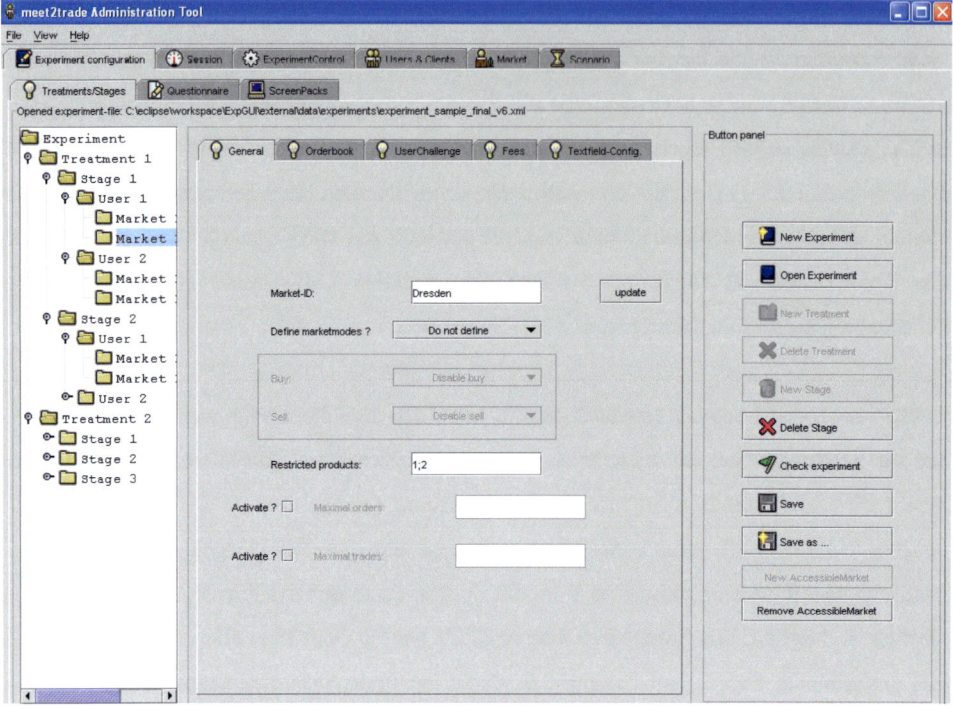

Abbildung 20: Screenshot Konfigurations- und Administrationsclient für Experimente

5.8.3 Experimentsteuerung

Die Experimentsteuerungskomponente ECC (Experiment Control Component) bildet die zentrale Einheit des Experimentalsystems. Sie übernimmt folgende Funktionen:

- Einlesen, Analysieren und Verwalten der XML-Dateien
- Ablaufsteuerung des Experiments
- Steuerung der Märkte während der Handelsphasen
- Setzen der Teilnehmerdepots am Beginn jeder Handelsrunde
- Protokollierung der Experimentdaten
- Errechnung der Experimentkontostände am Ende jeder Runde
- Verwaltung und Steuerung der Teilnehmerclients

Bevor ein Experiment beginnen kann, liest die ECC die Experimentbeschreibung und die weiteren benötigten Daten aus der Datenbank ein und analysiert sie. Sobald das Experiment gestartet ist, übernimmt die Ablaufsteuerung die Kontrolle des meet2trade-Systems. Sie sorgt

unter anderem für die richtige Reihenfolge der verschiedenen Experimentabschnitte, den zeit-
gerechten Beginn und die rechtzeitige Terminierung der einzelnen Handelsrunden sowie das
Starten und Stoppen der Märkte zu den vorgegebenen Zeitpunkten. Dabei arbeitet die Experimentsteuerung ähnlich wie die Clients im Experimentalmodus mit einer Zustandsmaschine
(vgl. Abschnitt 5.8.1). Abbildung 21 zeigt die Zustandsmaschine der Experimentsteuerungskomponente. Zusätzlich verwaltet die Experimentalsteuerung alle Teilnehmer eines Experiments. Sie sorgt beispielsweise dafür, dass ein Experiment erst dann starten kann, wenn alle in
der Experiment-XML angegebenen Teilnehmer am System angemeldet sind oder meldet dem
Experimentleiter, wenn der Client eines Teilnehmers abgestürzt ist. Damit ein Teilnehmer
nach einem Absturz seines Clients das Experiment nahtlos wieder fortsetzen kann, speichert
die Experimentalsteuerung den Status jedes Teilnehmers.

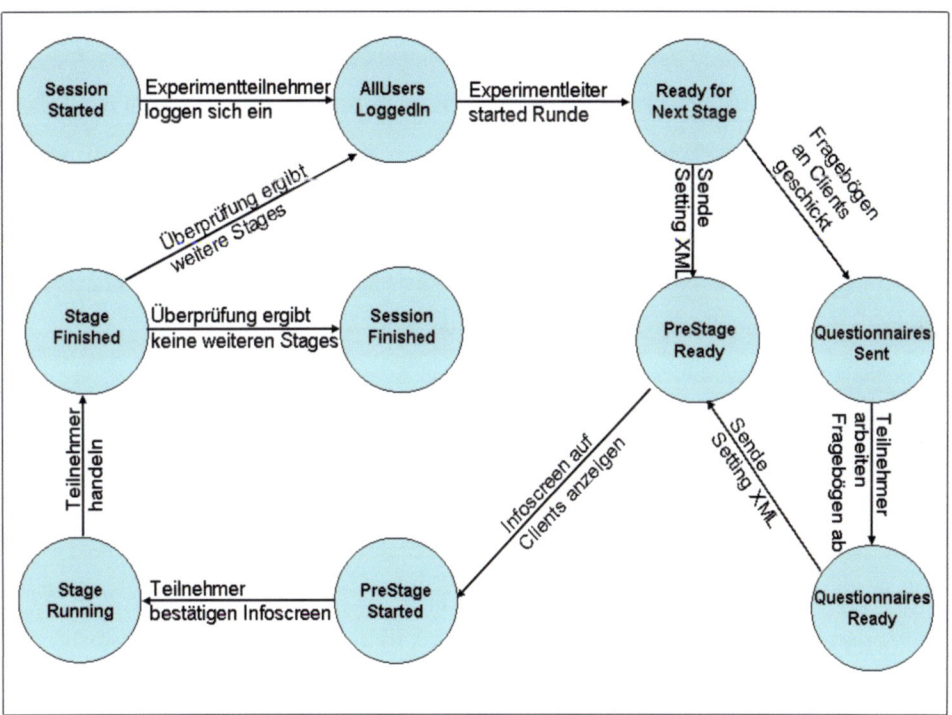

Abbildung 21: Zustandsmaschine der Experimentsteuerung

Um möglichst viele verschiedene Experimentsszenarien spielen zu können, ermöglicht das
System trotz fester vom Experimentleiter vorgegebener Rundenlaufzeiten eine gewisse individuelle Anpassung für die einzelnen Teilnehmer. So kann für jeden Teilnehmer eine Runde
mit einer gewissen Verzögerung gestartet werden oder auch frühzeitig beendet werden. Darü-

ber hinaus können für jeden Markt individuelle Laufzeiten innerhalb einer Runde festgelegt werden (siehe auch Abschnitt 5.4). Um diese Vielzahl an verschiedenen Laufzeiten innerhalb eines Experiments bzw. auch innerhalb einer Runde kontrollieren zu können, arbeitet das System mit so genannten Timern. Dazu existiert eine zentrale Timerklasse innerhalb des meet2trade-Systems. Diese kann mit einer beliebigen Laufzeit aufgerufen werden und nutzt die Java Timerfunktionalität, um die aufrufende Klasse über einen Listener zu benachrichtigen, sobald die Zeit abgelaufen ist. Die aufrufende Klasse kann dann entsprechend reagieren und beispielsweise die Runde beenden oder einen Markt anhalten. Die Experimentalsteuerung übernimmt daher nur noch die Verwaltung der Timer für alle beschriebenen Zeitereignisse (z. B. StageDurationTimer für die allgemeine Rundendauer, UserTimer für die benutzerspezifische Rundendauer oder MarketTimer für die Laufzeit der Märkte während einer Experimentrunde).

Der nächste Schritt nach dem Einlesen der Experimentdateien und dem Start einer Runde ist die Rundeninitialisierung. Hier sorgt die Experimentalsteuerung für das Setzen der Teilnehmerdepots entsprechend der in der Experimentbeschreibung vorgegebenen Werte und die Initialisierung aller angeschlossenen Clients. Um Zeitverschiebungen zwischen den einzelnen Teilnehmern zu verhindern, werden alle angeschlossenen Clients zentral gesteuert. Diese Steuerung geschieht durch die Setting- bzw. Questionnaire-XML und durch Steuersignale wie „Zeige Infobildschirm" oder „Starte Handelsrunde" (vgl. Abschnitt 5.8.1).

Nach Ablauf einer Runde aktualisiert die ECC die Experimentalkonten, auf denen die Auszahlungssaldi der Experimentteilnehmer festgehalten werden. Im meet2trade-System existiert zwar für jeden Nutzer bereits ein Depot, welches sowohl den Geldbestand als auch den Bestand an den verschiedenen Handelsgütern datenbankgestützt verwaltet. Diese Depots werden jedoch am Beginn jeder Runde mit den jeweils in der Experiment-XML festgelegten Werten initialisiert und stellen damit nur den Handlungsspielraum der Teilnehmer innerhalb einer konkreten Runde dar. Um den Erfolg der Teilnehmer über mehrere Runden hinweg in Form einer monetären Größe festzuhalten, existieren zusätzlich die Auszahlungskonten (siehe auch Abschnitt 5.7). Dazu bildet die Experimentalsteuerung am Ende einer Runde für jeden Teilnehmer ein Rundensaldo. Die Berechnung dieser Rundensalden für die Teilnehmer kann theoretisch basierend auf verschiedenen Formeln durchgeführt werden. Die Festlegung, welche Formel für die Berechnung herangezogen werden soll, kann über die Experiment-XML individuell erfolgen. Im ersten Schritt wurde jedoch nur jeweils eine Standardberechnungsformel für single- und für multi-attributive Auktionen implementiert. Diese bildet die Differenz, welche sich in einem Teilnehmerdepot innerhalb einer Runde ergeben hat, verrechnet sie mit den ebenfalls vorgegebenen Wertschätzungen und einem Korrekturfaktor und addiert sie anschließend auf das Auszahlungskonto. Im multi-attributiven Fall wird statt der Differenz zwischen Preis und Wertschätzung der tatsächlich bei einer Transaktion erzielte Nutzen als Berechnungsgrundlage herangezogen.

Ein Beispiel soll den Berechnungsvorgang verdeutlichen:

Gesetzt den Fall User A verkauft während einer Runde R 10 Stücke von Gut G zum Preis von jeweils 15 Geldeinheiten (GE). In der Experiment-XML ist für User A, Runde R, Gut G eine Wertschätzung von 10 GE festgelegt (Parameter **BondRating**). Der einzige Parameter, den die implementierte Berechnungsfunktion zur Zeit unterstützt ist ein Korrekturfaktor. Dieser wird über **FunctionParameters** spezifiziert und beträgt im gegebenen Beispiel 1. Der Rundensaldo für User 1 errechnet sich in diesem Fall aus:

[Verkaufserlös (10 Stücke * 15 Einheiten) 150 GE - Kumulierte Wertschätzung (10 Stücke * 10 GE) 100GE] * Korrekturfaktor 1 = 50 GE.

Darüber hinaus ist auch die Spezifikation von mehreren Wertschätzungen für ein Gut möglich. Dann muss jeweils die Anzahl der Stücke des Gutes spezifiziert werden, für die die Wertschätzung gilt. Damit kann also beispielsweise für die ersten 10 Einheiten eines Gutes eine höhere Wertschätzung festgelegt werden als für darauf folgende Einheiten. Nach der Aktualisierung der Auszahlungskonten mit den Rundensalden werden die Zwischenstände der Konten in der Datenbank abgespeichert und am Anfang der nächsten Runde in der Beschreibung des Informationsbildschirms an die Clients geschickt und dort angezeigt.

5.8.4 Kommunikation

Für die verschiedenen Kommunikationswege innerhalb des MES wurden abhängig von den jeweiligen Anforderungen unterschiedliche Mechanismen gewählt. Der Experiment-Administrationsclient beispielsweise kommuniziert mit der Experimentsteuerung über Java RMI (Remote Methode Invocation). Diese Zugriffsart erlaubt es dem Programmierer transparent auf Methoden entfernter Klassen zuzugreifen, ohne sich nähere Gedanken über die Realisierung der Kommunikation mit dem entfernten System machen zu müssen. RMI wurde in diesem Fall gewählt, da sie die einfachste und schnellste Möglichkeit der Kommunikation darstellt und für den einfachen Austausch der Steuerungs- und Statusnachrichten vollkommen ausreicht. Innerhalb des meet2trade-Systems erfolgt die Kommunikation der einzelnen Komponenten über reguläre Methodenaufrufe. Der Zugriff auf die Marktumgebung ARTE wurde dabei über eine zentrale Zugriffsklasse gekapselt.

Die Kommunikation vom meet2trade Server zu den angeschlossenen Handelsclients erfolgt während eines Experiments ebenso wie im regulären Betrieb mit Hilfe von XML über JMS. (siehe auch Kapitel 4). Die Kommunikation während eines Experiments unterscheidet sich jedoch vom regulären Systembetrieb: Während im regulären Betrieb der Server beim Einloggen eines Handelsteilnehmers nur einmal eine Oberflächenbeschreibung an den Client schickt und der Client danach ohne weitere Steuerung dem Nutzer überlassen ist, wird der Ablauf innerhalb eines Experiments wie in Abschnitt 5.8.1 beschrieben durch Kommandos und XML-Dateien ferngesteuert, die der Server an die Clients schickt. Daneben existieren zwei unterschiedliche XML-Dateien zur Beschreibung von Fragebögen (Questionnaire-XML) und Handelsrunden (Setting-XML). Zusätzlich müssen die Clients nach Abschluss einer Aufgabe (wie z. B. das Durchführen eines Fragebogens) die Fertigstellung an die Experimentalsteuerung übermitteln (Ready), damit diese jederzeit über den Zustand aller angeschlossener Clients informiert ist. Erst wenn alle Clients die aktuelle Aufgabe abgearbeitet haben, wird der nächste Schritt im Experiment ausgeführt. Abbildung 22 zeigt die Client-Server Kommunikation während eines Experiments.

Außerdem wurden, um den besonderen Anforderungen eines Experimentalsystems Rechnung zu tragen, noch zusätzliche Sicherungsmechanismen eingebaut. So muss der Empfang jedes Kommandos des Servers von den Clients rückbestätigt werden. Wird ein Kommando nicht bestätigt, erfolgt eine zweimalige Wiederholung bevor der Client als abgestürzt gekennzeichnet und der Administrationsclient benachrichtigt wird. Zusätzlich sendet der Server alle 20 Sekunden eine spezielle so genannte „Ping"-Anfrage an alle Clients, um zu überprüfen, ob diese noch antworten. Diese Anfrage muss umgehend durch den Client beantwortet werden. Bleibt eine solche Antwort zweimal hintereinander aus, wird der Client ebenfalls als abgestürzt gekennzeichnet. Sobald der Server den Absturz eines Clients registriert hat, kann sich der Teilnehmer dieses Clients neu einloggen - das Experimentalsystem sorgt automatisch dafür, dass der Teilnehmer an der aktuellen Stelle des Experiments wieder einsteigen kann.

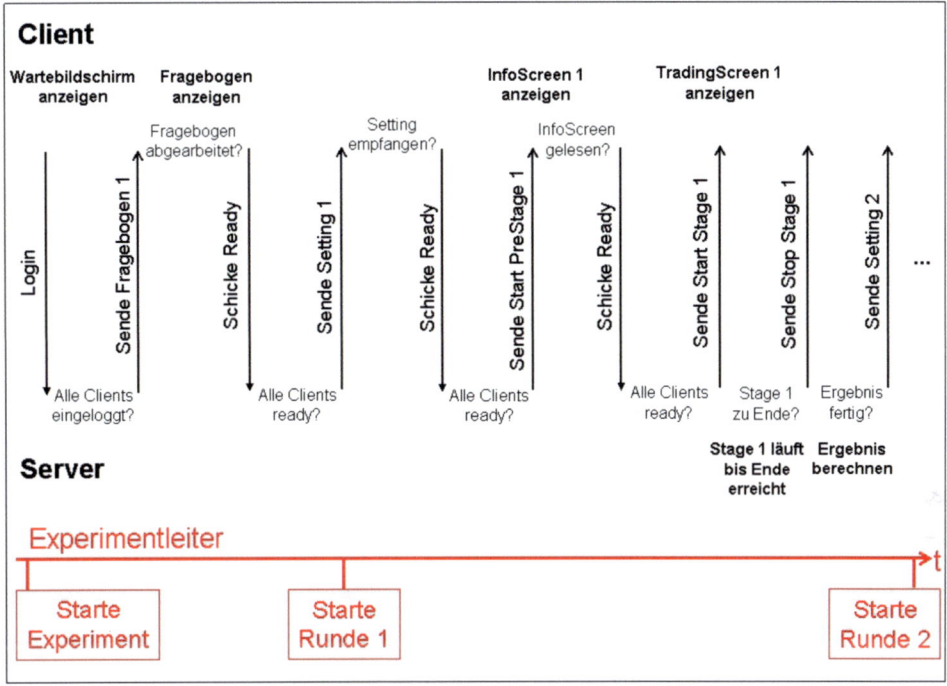

Abbildung 22: Client-Server Kommunikation

5.8.5 Protokollierung

Um die durchgeführten Experimente statistisch auswerten zu können, müssen alle anfallenden Daten persistent gespeichert werden. Die Protokollierung dieser Daten in die Datenbank wird durch den Datenbanklayer des meet2trade-Systems übernommen. Um möglichst wenig Redundanzen im Programmcode zu erzeugen, wurden die Protokollierungsfunktionen für das Experimentalsystem direkt in den meet2trade Datenbanklayer integriert. Die speziellen Experimentfunktionalitäten werden während eines Experiments von der Experimentsteuerung ECC aufgerufen und bleiben während des regulären Systembetriebs ansonsten ungenutzt.

Zusätzlich zu den auch außerhalb des Experimentalbetriebs immer aufgezeichneten Daten, wie z. B. den eingegangenen Orders oder den im System ausgeführten Trades, werden während eines Experiments noch weitere Informationen protokolliert, um die Auswertung zu erleichtern. Dazu gehören vor allem die einzelnen Schritte innerhalb eines Experiments. So werden die Zeitpunkte von Beginn und Ende jeder Session, jedes Treatment und jeder Runde in der Tabelle **ExperimentEvents** festgehalten. Ein solches Event besteht immer aus einem Zeitstempel, dem Eventtyp (z. B. Rundenstart, Rundenende), sowie der Zuordnung zu den zugehörigen Organisationseinheiten (Experiment, Session und Stage) über deren eindeutige IDs. Die Zeitstempel erlauben bei der Auswertung die Zuordnung der einzelnen Handelsdaten zum passenden Experiment, Treatment bzw. auch der einzelnen Runde.

Weiterhin werden die Zwischenstände der Experimentalkonten aller User nach jeder Runde in der Tabelle **AccountData** abgespeichert, um diese später nachkontrollieren zu können und um Auswertungen der Auszahlungen an die Teilnehmer zu ermöglichen. Dabei werden neben einem Zeitstempel und den Referenzen auf die zugehörigen Organisationseinheiten die UserID und der Kontosaldo des jeweiligen Teilnehmers gespeichert.

Außerdem müssen, sofern Fragebögen zum Einsatz kommen, auch deren Ergebnisse in der Tabelle **QuestAnswers** festgehalten werden. Je nach Typ des Fragebogens werden hier entweder die Anzahl der Versuche, die ein Teilnehmer für die richtige Antwort benötigt, oder auch der komplette Text der Frage und der vom Teilnehmer abgegebenen Antwort protokolliert. Abbildung 23 gibt einen Überblick über die nur während des Experimentalbetriebs aufgezeichneten Daten in Form eines E/R Diagramms.

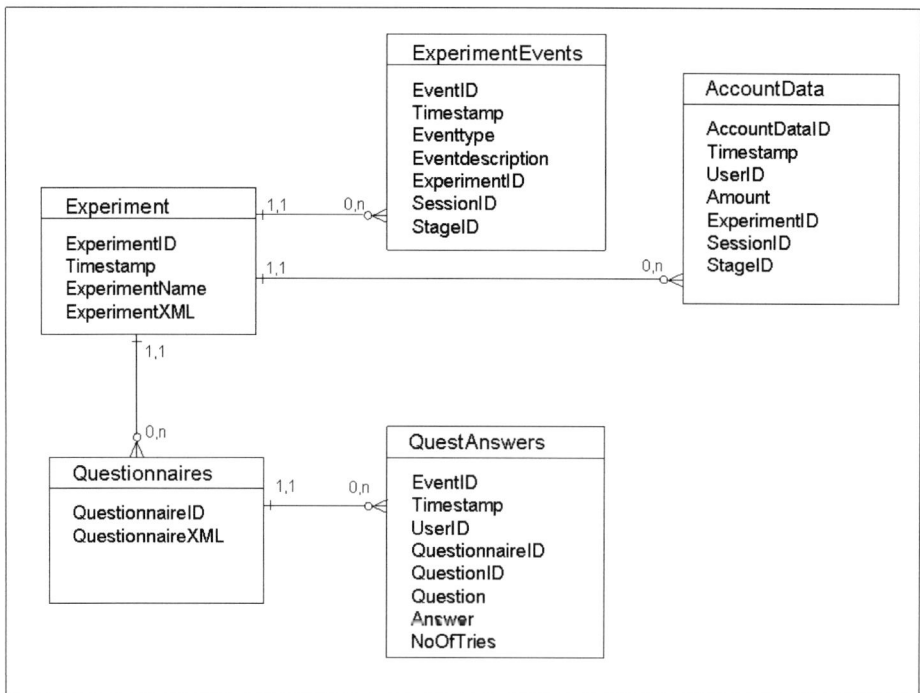

Abbildung 23: Vereinfachtes Datenmodell der speziellen Experimentdaten als E/R Diagramm

5.9 Verwendung des MES in der Forschung

Zwar wurde bei der Erstellung des MES versucht, eine möglichst große Anzahl von Parametern zu berücksichtigen und die Anforderungen an Experimentalsoftware zu erfüllen, jedoch zeigt erst der Einsatz eines Systems in einem konkreten Anwendungsszenario dessen praktische Verwendbarkeit. Um zu zeigen, dass MES wie beschrieben funktioniert und sinnvoll in der Forschung eingesetzt werden kann, werden im Folgenden kurz zwei mit Hilfe des Systems durchgeführte Untersuchungen vorgestellt. Ab Kapitel 6 wird dann ein mittels MES durchgeführtes Experiment und dessen Ergebnisse ausführlich beschrieben.

Zum einen wurde eine leicht angepasste Version von meet2trade und MES für ein Experiment zur Untersuchung einer Fragestellung aus dem Emissionshandel in Australien eingesetzt. Im Zentrum der Forschung stand dabei die Frage, inwiefern sich Preissignale für zukünftige Emissionszertifikate auf die Kosteneffizienz von Emissionshandelsmaßnahmen auswirken (siehe [Stöß06]).

Des Weiteren wurde das MES dazu eingesetzt, eine Untersuchung zum Thema single-attributive einseitige Auktionen durchzuführen. Weber betrachtet in [Webe06] die Auswirkungen von Erstbieterrabatten auf das Auktionsergebnis von Zweitpreisauktionen und das Bietverhalten der Teilnehmer. Dabei standen die beiden Fragen, ob sich das Verhalten der Teilnehmer in einer regulären Zweitpreisauktion von dem Verhalten der Teilnehmer in einer Auktion mit Erstbieterrabatt unterscheidet und ob das Verhalten der Teilnehmer innerhalb einer Rabattauktion davon abhängig ist, ob sie einen Rabatt erhalten oder nicht, im Mittelpunkt. Darüber hinaus wurden die Auswirkungen des Rabatts sowie die Existenz von unterschiedlich starken Bietergruppen auf die Erlöse des Verkäufers in der Rabattauktion analysiert. Dazu wurde zuerst eine theoretische Analyse durchgeführt auf die eine Evaluation durch ein Laborexperiment folgte. Die theoretische Analyse ergab dabei, dass sich der Rabatt nur im Fall asymmetrischer Bieter (d.h. unterschiedlich starken Bietergruppen) für den Verkäufer bezüglich seines Erlöses lohnt. Im symmetrischen Fall dagegen kann der Verkäufer keine Ergebnisverbesserung durch Gewährung eines Erstbieterrabatts erzielen. Diese analytischen Ergebnisse bestätigten sich tendenziell im Experiment. Auch hier konnten die Verkäufer nur im asymmetrischen Fall Nutzen aus der Gewährung eines Rabattes ziehen, im symmetrischen Fall schnitten die Verkäufer bei Gewährung eines Rabattes sogar schlechter ab als ohne Rabatt. Es zeigte sich jedoch auch, dass die Experimentteilnehmer bei den Rabattauktionen teil-

weise deutlich von der theoretisch bestimmten dominanten Strategie abwichen, d.h. Schwie-
rigkciten hatten, den Rabatt korrekt in Ihre Gebote einzubeziehen (siehe auch [Webe06]).

Die mit Hilfe von meet2trade und dem MES durchgeführten experimentellen Studien zeigen,
dass das in diesem Kapitel beschriebene Experimentalsystem nicht nur theoretisch die Anforderungen an ein solches System erfüllt, sondern auch in der Praxis funktioniert, um aktuelle
Fragestellungen aus dem Bereich elektronische Märkte zu untersuchen.

Teil III
Einfluss des Systems auf das Marktergebnis

6 Experimentbeschreibung

6.1 Motivation

Während die Untersuchung von Märkten in den Wirtschaftswissenschaften schon eine lange Tradition hat (siehe Kapitel 3), rückte die bewusste Gestaltung der Märkte erst in den letzten Jahren mehr und mehr in den Fokus der Forschung [Vari02]. Es geht dabei darum, die Marktregeln so festzulegen, dass ein Markt vorgegebene Ziele erreicht (z. B. bezüglich Marktergebnis, Transparenz, Nutzerakzeptanz usw.), bzw. dass unerwünschte Nebenwirkungen ausbleiben, die in der Konsequenz sogar zum Verschwinden des Marktes führen können. Da die Zusammenhänge zwischen Marktregeln und Marktergebnis sehr komplex und verwoben sind, ist die Erforschung des Marktdesigns eine schwierige und langwierige Aufgabe. So können kleine Änderungen einer Marktregel, z. B. der Endregel bei einseitigen Auktionen, enorme Auswirkungen auf die Anreizstruktur und das Verhalten der Teilnehmer und damit auch auf das Marktergebnis haben (siehe [ArOc03]). Der Untersuchung solcher Vorgänge kommt im Market-Engineering große Bedeutung zu. Dabei werden neben der Beobachtung von in der Praxis bereits eingesetzten Märkten oft Laborexperimente eingesetzt, die es erlauben, das Teilnehmerverhalten in einer kontrollierten Umgebung zu beobachten.

In derartigen Experimenten wird versucht, die Auswirkungen verschiedener Auktionen, d. h. den Effekt von Marktregeln auf das Marktergebnis, von anderen Einflussfaktoren, wie beispielsweise dem der Auktion zugrunde liegenden informationstechnischen System, zu isolieren. Der mögliche Einfluss des Systems wurde dabei bisher weitgehend ignoriert, obwohl der Schluss nahe liegt, dass insbesondere die Benutzeroberfläche eines Systems durchaus auch das Ergebnis beeinflussen kann. So ist leicht nachzuvollziehen, dass beispielsweise eine unergonomische Bedienung dazu führen kann, dass benötigte Informationen nicht oder zu langsam gefunden werden oder eine besonders gute Benutzerführung es Auktionsteilnehmern ermöglicht, besonders schnell zu bieten. Solche Vorteile bzw. Hindernisse können sich durchaus auch im Marktergebnis niederschlagen, z. B. kann eine besonders schnelle und einfache Bietmöglichkeit den Wettbewerb unter den Bietern und damit den erzielten Preis beeinflussen. Weiterhin belegen Arbeiten aus anderen Bereichen (siehe Abschnitt 6.2), dass die Benutzeroberfläche und damit auch das System großen Einfluss auf die mit dem System erzielten Ergebnisse haben können.

Trotzdem wird in den meisten Forschungsarbeiten und Experimenten zum Thema Marktde-sign das System als Einflussfaktor vernachlässigt. Das Konzept des Market-Engineering (vgl. Kapitel 2) bezieht das Systemdesign jedoch ausdrücklich ein. Die drei zentralen Bereiche Marktmikrostruktur, Infrastruktur und Businessstruktur stehen hier gleichwertig nebeneinan-der. Der Einfluss des Systemdesigns auf das Marktergebnis fällt eindeutig in den Bereich der Infrastruktur des Market-Engineering-Konzepts. Im Rahmen dieses Kapitels soll daher nicht der Einfluss der Marktparameter einer Auktion, sondern der Einfluss des der Auktion zugrun-de liegenden informationstechnischen Systems untersucht werden. Hierbei soll primär die Benutzeroberfläche untersucht werden, da der Rest des Systems mit Ausnahme von Faktoren wie Performance und Stabilität von den Auktionsteilnehmern nicht wahrgenommen werden kann. Um andere Einflussfaktoren auszuschließen und aufgrund der Tatsache, dass sich sub-jektive Faktoren wie die Wirkung der Benutzeroberfläche nur mit Hilfe von realen Teilneh-mern messen lassen, soll ein Laborexperiment als Untersuchungsmethodik herangezogen werden. Da im Rahmen eines Kooperationsprojekts mit dem kanadischen Interneg Research Center[18] neben dem meet2trade-System auch das Invite-System und somit zwei mächtige Sys-teme zur Durchführung von Experimenten im Marktumfeld zur Verfügung standen, lag es nahe, den Einfluss der Benutzeroberfläche mit Hilfe eines Laborexperiments unter Einsatz dieser beiden Systeme zu untersuchen. Um die Untersuchung zu ermöglichen, wurde in bei-denen Systemen eine multi-attributive englische Auktion mit identischem Allokationsmecha-nismus implementiert.

Das Ziel dieses Experiments ist es also, herauszufinden, ob und inwiefern die Benutzerober-fläche eines Auktionssystems das Ergebnis einer Auktion beeinflussen kann. Da nach zahlrei-chen erfolgreichen Tests mit beiden Systemen davon ausgegangen werden kann, dass beide Systeme stabil und fehlerfrei arbeiten, kann die Systemstabilität als Einflussfaktor ausge-schlossen werden. Daher verbleibt als einziger Faktor aus Benutzersicht neben der Benutzer-oberfläche die Systemperformance. Diese ist aufgrund der stark abweichenden Architekturen der beiden verwendeten Systeme, der vielen möglichen Einflussfaktoren (z. B. aktuelle Netz-last, momentanes Handelsvolumen), sowie der Problematik, Performance bei einer Vielzahl möglicher Aktionen in einem Handelssystem direkt zu messen, schwierig objektiv zu erfas-sen. Daher wurde die subjektive Einschätzung der Systemperformance direkt bei den Teil-nehmern abgefragt. Sofern diese Einschätzungen nicht gravierend voneinander abweichen, wird angenommen, dass die Performance einen zu vernachlässigenden Einfluss auf das Ge-

---

[18] Siehe http://www.interneg.org/

samtergebnis hat. Darüber hinaus soll erforscht werden, wie sich die Benutzeroberfläche auf das subjektive Empfinden der Teilnehmer sowohl bezüglich des Systems als auch bezüglich des Auktionsverlaufs auswirkt.

Die weiteren Untersuchungen sollen also von den folgenden Forschungsfragen geleitet werden:

1. Beeinflusst die Benutzeroberfläche das Bietverhalten der Teilnehmer?

2. Beeinflusst die Benutzeroberfläche die ökonomischen Ergebnisse der Auktion, z. B. die Erlöse der Teilnehmer, die Wohlfahrt oder die Markteffizienz?

3. Beeinflusst das System die Zufriedenheit der Teilnehmer mit dem Auktionsergebnis?

4. Wie sind die Zusammenhänge zwischen Bietverhalten, Marktergebnis und Zufriedenheit?

Im folgenden Abschnitt werden zuerst verwandte Arbeiten vorgestellt. Danach wird in Abschnitt 6.3 das dem Experiment zugrunde liegende Szenario ausführlich beschrieben. Nach einer Gegenüberstellung der beiden verwendeten Systeme mit ihren spezifischen Besonderheiten in Abschnitt 6.4, zeigt Abschnitt 6.5 die Aufstellung der Treatments des Experiments. Anschließend wird die Durchführung des Experiments in Abschnitt 6.6 und der genaue Experimentablauf in Abschnitt 6.7 beschrieben. Abschnitt 6.8 schließt das Kapitel mit der Beschreibung, wie das in Kapitel 5 vorgestellte meet2trade Experimentalsystem für die Durchführung des Experiments eingesetzt werden kann, ab. Die detaillierte Auswertung der Experimentergebnisse findet sich in Kapitel 7 und 8.

6.2 Verwandte Arbeiten

Wie im vorherigen Abschnitt bereits angesprochen, wird der Einfluss des Systems bei der Untersuchung von Märkten vor allem im ökonomischen Bereich meist nicht berücksichtigt. Hier steht der Einfluss des Mechanismusses, d. h. der Marktstrukturregeln im Vordergrund der Betrachtungen. Die Disziplin des Marktdesigns bzw. des Market-Engineering hat dabei eine Reihe von weithin akzeptierten Methoden und Werkzeugen zum Entwurf und der Untersuchung von Märkten bzw. Auktionen entwickelt (siehe auch Kapitel 2). Zu diesen Methoden gehören seit einiger Zeit insbesondere auch Laborexperimente zur Untersuchung des Einflusses der Marktparameter auf das Auktionsergebnis (vgl. [Roth02]). Hierbei wird das System jedoch bei den Untersuchungen in der Regel vernachlässigt. Dies zeigt auch der von Smith entwickelte Bezugsrahmen für die Untersuchung von elektronischen Märkten ([Smit82], siehe auch Abschnitt 2.1). So existiert keine Trennung zwischen dem Marktmechanismus und dem System, welches diesen implementiert und die Schnittstelle zum Benutzer des Mechanismusses bildet. Daher ist es auch nicht möglich, den Einfluss des Systems vom Einfluss des Mechanismusses auf das Ergebnis zu unterscheiden. Weiterhin bildet dieses Rahmenwerk zwar beide Strömungen der Forschung im Bereich Märkte - Mechanismusdesign und Laborexperimente - ab, berücksichtigt aber nur objektiv messbare Daten (z. B. Ergebnisse der Allokation, Preise), aber nicht die Erfahrungen und Wahrnehmungen der Nutzer des ökonomischen Systems wie beispielsweise der Zufriedenheit mit dem System oder dem Mechanismus. Daneben gibt es auch Untersuchungen, die sich ausschließlich auf die Benutzeroberfläche von Marktsystemen beziehen und deren Einfluss beispielsweise auf den Erfolg von Online Shopping Plattformen (vgl. z. B. [LoSp98]). Auch hier wird der Erfolg mittels objektiver Daten wie beispielsweise Umsatzzahlen gemessen, jedoch dafür die Wahrnehmungen der Nutzer außer Acht gelassen.

Dagegen steht in der Information Systems (IS)[19] Forschung das System im Fokus der Untersuchungen. Hierbei wird vorherrschend ein quantitativer, empirischer Forschungsansatz gewählt (siehe z. B. [AlCa92], [Keen91]). Als Forschungsmethode werden dabei hauptsächlich Laborexperimente und Feldstudien eingesetzt (vgl. [EvKa97]). Ein Schwerpunkt der IS Forschung liegt bei der Untersuchung des Verhaltens von Benutzern informationstechnischer Systeme, d. h. es werden die durch die Verwendung von informationstechnischen Systemen in Organisationen bei den Benutzern hervorgerufenen Einstellungen und Verhaltensweise sowie die sich daraus ergebenden Einflussfaktoren für eine erfolgreiche Einführung des Systems, untersucht.

---

[19] Information Systems (IS) stellt das nordamerikanische Pendant zur deutschen Wirtschaftsinformatik dar. Da sich die beiden Disziplinen jedoch in der Forschungsmethodik und den Schwerpunkten z.T. deutlich unterscheiden, werden die beiden Begriffe in dieser Arbeit nicht synonym verwendet (siehe auch [ScFr07]). Aufgrund der Projektpartner im nordamerikanischen Raum sowie der später verwendeten Methodologie aus dem IS Bereich wird in dieser Arbeit neben der Sichtweise der deutschen Wirtschaftsinformatik auch die Perspektive der IS Forschung berücksichtigt.

Zur Untersuchung dieser Einflussfaktoren existieren in der IS Forschung verschiedene Modelle. So wurde beispielsweise von Fred R. Davis das Technology Acceptance Model (TAM) entwickelt, um die Akzeptanz neuer Technologien erklären und untersuchen zu können (siehe [Davi86]). Das TAM basiert auf der aus dem Bereich der Soziologie abstammenden Theory of Reasoned Action (TRA), deren zentrale Idee die Erklärung des Verhaltens durch die Einstellungen (Attitude) einer Person ist [AjFi75]. Das TAM adaptiert die TRA, um die Nutzerakzeptanz von Informationssystemen in der IS Forschung zu modellieren und ersetzt dazu den relativ abstrakten Begriff der Attitude durch die konkreteren Konzepte Perceived Usefulness (wahrgenommene Nützlichkeit) und Perceived Ease of Use (wahrgenommene Benutzerfreundlichkeit). Das Modell erklärt die Intention eines Nutzers, eine Technologie zu verwenden als Ergebnis eines kognitiven Prozesses, dem die wahrgenommene Nützlichkeit (Perceived Usefulness) und die wahrgenommene Benutzerfreundlichkeit (Perceived Ease of Use) einer Technologie zugrunde liegen, die wiederum die Akzeptanz eines Systems und damit letztendlich die Intention, die Technologie zu verwenden, beeinflussen [DaBa89]. Neben dem ursprünglichen Modell existieren inzwischen zahlreiche Varianten und Erweiterungen des TAM (siehe z. B. [GeKa03] oder [CoHi95] für Erweiterungen um zusätzliche Konstrukte sowie [VeDa00] für die Einbeziehung sozialer Normen).

Beim TAM spielen jedoch die mit dem System erzielten Ergebnisse keine Rolle, es geht nur um die Akzeptanz eines Systems und die Faktoren, die diese Akzeptanz beeinflussen. Ein Modell, welches die mit einem System erzielten Ergebnisse berücksichtigt, ist das Task-Technology-Fit (TTF) Modell. Es wurde von Goodhue und Thompson entwickelt, um den Einfluss der Technologie auf die individuelle Performance messen zu können. Das Modell besagt, dass die individuelle Performance vom Zusammenpassen einer Aufgabe eines Nutzers (Task) und der dafür genutzten Technologie (Technology) abhängt [GoTh95]. Beim TTF bezeichnet Technologie sowohl das vollständige informationstechnische System mit allen Komponenten, d. h. Hardware, Software und Daten, als auch die dazugehörigen IT Dienstleistungen für die User (Training, Telefonsupport, etc.) [GoTh95]. Jedoch basiert auch das TTF auf subjektiven Eindrücken. Die Messgrößen Fit (Zusammenpassen von Aufgabe und System), Utilization (Verwendung des Systems) sowie Performance (Leistung) werden nicht objektiv gemessen, sondern basieren auf den Wahrnehmungen der Nutzer. Während auch beim TTF Modell Erweiterungen des ursprünglichen Modells existieren, z. B. ein integriertes Modell, welches das TAM um Konzepte aus dem TTF ergänzt (vgl. [DiSt99]), bleibt die grundsätzliche subjektive Orientierung erhalten.

Aufbauend auf TAM und TTF wurden zahlreiche Untersuchungen verschiedenster Technologien durchgeführt (siehe z. B. [LoWa02] oder [LeLe04]). Trotzdem zeigen die beschriebenen Modelle insbesondere für die Untersuchung von ökonomischen Systemen wie elektronischen Märkten Schwächen. So vernachlässigt die IS Literatur traditionell die Bedeutung von objektiven Messvariablen (z. B. Marktergebnis) und legt den Hauptfokus auf subjektive Faktoren, wie beispielsweise die Einstellungen oder Überzeugungen der Nutzer. Da die Wahrnehmungen und Einstellungen der Nutzer unzweifelhaft einen signifikanten Einfluss auf die Akzeptanz des Systems und das Ergebnis haben, besteht kein Zweifel daran, dass unmittelbare Zusammenhänge zwischen diesen subjektiven Konzepten und den objektiv messbaren Daten wie Marktergebnis oder Bietverhalten bestehen. Daher liegt der Gedanke nahe, diese objektiven Ergebnisse zusätzlich zu den subjektiven Faktoren in ein Modell einfließen zu lassen. Darüber hinaus werden die Systeme in der Regel als fertige Einheit betrachtet, ohne die darunterliegenden Funktionen und Mechanismen (z. B. Marktmodelle) zu beachten. Zwar erlaubt ein von Wixom und Todd entwickeltes integriertes Modell (siehe [WiTo05]) die Einbeziehung von objektbasierten Variablen wie z. B. Informationsqualität oder Systemqualität, die Betrachtung als Einheit verhindert jedoch trotzdem die Trennung des Einflusses der Systemimplementierung (z. B. der Benutzeroberfläche) vom Einfluss der darunterliegenden Mechanismen, wie z. B. des Marktmodells (siehe auch [ChKe07]).

Chen et al. schlagen daher einen integrierten Ansatz vor, der sowohl die IS als auch die ökonomische Perspektive bei der Untersuchung elektronischer Märkte berücksichtigt [ChKe07]. Der TIMES genannte Ansatz soll die Konstrukte Task (Aufgabe), Individual (Individuum), Mechanism (Mechanismus), Environment (Umwelt) sowie System (System) berücksichtigen und damit ein umfassenderes Bild der Zusammenhänge als bisherige Ansätze liefern. Somit werden sowohl subjektive Messgrößen, wie in der IS Forschung üblich, erfasst als auch objektive Daten erhoben und daraus ein kombiniertes Modell erstellt. Neben der Berücksichtigung objektiver Daten wie des Marktergebnisses existieren noch weitere Unterschiede im Vergleich zur rein ökonomischen Betrachtungsweise von elektronischen Märkten. Dazu gehört die Trennung von Task und Environment sowie die explizite Berücksichtigung des Interaktionsprozesses zwischen Nutzer und System in Form des Konstrukts System zusätzlich zum Mechanismus. Unter Task wird hierbei die Aufgabe, die z. B. unter Zuhilfenahme eines Marktmechanismus zu lösen ist, verstanden. Zu den dabei zu berücksichtigenden Kriterien gehören unter anderem Zeitdruck, Komplexität der Aufgabe und Neigung zu Verhandlungen (siehe auch [RaSt00]). Environment beschreibt mögliche Umwelteinflüsse wie zum Beispiel

Art des Produktes, Stärke der Konkurrenz oder Teilnehmerstruktur. Weitere wichtige Variablen des Modells sind objektbasierte Überzeugungen (Object-based Beliefs), d. h. durch direkte Beobachtung gewonnene Einschätzungen über Funktionalitäten des Marktsystems, objektbasierte Einstellungen (Object-based Attitudes), d. h. die Einstellung der Nutzer gegenüber diesen Funktionalitäten, sowie verhaltensbasierte Intentionen (Behavioural Beliefs), die das zukünftige Verhalten der Nutzer gegenüber dem System abbilden. Abbildung 24 zeigt einen Überblick über den TIMES Ansatz. Weitere Unterscheidungsmerkmale und Beschreibungen finden sich in [ChKe07].

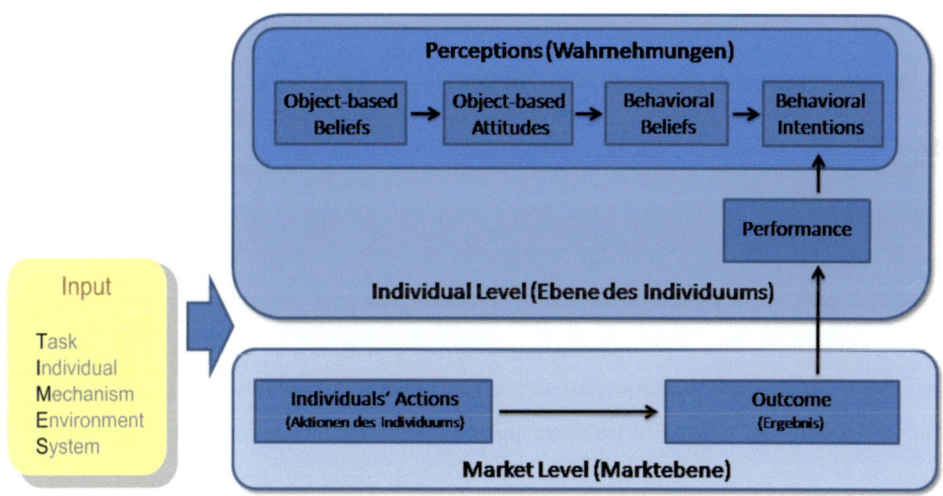

Abbildung 24: TIMES-Ansatz nach [ChKe07]

Für das mit Hilfe des kombinierten Ansatzes zu erstellende Modell macht TIMES jedoch keine konkreten Vorschriften, welche konkreten Variablen und Zusammenhänge gewählt werden müssen. Es existieren jedoch bereits erste Studien, die den Ansatz beispielhaft implementieren. So vergleichen Chen und Kersten beispielsweise in [ChKe06] die beiden mit Hilfe der Invite Plattform implementierten Verhandlungssysteme SimpleNS und Inspire, die sich nur in einer Funktion unterscheiden: Inspire bietet im Gegensatz zu SimpleNS analytische Unterstützung für die Nutzer an. Dabei ergeben sich für das System, welches die zusätzliche Unterstützung anbietet, unter anderem erheblich bessere Verhandlungsergebnisse für die Nutzer.

In dieser Arbeit wird ein dem TIMES Modell sehr ähnlicher Ansatz gewählt. Im Gegensatz zum TIMES Modell wird aber in einem ersten Schritt eine ausführliche Untersuchung der objektiven Daten, d. h. insbesondere der ökonomischen Ergebnisse der beiden untersuchten Systeme durchgeführt. Dadurch können neben der Performance der Teilnehmer auch das

Bietverhalten und die Unterschiede zwischen den Teilnehmergruppen detailliert herausgearbeitet werden. Erst in einem zweiten Schritt wird dann ein dem TIMES Ansatz ähnliches Modell entwickelt, welches auch die subjektiven, mit Hilfe eines Fragebogen erhobenen Eindrü-
cke der Nutzer einbezieht und auch die Zusammenhänge zwischen den subjektiven und den
objektiven Daten darstellt. Dieses Modell wird schließlich mit Hilfe von Verfahren aus der
Kausalanalyse auf seine Stichhaltigkeit überprüft.

6.3 Szenario

Bei multi-attributiven Auktionen bzw. Verhandlungen handelt es sich um eine vergleichsweise komplexe Thematik. Die Teilnehmer müssen hier nicht nur einen Preis zur Bewertung eines Gutes heranziehen, sondern verschiedene Kriterien, die auch substitutiv sein können, berücksichtigen, aus denen ihr Gesamtnutzen zusammengesetzt ist. Darüber hinaus unterscheidet sich die Nutzenfunktion des Auktionators stark von der Nutzenfunktion der Bieter - in der
Regel wird diese Funktion ungefähr gegenläufig verlaufen, d. h. ein Wert, der besser für den
Bieter ist, wird meist schlechter für den Auktionator sein und umgekehrt. Die Bieter müssen
daher stets beide Seiten berücksichtigen, um ein Gebot abgeben zu können, das einerseits ihnen selbst einen möglichst hohen Nutzen generiert, andererseits aber eine Chance in der Auktion hat. Außerdem haben die meisten Studenten zwar Erfahrung mit Auktionen z. B. über
Ebay, multi-attributive Auktionen sind aber im Alltag erheblich seltener anzutreffen und daher auf Anhieb schwieriger zu verstehen. Diese Einschätzung bestätigte sich bei internen
Tests und einer Testrunde mit Studenten. Dort traten anfangs erhebliche Verständnisprobleme
multi-attributiver Auktionen bzw. Verhandlungen auf.

Um die komplexe Thematik für die Teilnehmer so beherrschbar wie möglich zu machen,
wurde vom oft formulierten Postulat der möglichst hohen Abstraktion eines tatsächlichen
Anwendungsfalls hin zu einem kontextfreien spieltheoretischen Experiment abgewichen (siehe u. a. [EcGr96, S. 188]). Darüber hinaus lassen neuere Erkenntnisse vermuten, dass soziale
und psychologische Faktoren ökonomische Entscheidungen entscheidend beeinflussen. Ein zu
hoher Abstraktionsgrad kann daher dazu führen, dass die Wichtigkeit dieser psychosozialen
Komponente nicht ausreichend miteinbezogen wird. (vgl. [EcGr96, S. 189]) Ein solches ab-
straktes Experiment, welches jeglichen Kontexts beraubt wurde, kann daher zu völlig anderen
Ergebnissen führen als ein kontextbezogenes Experiment. Weiterhin argumentieren Harrison
und List [HaLi04], dass die oft bei Laborexperimenten vorgenommene Abstraktion zwar einerseits als Kontrollfaktor interpretiert werden könne, andererseits aber auch eher einen Kont-

rollverlust bedeuten kann, da der Experimentator in diesem Fall nicht mehr beeinflussen kann, mit welchem Kontext die einzelnen Teilnehmer die abstrakte Entscheidungssituation verbinden.

Neben der Erhebung der ökonomischen bzw. objektiven Daten im System wurden auch analog der Methodologie im Feld der *Information Systems* Fragebögen zur Erfassung der Zufriedenheit der Teilnehmer mit dem Verlauf und dem Ergebnis des Experiments sowie mit dem System abgefragt. Hierzu eignet sich ein konkretes Szenario besser als ein völlig abstrahiertes, weil es in diesem Fall weniger darum geht, die Funktionsweise eines Mechanismus so zu untersuchen, dass möglichst wenig unkontrollierte Einflussfaktoren die Ergebnisse verwässern. Stattdessen soll das Gesamtsystem hinterher durch die Teilnehmer beurteilt werden, wobei ein möglichst plastischer, realistischer Anwendungsfall dafür sorgen soll, dass sich die Teilnehmer möglichst wenig durch das Experiment beeinflussen lassen, sondern sich so verhalten, wie sie sich auch unter realen Bedingungen verhalten würden.

Aus den genannten Gründen wurde im vorliegenden Fall versucht, ein möglichst realistisches Szenario zu entwerfen, welches die spezifischen Eigenheiten sowohl multi-attributiver Auktionen als auch Verhandlungen optimal ausnützt und gleichzeitig zum Verständnis der Thematik beiträgt. Das gewählte Szenario beschreibt Vertragsverhandlungen zwischen einer Musikerin (*Ms. Sonata*) und drei verschiedenen Musikfirmen (*EnterMusic, WorldMusic, UniMusic*). (siehe auch [ChKe07]). Alle Beteiligten verhandeln dabei nicht selbst, sondern lassen sich jeweils von einem Agenten, *Fado* für Ms. Sonata, *Cory* für EnterMusic, *Mosico* für WorldMusic, sowie *Uli* für UniMusic, vertreten. Diese Konstruktion wurde gewählt, um die induzierten Nutzenwerte für die Experimentteilnehmer zu erklären - dem Agent werden die Präferenzen im Szenario durch seinen jeweiligen Auftraggeber vorgegeben. Bei den Vertragsverhandlungen werden vier verschiedene Attribute bzw. Vertragspunkte verhandelt:

- Anzahl der zu spielenden Konzerte pro Jahr (*Promotional concerts*)
- Anzahl der abzuliefernden neuen Lieder pro Jahr (*New songs*)
- Tantiemen für die CD Verkäufe in Prozent (*Royalties*)
- Vertragsabschluss Bonus in 1000 Dollar (*Contract signing bonus*)

Das Attribut *Number of concerts* besitzt sechs Ausprägungen, alle anderen Attribute dagegen sieben. Jeder Ausprägung eines Attributes ist dabei ein Nutzenwert zugeordnet, welcher im hier beschriebenen Experiment als *Rating* bezeichnet wurde.[20] Um einen direkteren Bezug der relativ abstrakten Rating-Werte zu den Agenten herzustellen, wurden diese zusätzlich in eine Provision umgerechnet, welche jeder Agent am Ende der Runde angezeigt bekam (die Provision errechnete sich aus der einfachen Formel Provision = Rating-Summe des Vetrags * 100).

Tabelle 3 zeigt am Beispiel des Agenten Cory die möglichen Attribute, Ausprägungen und die ihnen zugeordneten Einzelnutzen. Eine Auflistung der Nutzenwerte für alle Teilnehmer findet sich im Anhang B. Wie aus der Tabelle leicht ersichtlich ist, verlaufen die Nutzenfunktionen der Einzelnutzen für die Attribute zwar grundsätzlich monoton, im Fall des *Contract signung bonus* ist aber auch eine leichte Abweichung von der Monotonie möglich, um mehr Realismus zu erreichen. Nutzenwerte spiegeln dabei das Interesse der Firma an diesem Attribut wieder - umso mehr Nutzenpunkte eine Ausprägung erhält, umso stärker wird sie präferiert.

Promotional concerts

Ausprägungen	Nutzen
(schlechteste) 5	-10
6	-6
7	0
8	2
9	12
(beste) 10	18

New songs

Ausprägungen	Nutzen
(schlechteste) 10	-10
11	-8
12	-4
13	0
14	6
15	12
(beste) 16	18

Royalties

Ausprägungen	Nutzen
(beste) 1.5	6
1.75	4
2	2
2.25	0
2.5	-4
2.75	-7
(schlechteste) 3	-10

Contract signing bonus

Ausprägungen	Nutzen
150	10
175	13
(beste) 200	18
225	12
250	6
275	0
(schlechteste) 300	-10

Tabelle 3: Attribute mit Ausprägungen und Nutzen für Agent Cory

[20] Da die Agenten in diesem Experiment im Auftrag ihrer Unternehmen arbeiten und sie damit keinen direkten, sondern nur indirekten Nutzen (z. B. über eine Provision von Ihrem Unternehmen) aus dem ausgehandelten Vertrag bzw. dessen genauen Ausprägungen erzielen, wurde der Nutzen im Experiment statt als Nutzen neutral als Rating bezeichnet.

Das Szenario wurde gewählt, da es sowohl für Verhandlungen als auch für Auktionen sinn-voll einsetzbar ist. Im Verhandlungsfall schicken die Agenten Cory, Mosico und Uli Offerten zusammen mit einer Textnachricht an Fado. Dieser wägt die Alternativen ab und kann dann eine der Offerten akzeptieren oder per Textnachricht antworten, um beispielsweise eine Ver-besserung der Offerten zu verlangen. Bei der Auktion geben die Agenten der Musikindustrie Gebote ab. Da es sich in diesem Fall um eine englische Auktion handelt, wird ein Gebot nur dann zum aktuell führenden Gebot, wenn es - aus Sicht von Fado - besser ist als das bis dahin führende Gebot, d. h. für Fado einen höheren Nutzen (bzw. Rating) erzielt.

Ein Gebot eines Auktionsteilnehmers (bzw. eine Offerte eines Verhandlungsteilnehmers) muss für jedes der vier verhandelten Punkte eine Auswahl aus den vorgegebenen möglichen Ausprägungen enthalten. Der Gesamtnutzen für ein Gebot eines Bieters errechnet sich dabei durch einfache Addition der Einzelnutzen der vier Attribute. Ein einfaches Beispiel soll dies verdeutlichen. Die folgende Tabelle 4 enthält zwei Beispiele der Nutzenkalkulation für ein abgegebenes Gebot.

Attribut	Gebot 1		Gebot 2	
	Ausprägung	Nutzen	Ausprägung	Nutzen
Number of concerts	7	0	6	-6
Number of new songs	15	12	11	-8
Royalties	2.5	-4	2	2
Signing Bonus	225	12	225	0
Gesamt		20		-12

Tabelle 4: Beispiel Nutzenkalkulation für Cory

Aus den gezeigten beispielhaften Geboten lässt sich erkennen, dass für ein Gebot sowohl ein positiver als auch ein negativer Gesamtnutzen für den Bieter möglich ist. Um den Experi-mentteilnehmern die Bedeutung dieser relativ abstrakten Nutzenwerte näher zu bringen und sie dazu anzuspornen, möglichst gute Nutzenwerte zu erzielen, wurde den Teilnehmern er-klärt, dass sich die Kommission der Agenten (die sie spielen) aus dem Nutzen * 100 errech-net. Beispielsweise würde ein erzielter Gesamtnutzen am Ende der Auktion von 20 Einkünfte in Höhe von 2000 Dollar bedeuten, ein Gesamtnutzen von -12 einen Verlust von 1200 Dollar.

Die konkurrierenden Agenten (Mosico und Uli) sowie die Gegenseite (Fado) besitzen unterschiedliche Nutzenfunktionen, daher kann jeder Teilnehmer den Gesamtnutzen eines Gebots nur für sich selbst errechnen, über den Nutzen der anderen Agenten kann er nur Spekulationen anstellen. So wird er davon ausgehen können, dass die anderen Agenten der Musikfirmen ähnliche Nutzenfunktionen haben. Obwohl die Nutzenfunktion des Auktionators nicht bekannt gegeben wird, ist der Bieter gezwungen, Annahmen über den Verlauf dieser Funktion zu treffen, um sinnvolle Gebote abgeben zu können, da seine Gebote nach dieser Funktion bewertet werden. Um den Bietern diesen Vorgang zu erleichtern und ihre Annahmen in die richtigen Bahnen zu lenken, enthält die Anleitung für die Bieter (vgl. Anhang C) Hinweise über den Funktionsverlauf. So wird beispielsweise angedeutet, dass Ms. Sonata dazu tendiert, möglichst nicht allzu viele neue Lieder schreiben zu müssen und dass Sie höhere Tantiemen bzw. einen höheren Abschlussbonus gegenüber niedrigeren Einnahmen selbstverständlich präferiert.

Wie bereits erwähnt, wurden die Nutzenfunktionen für alle Teilnehmer induziert, d. h. vom Experimentator vorgegeben. Der Vorteil dieser Vorgehensweise liegt zum einen in der Vergleichbarkeit der Ergebnisse der verschiedenen Sessions, da die Präferenzen einer Rolle über verschiedene Teilnehmer hinweg konstant bleiben. Zum anderen sind die realen Präferenzen eines Teilnehmers nur schwer messbar, oft kann er diese nicht einmal selbst genau spezifizieren. Weiterhin können sich die Präferenzen über die Zeit auch ändern bzw. sich erst in einer konkreten Entscheidungssituation bilden (vgl. z. B. [PaBe93]). Durch induzierte Nutzenfunktionen ist es möglich, die immanenten Präferenzen der Nutzer größtenteils auszuschalten, was wiederum dem Experimentator ermöglicht, die Kontrolle auch über die Risikoeinstellung der Teilnehmer und die Gewichtung der einzelnen Attribute im multi-attributiven Fall zu erlangen (vgl. [FrSu94, S. 12ff]).

Zu den wichtigsten Zielen beim Design einer Auktion gehören die Allokationseffizienz, d. h. der Bieter, welcher ein Gut am meisten wertschätzt, erhält es auch, und die Einkommensmaximierung, also die Erzielung eines möglichst hohen Preises (bzw. Nutzens) für den Auktionator (siehe Abschnitt 2.3.2). Daraus lässt sich folgern, dass die Funktionsweise einer Auktion genau dann besonders gut gezeigt werden kann, wenn sich die Wertschätzungen bzw. die Nutzen der einzelnen Teilnehmer für ein Gut voneinander unterscheiden, da hier der Auktionsmechanismus dafür sorgt, dass der stärkste Bieter, also der Bieter mit dem höchsten Nutzen das Gut erhält und dabei gleichzeitig der Nutzen für den Auktionator maximiert wird.

Darüber hinaus erhöhen unterschiedlich starke Bieter den Wettbewerb in einer Auktion, was wiederum dem Ziel der Einkommensmaximierung entgegenkommt (vgl. [Kris02]). Aus den genannten Gründen und um das Szenario möglichst realistisch zu gestalten, da in der Realität in der Regel nur höchst selten alle Bieter identische Nutzenfunktionen besitzen, wurde im beschriebenen Szenario jeder Rolle (Mosico, Cory, Uli) eine eigene Nutzenfunktion zugeteilt. Als stärkster Bieter wurde hier Cory mit einem möglichen maximalen Auktionatornutzen von 49 angelegt, gefolgt von Uli mit 45 und Mosico mit 40. Unter dem maximalen Auktionatornutzen wird hier der maximale Nutzen verstanden, den Fado erreichen kann, wenn der jeweilige Bieter die Auktion mit einem für sich noch sinnvollen Gebot, d. h. mit einem Nutzen größer oder gleich Null, gewinnt. Den Teilnehmern wurde vor dem Experiment zwar mitgeteilt, dass jeder Bieter eine eigene, möglicherweise unterschiedliche Nutzenfunktion besitzt, jedoch nicht, wer der stärkere und wer der schwächere Bieter ist, um eine Beeinflussung des Experiments zu vermeiden.

Die Nutzenfunktionen aller Teilnehmer und damit gleichzeitig auch der Handlungsraum sind in Abbildung 25 dargestellt. Jeder Punkt in der Abbildung entspricht einer zulässigen Kombination von Attributen, auf den Achsen ist der dabei erzielte Nutzen für Fado und die Bieter abgetragen. Die Farben zeigen an, welcher der drei Agenten der Unterhaltungsindustrie die jeweilige Kombination von Ratings mit Fado erreichen kann. Rote Punkte repräsentieren Fado, blaue Punkte Cory und grüne Punkte Uli. Dunklere Punkte entstehen, wenn mehr als ein Agent die jeweilige Kombination erreichen kann. Aus darstellerischen Gründen ist aus der Abbildung nicht ersichtlich, welchen Attributkombinationen die einzelnen Punkte entsprechen. Abbildung 26 zeigt eine Vergrößerung des Ausschnitts, in dem sich bei rationalem Verhalten der Teilnehmer die am Ende erfolgreichen Gebote der Auktion befinden müssen. Aus der Abbildung ist leicht ersichtlich, dass, wie oben beschrieben, bei einem jeweils maximalen Rating für Fado Cory das beste Rating erzielen kann, gefolgt von Uli und Mosico. Die fett gedruckte Zeile stellt das Ergebnis der Auktion dar, welches sich ergeben müsste, wenn alle Bieter rational handeln und alle möglichen Kombinationsmöglichkeiten der gegebenen Attribute innerhalb der Auktionszeit von 20 Minuten berücksichtigt werden können.

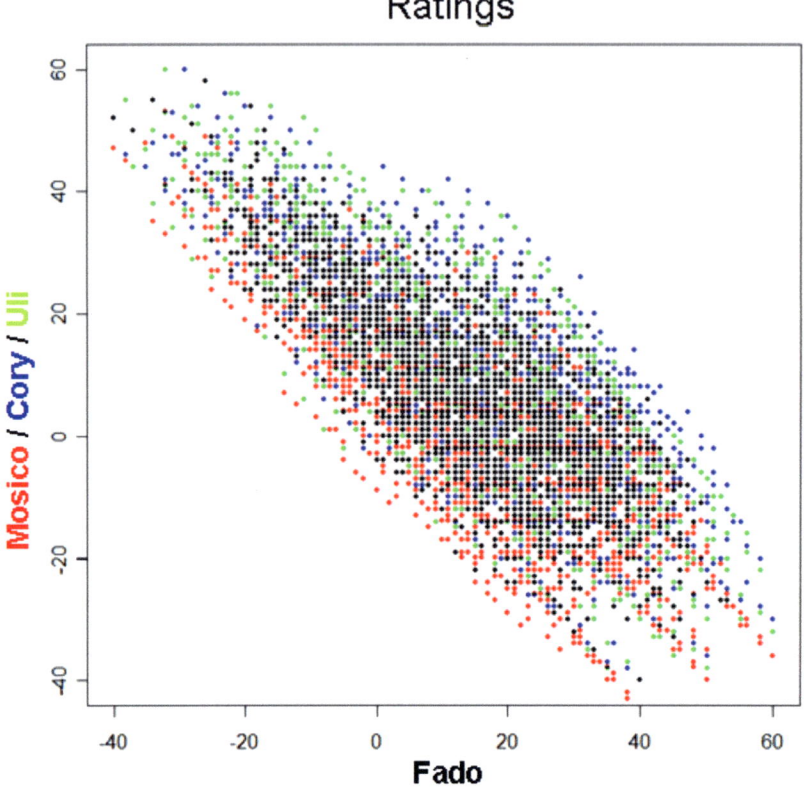

Abbildung 25: Mögliche Rating-Kombinationen

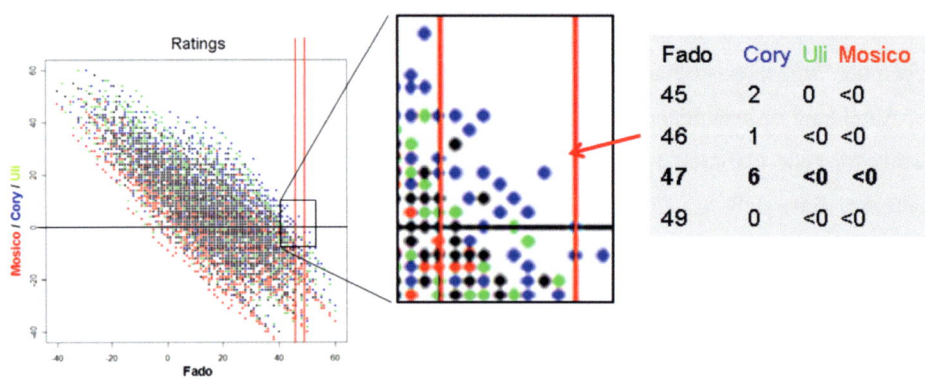

Abbildung 26: Rating Kombinationen   Vergrößerung

6.4 Die Systeme

Wie bereits erwähnt, wurden für die Durchführung des Experiments zwei konzeptionell völlig unterschiedliche Systeme eingesetzt. Zum besseren Verständnis und um den Einfluss der Systeme auf die Auktionen besser beurteilen zu können, werden zuerst insbesondere die Unterschiede der Systeme genauer untersucht. Das meet2trade-System wurde in Kapitel 5 bereits ausführlich beschrieben, das Invite-System wurde in Abschnitt 3.5.4 kurz vorgestellt. Daher werden die Eigenschaften und Besonderheiten der Systeme im Folgenden nur noch kurz erwähnt, jedoch nicht mehr im Detail erklärt.

Die beiden Systeme unterscheiden sich bereits in der technischen Basis grundlegend. Während meet2trade sowohl client- als auch serverseitig als Java-Applikation (serverseitig mit Unterstützung eines Applicationservers) realisiert ist, baut Invite als reine Web-Applikation auf Cold Fusion[21] auf. Folglich benötigt Invite zur Benutzung, im Gegensatz zu meet2trade, keine spezielle Client-Software, sondern wird vollständig über einen beliebigen Webbrowser bedient. Die Realisierung als traditionelle Web-Applikation ohne den Einsatz von Ajax-Technologien[22] führt dazu, dass im Gegensatz zu meet2trade keine automatische Datenaktualisierung in den Clients möglich ist. Um aktuelle Informationen zu erhalten, beispielsweise ob ein neues Gebot eingegangen ist, muss der Nutzer die aktuelle Seite neu laden oder einen Link anklicken.

Auch in der Konfiguration der Experimente bzw. der Märkte unterscheiden sich die Systeme grundlegend. Während für meet2trade jeweils eine XML-basierte Sprache für die Markt- und die Experimentkonfiguration entwickelt wurde, die die Einstellung aller angebotenen Parameter ermöglicht, wird Invite vollständig über die zugrunde liegende MySQL Datenbank konfiguriert. Der Ablauf der Verhandlungen bzw. Auktionen, die einzelnen Webseiten als HTML- bzw. Cold Fusion-Code, die Nutzerdaten und die Experimentdaten werden über eine komplexe Tabellenstruktur in der Datenbank abgelegt. Somit ist das System zwar sehr weitgehend konfigurierbar, allerdings mit hohem Aufwand, da keine zusätzlichen Hilfsmittel für die Dateneingabe existieren. Wenn allerdings ein konkretes Auktionsprotokoll oder ein Experiment konfiguriert ist, können neue Instanzen und Benutzer schnell und einfach über Administrationsseiten eingerichtet werden (vgl. [Law05]).

---

[21] Cold Fusion ist eine von Adobe vertriebene, kommerzielle Applikationsserver-Software für Web-Applikationen. Sie bietet eine Umgebung zur schnellen Serverskripterstellung für dynamische Webseiten.
[22] Ajax (Asynchronous JavaScript and XML) bezeichnet ein Konzept der asynchronen Datenübertragung zwischen einem Webserver und dem Browser. Es ermöglicht, dass nur gewisse Teile einer HTML-Seite oder auch reine Daten sukzessiv bei Bedarf nachgeladen werden ohne dass der Benutzer die Seite neu laden muss.

Ein weiterer Unterschied liegt in der Ausrichtung der Systeme. meet2trade wurde als Handelssystem auf Basis von ein- und doppelseitigen Auktionen und mit Hilfe des eingebauten Experimentalsystems auch für Experimente konzipiert. Invite wurde hingegen für die Nutzung für Experimente im Bereich von elektronischen Verhandlungen entworfen, ist aber durch die weitgehende Konfigurierbarkeit prinzipiell auch in der Lage Auktionen abzubilden. So wurde für das NorA Projekt und das hier beschriebene Experiment eine multi-attributive Auktion auf Grundlage des Invite-Systems implementiert.

Tabelle 5 stellt die Unterschiede zwischen den beiden System zusammenfassend dar. Während ein Großteil der technischen und konzeptionellen Unterschiede für die Nutzer der Systeme nicht sichtbar oder spürbar sind und damit wohl keinen Einfluss auf das Marktergebnis haben, liegt hingegen der Schluss nahe, dass sich die jeweilige Client-Technologie durch die unterschiedlichen Möglichkeiten und Bedienkonzepte auf das Ergebnis auswirken könnte.

Kriterium	meet2trade	Invite

Infrastruktur	- Zentralisiert, Client /Server
	- Mehrere Auktionen zur selben Zeit
	  (**mehrere** Mechanismen pro Teil-
	  nehmer möglich)
		- Zentralisiert, Client /Server
		- Mehrere Auktionen/
		  Verhandlungen (**ein** Mechanis-
		  mus pro Teilnehmer)

**Technische
Plattform**
	- Java / EJB
	- Jboss Application Server
	- **Open source**, lauffähig auf jedem
	  Java-fähigen Betriebssystem
		- Web Application
		- Basiert auf Cold Fusion
		- Nutzt **proprietäre** Tecnologien,
		   Server läuft unter Windows,
		   Client überall

Client	- Java (auch als Applet)	- Web
Domäne	- Domänenunabhängig	- Domänenunabhängig

Mechanismen	- Einseitige Auktionen (Englisch,
	  Dutch, etc.)
	- Doppelseitige Auktionen
	- Single- und Multi-attributiv
		- Verhandlungen
		  (bilateral, multi-bilateral)
		- Multi-attr. englische Auktion

**Konfigurier-
barkeit**
	- Grundlage: XML
	- Experimente, Märkte werde durch
	  XMLs beschrieben die zur Laufzeit
	  umgesetzt werden
	- **Parameter-basierter** Ansatz
		- Grundlage: Datenbank
		- komplexes System aus Tabellen
		  die einen Großteil der System-
		  eigenschaften beschreiben
		- **Komponenten/Prozess-
		  basierter** Ansatz

**System Konfi-
guration**
	- Mechanismus/Markt Setup durch
	  MML oder grafische Oberfläche
	- Konfiguration des Experiments
	  über MES GUI oder Experiment
	  Language
	- Upload der Experiment XMLs und
	  Experimentsteuerung über GUI
		- Mechanismus (Protokoll) Setup
		  durch Datenbank und Program-
		  mierung (CF/HTML)
		- Experimenterstellung durch Ein-
		  pflegen der nötigen Daten direkt
		  in Datenbank, keine sonstigen
		  Tools
		- Anlegen der Instanzen bestehen-
		  der Mechanismen und neuer
		  Nutzer über Weboberfläche

Tabelle 5: Systemvergleich meet2trade und Invite

Neben den unterschiedlichen Technologien der beiden Clients existieren auch noch kleinere funktionelle Unterschiede bei der Implementierung der multi-attributiven englischen Auktion. Während der serverseitige Mechanismus für die multi-attributive Auktion auf beiden Systemen einem identischen Algorithmus folgt und deshalb auch gleiche Auktionsergebnisse liefert, entstanden durch die Implementierung der Systeme durch verschiedene Teams sowie insbesondere auch durch die verschiedenen technischen Möglichkeiten der Systeme geringfügige Unterschiede in der Client-Funktionalität. Während die Nutzer beider Systeme über identische Informationen verfügen, bereitet die Weboberfläche des Inauction[23] Systems die Gebotshistorie eines Nutzers zusätzlich grafisch auf (siehe Abbildung 27).

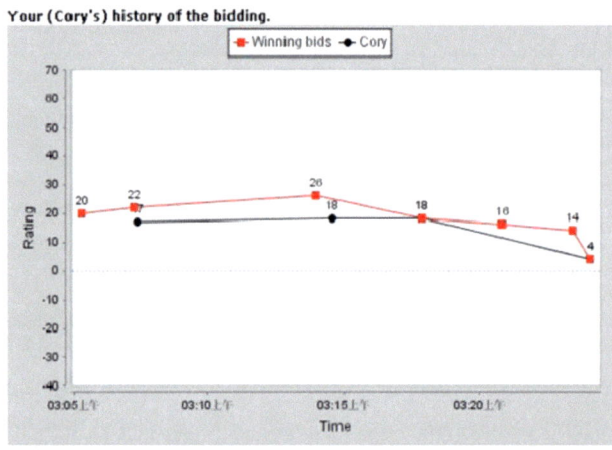

Abbildung 27: Grafische Darstellung der Gebotshistorie (Inauction)

Weiterhin werden in der Gebotshistorie von Inauction im Gegensatz zu meet2trade Gebote, welche aus Sicht des Auktionators nicht hoch genug waren, um die bis dahin vorliegenden Gebote zu überbieten und daher vom System abgelehnt wurden, in der Gebotshistorie dargestellt. Daneben unterscheidet sich auch die Darstellung und Anordnung der einzelnen Funktionen und der Wortlaut der Beschriftungen.

---

[23] Als Inauction wird im Folgenden die Implementierung der multi-attributiven englischen Auktion auf Basis des Invite-Systems bezeichnet.

No.	Bidder	Concerts (per year)	Songs (per year)	Royalties (in %)	Bonus ($1000)	Rating	Bidding Time (GMT)
9	Cory	7	12	2.5	225	4	2006-11-09 15:24:06
8	Uli	7	12	2.25	200	14	2006-11-09 15:23:25
7	Mosico	7	12	2	200	16	2006-11-09 15:20:50
6	Cory	7	14	2.25	225	18	2006-11-09 15:17:52
5	Cory	9	13	2.25	250	18	2006-11-09 15:14:36
4	Uli	7	14	2	200	26	2006-11-09 15:14:01
3	Cory	10	13	2.75	250	17	2006-11-09 15:07:24
2	Mosico	8	13	2	200	22	2006-11-09 15:07:16
1	Uli	9	13	2.5	225	20	2006-11-09 15:05:18

Abbildung 28: Inauction Gebotshistorie

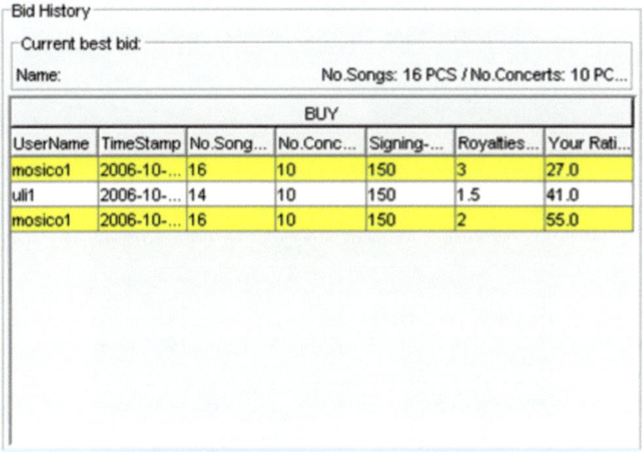

Abbildung 29: meet2trade Gebotshistorie

Abbildung 28 zeigt die Gebotshistorie des Inauction-Systems. Jede Zeile in der Gebotshistorie stellt ein Gebot dar, wobei jeweils die gewählten Ausprägungen der Gebotsattribute sowie das (eigene) Rating eines Gebots und der Zeitpunkt der Gebotsabgabe dargestellt werden. Die Gebote sind nach Ihrer Höhe sortiert, das oberste Gebot ist jeweils das aktuell führende Gebot. Gebote, die bereits einmal ein führendes Gebot waren (d. h. also gültige Gebote), sind rot, alle anderen Gebote schwarz dargestellt. Die Gebotshistorie von meet2trade (vgl. Abbildung 29) ist ähnlich aufgebaut, allerdings fehlen hier die abgelehnten Gebote in der Liste und die Reihenfolge der Informationen sowie die Spaltenbeschriftungen weichen geringfügig von Inauction ab. Die Gebotseingabemasken von meet2trade und Inauction unterscheiden sich dagegen kaum (siehe Abbildung 30 für meet2trade und Abbildung 31 für Inauction). Hier muss mit Hilfe von Dropdown-Menüs für jedes Attribut des Gebots eine Ausprägung ausgewählt werden. Der Client errechnet dabei automatisch für jedes Attribut einzeln und für das

Gebot als Ganzes die dazugehörigen Rating-Werte für den bietenden Nutzer und zeigt sie an.

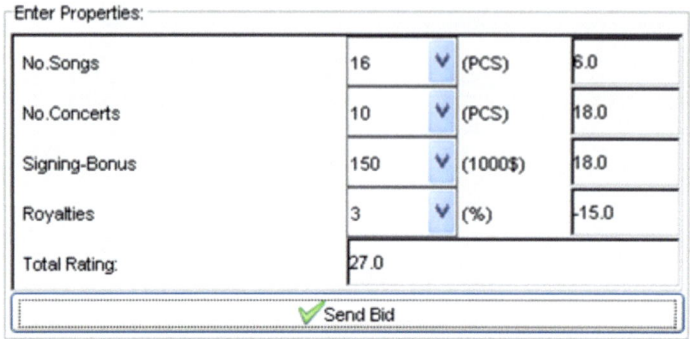

Abbildung 30: meet2trade Gebotseingabemaske

Construct a bid
No winning bid has been submitted up to now.

Construct an offer to bid
Note: you have to select one option for each issue.

Offer to Bid		
Issue	**Option**	**Rating**
Concerts (per year)	5	-10
Songs (per year)	11	-8
Royalties (in %)	2	2
Bonus ($1000)	200	18
Your rating of this offer: 2	Bid with this offer	

Abbildung 31: Inauction Gebotseingabemaske

Weitere Unterschiede zwischen den Systemen ergeben sich technologiebedingt in der Bedie-

nung bzw. Navigation. Während sich bei Inauction auf der linken Seite eine Navigationsleiste

mit den wichtigsten Funktionen befindet (Gebot abgeben, Gebotshistorie anzeigen etc - vgl.

Abbildung 32), bietet meet2trade durch seine Fenster-orientierte Oberfläche alle Funktionali-

täten und Informationen auf einmal (siehe Abbildung 33).

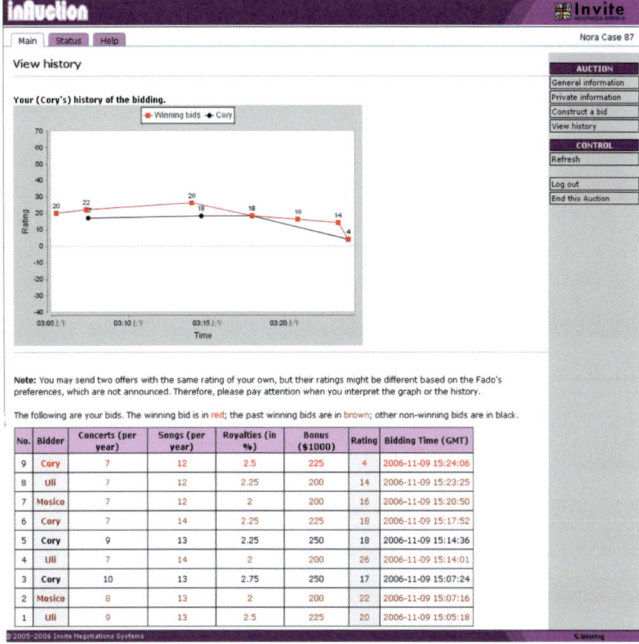

Abbildung 32: Benutzeroberfläche Inauction

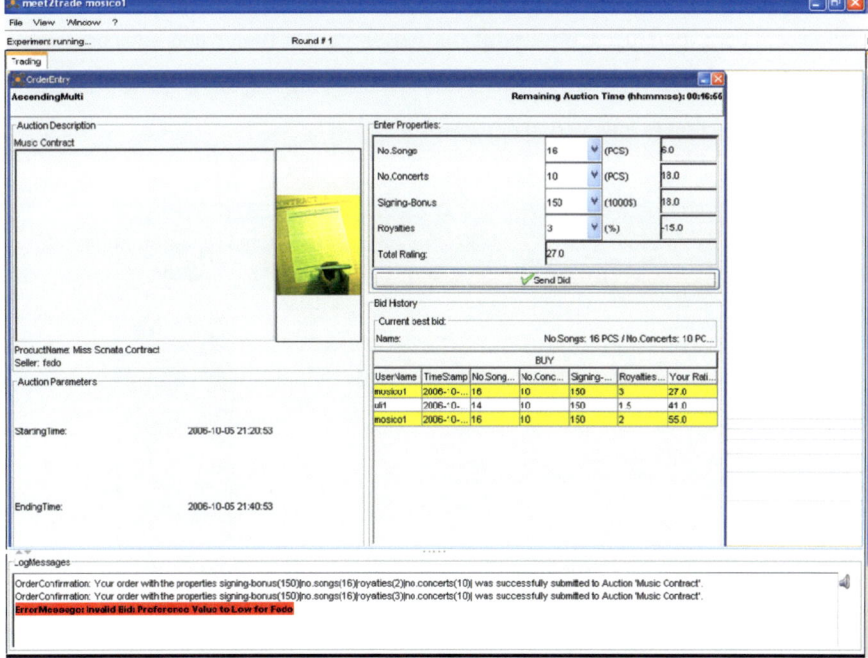

Abbildung 33: Benutzeroberfläche meet2trade

Trotz der oben beschriebenen - hauptsächlich durch verschiedene Technologien bedingten - Unterschiede zwischen den Systemen sind die Funktionsweise der Auktionen und die den Nutzern zur Verfügung gestellten Informationen bei beiden Systemen identisch. Daher misst das hier vorgestellte Experiment den Einfluss des Systems bzw. der Benutzerschnittstelle und nicht den Einfluss der Gestaltung des Auktionsmechanismus.

Da beide Systeme eine Vielzahl unterschiedlicher Mechanismen unterstützen, wurde in diesem Abschnitt bisher nur jeweils der Mechanismus multi-attributive englische Auktion dargestellt. In einem dritten Treatment wurde jedoch zusätzlich noch das gleiche Szenario mit dem Mechanismus elektronische Verhandlung mit Hilfe des Invite-Systems gespielt (siehe Abschnitt 6.5). Daher werden im Folgenden noch die systemseitigen Unterschiede zwischen der Implementierung der englischen Auktionen (Inauction) und der Verhandlungen (Imbins) beschrieben. Das Aussehen und die Bedienung der Oberfläche ist bei beiden Mechanismen aufgrund der identischen technischen Plattform sehr ähnlich, jedoch ergeben sich durch die unterschiedlichen Funktionalitäten der Mechanismen Unterschiede im Detail. Zwar werden auch bei der elektronisch unterstützten Verhandlung (An-)Gebote durch die Bieter abgegeben, jedoch sorgt auf der Gegenseite kein automatischer Mechanismus für die Ermittlung des besten Gebots, sondern die Gegenpartei prüft die Angebote der Bieter und entscheidet sich per Knopfdruck für das ihr am besten erscheinende Gebot (siehe Kapitel 2 für weitergehende Informationen zu Auktionen und Verhandlungen).

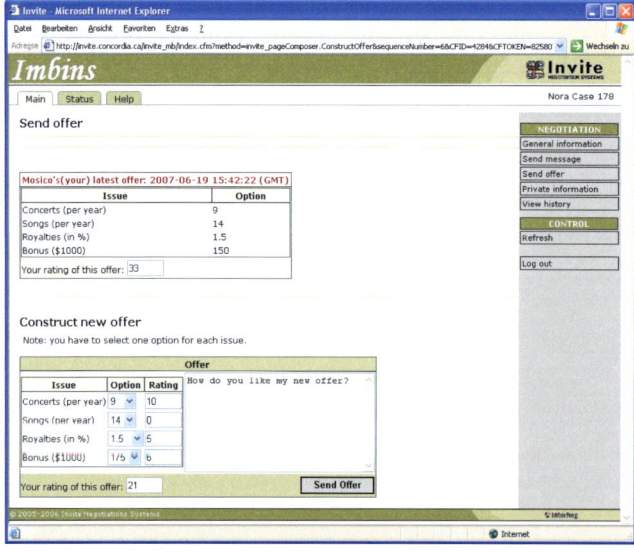

Abbildung 34: Imbins Gebotseingabemaske

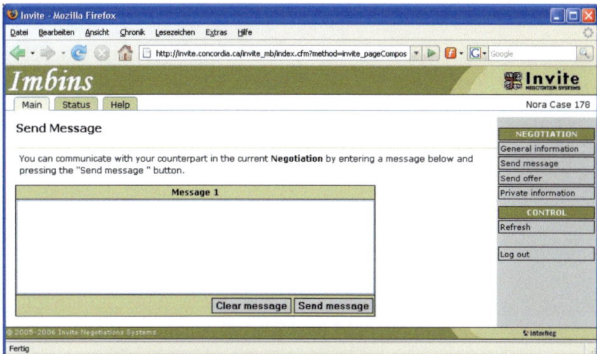

Abbildung 35: Imbins Nachricht verschicken

Um den beiden Verhandlungsparteien darüber hinaus eine Möglichkeit zur Kommunikation zu geben, enthält das Invite-System beim Imbins-Mechanismus die Möglichkeit zum Nachrichtenaustausch. Daher gibt es beispielsweise für die Bieter die Möglichkeit, zusätzlich zu ihrem (An-) Gebot oder auch ohne gleichzeitig ein Gebot abgeben zu müssen, eine Textnachricht abzuschicken (siehe Abbildung 34 und Abbildung 35). Da es sich in diesem Fall um eine multi-bilaterale Verhandlung zwischen einem Musikeragenten (Fado) und drei Agenten (Mosico,Cory,Uli) der Musikindustrie handelt, muss die Musikerseite gleichzeitig mit drei unterschiedlichen Gegenparteien der Musikindustrie verhandeln. Daher steht der Musikerseite eine Gebotshistorie ähnlich der Gebotshistorie der Bieter in der Auktion zur Verfügung, um alle Gebote im Überblick behalten zu können (siehe Abbildung 36). Darüber hinaus kann Fado jederzeit auf eingegangene Nachrichten bzw. Gebote antworten oder diese akzeptieren (siehe Abbildung 37), was die Verhandlung auch schon vor Ablauf der zur Verfügung stehenden 20 Minuten beendet. Den Bietern steht dagegen keine vollständige Gebotshistorie zur Verfügung, da die Bieter keine Informationen über den Stand der Verhandlungen mit ihren jeweiligen Mitbietern erhalten, sie sehen jedoch ihr eigenes letztes Gebot (vgl. Abbildung 34).

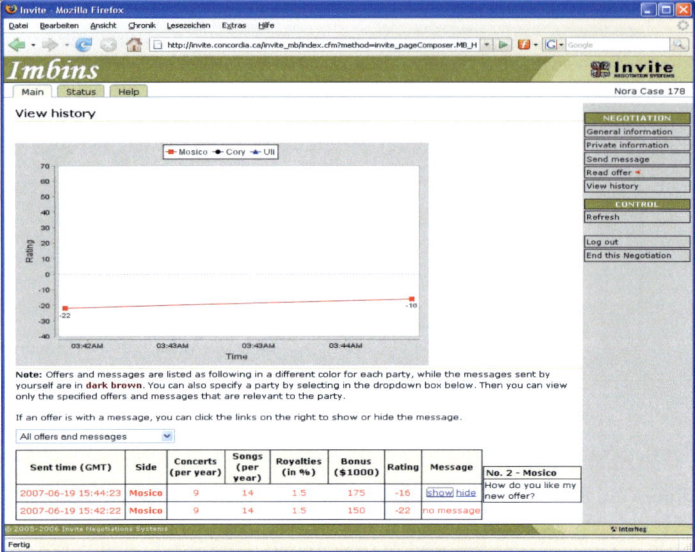

Abbildung 36: Imbins Gebotshistorie

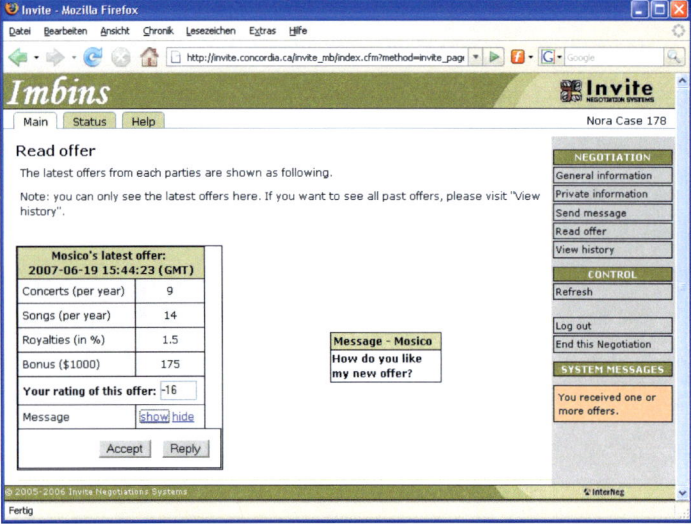

Abbildung 37: Imbins Gebot beantworten

6.5 Treatments

Die Forschungsfragen erfordern ein Experimentdesign, welches einen direkten Vergleich der meet2trade- und Inauction-Systeme ermöglicht und andere Einflussfaktoren möglichst ausschließt, in dem diese konstant gehalten werden.

Beide Systeme enthalten dazu eine multi-attributive englische Auktion mit einem identischen Allokationsmechanismus. Darüber hinaus wurde versucht, die Bedienung der Systeme relativ ähnlich zu gestalten, so dass die Eigenschaften der gewählten Technologien (HTML-basierte Web-Applikation vs. Java-Applikation) zwar erhalten bleiben, die Unterschiede in der Bedienung aber nicht z. B. durch eine völlig andere Darstellung der Eingabemaske künstlich vergrößert werden. Folglich unterscheiden sich beide Systeme nur in der Benutzeroberfläche und nicht im darunter liegenden Auktionsmechanismus.

Das Experiment folgt dem so genannten Between-Subjects-Design, d. h. die Treatment-Variable wird nur zwischen den Treatments bzw. zwischen den Teilnehmern variiert und nicht während eines einzelnen Laufs. Somit werden die erfassten Variablen eines Teilnehmers einer Gruppe zugeordnet und dann mit einer anderen Gruppe verglichen - die Variablen eines Teilnehmers erscheinen also nur in einer Gruppe. Im Gegensatz dazu wird beim Within-Subjects-Design die Treatment-Variable während eines Laufs verändert, d. h. die gleichen Variablen werden bei einem Teilnehmer mehrfach unter verschiedenen Bedingungen oder bei verschiedenen Aufgaben erfasst.

Das Experimentdesign beschreibt die Art und die Anzahl der Treatment-Variablen, auf die sich das Experiment bezieht. Im gegebenen Fall ist nur die Treatment-Variable *System* mit den folgenden Ausprägungen relevant:

- S : meet2trade-System
- $\overline{S}$: Invite-System

Das Experiment war in ein größeres Projekt eingebettet[24], in dem neben dem Systemvergleich auch ein Vergleich zwischen Auktionen und Verhandlungen durchgeführt wurde. Die detaillierten Ergebnisse dieses Vergleichs aus der IS Perspektive finden sich an anderer Stelle (siehe [Yu07] und [ChKe07]). Für den Systemvergleich ist dieser ebenfalls durchgeführte Mechanismusvergleich zwar nicht relevant, die Daten der Verhandlungen lassen sich aber trotzdem sinnvoll nutzen. So kann die relative Größe der Unterschiede zwischen den Systemen besser eingeschätzt werden, wenn sie mit den Unterschieden, die sich durch ein anderes Marktmodell, d. h. andere Marktregeln innerhalb des gleichen Systems, ergeben, in Bezie-

---

[24] Projekt NorA - Negotiations or Auctions. Für nähere Informationen siehe
http://interneg.concordia.ca/centre/projects/nora/

hung gesetzt werden. Daher ist es sinnvoll, eine weitere Treatment-Variable *Mechanismus* einzuführen, die zwischen den Marktmodellen, im Folgenden auch Mechanismen genannt, unterscheidet:

- a : Auktion
- n : Verhandlung

Mit Auktion ist in diesem Fall eine multi-attributive englische Auktion gemeint, mit Verhandlung eine multi-bilaterale Verhandlung, d. h. eine Person verhandelt gleichzeitig bilateral mit mehreren Gegenparteien (siehe auch Kapitel 2). Die konkrete Implementierung des Auktionsmechanismus im Invite-System wird in den folgenden Ausführungen auch als Inauction sowie die Implementierung der Verhandlung in Invite als Imbins bezeichnet, um eine leichtere Unterscheidbarkeit zu gewährleisten.

Für jede Treatment-Variable existieren zwei Ausprägungen, somit ergeben sich, wenn man jeweils eine der Variablen konstant hält und die andere variiert, insgesamt vier mögliche Treatments: S_a, S_n, $\overline{S}_a$, $\overline{S}_n$

Da meet2trade in der aktuellen Version Verhandlungen noch nicht unterstützt, kann das Treatment S_n nicht gespielt werden. Hiermit verbleiben drei tatsächlich gespielte Treatments (siehe Abbildung 38).

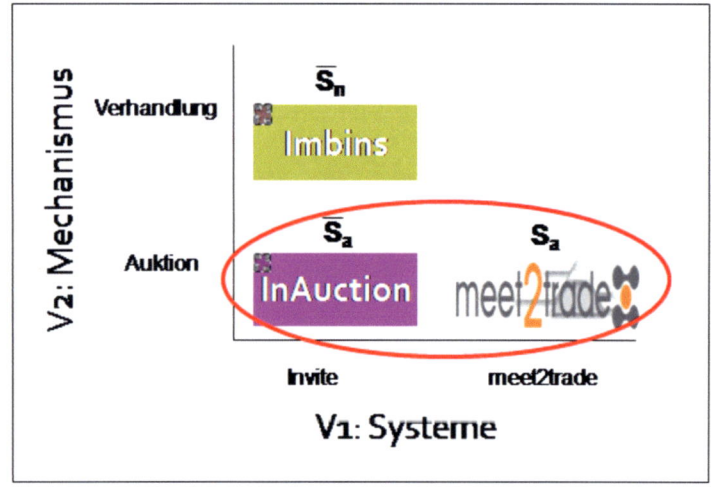

Abbildung 38: Treatments im Überblick

Daher ist eine direkte Gegenüberstellung des Systemeinflusses ($\overline{S}_a$ - S_a) mit dem Einfluss des Mechanismusses respektive der Marktregeln ($\overline{S}_a$ - $\overline{S}_n$) möglich. Im Vordergrund steht jedoch die genaue Betrachtung des systemseitigen Einflusses.

6.6 Durchführung des Experiments

Jedes der in Abschnitt 6.5 vorgestellten Treatments S_a, $\overline{S}_a$, $\overline{S}_n$ wurde in mehreren Sessions durchgeführt. Jede Session bestand aus einer bis sechs Gruppen mit jeweils drei Teilnehmern. Jede Gruppe nahm an genau einer Auktion, im Folgenden auch Instanz genannt, teil. Dabei liefen die einzelnen Auktionen vollkommen unabhängig voneinander ab. Daher war es möglich, die Anzahl der Instanzen pro Session in Abhängigkeit der zur Verfügung stehenden Teilnehmer zu variieren, d. h. je nach Anzahl der am jeweiligen Termin verfügbaren Teilnehmer wurde die Anzahl der Instanzen für eine konkrete Session zwischen eins und sechs festgelegt.

Jede Gruppe bestand wiederum aus drei Bietern, die die drei Agenten Mosico, Cory und Uli repräsentierten. Der Agent von Ms. Sonata, Fado, wurde nicht gespielt, da er aufgrund seiner Rolle nur das Ergebnis der Auktion abwarten musste und ihm somit keine Aktionsmöglichkeiten zur Verfügung standen. Die Rolle des Agenten Fado wurde daher von der Experimentalsoftware übernommen, d. h. die Auktionen für alle Gruppen wurden automatisch vom System mit der hinterlegten Nutzenfunktion für Fado gestartet. Danach übernahm der implementierte Auktionsmechanismus die Durchführung der Auktion, also die Auswertung der Gebote, die Bestimmung des Auktionsgewinners, die Anzeige auf dem Bildschirm sowie die Berechnung der Agentenprovisionen. Die Zuordnung der Teilnehmer zu den Rollen wurde durch das Los bestimmt. Die induzierten Nutzenfunktionen (siehe Abschnitt 6.3) waren in allen Sessions und in allen Treatments identisch. Somit war ein Vergleich der Ergebnisse zwischen sämtlichen Instanzen möglich. Insgesamt wurden 27 Instanzen im Treatment S_a, 28 Instanzen im Treatment $\overline{S}_a$ und 20 Instanzen im Treatment $\overline{S}_n$ erzielt. Tabelle 6 zeigt einen Überblick über die Verteilung der Teilnehmer und Instanzen auf die Treatments.

Session	Treatment	# Teilnehmer	# Gruppen / Instanzen
1	S_a	9	3
2	S_a	18	6
3	S_a	9	3
4	S_a	6	2
5	S_a	6	2
6	$\overline{S}_a$	6	2
7	S_a	6	2
8	$\overline{S}_a$	9	3
9	$\overline{S}_a$	12	4
10	$\overline{S}_a$	18	6
11	$\overline{S}_a$	9	3
12	$\overline{S}_a$	15	5
13	$\overline{S}_a$	15	5
14	S_a	9	3
15	S_a	9	3
16	S_a	9	3
17	$\overline{S}_n$	16	4
18	$\overline{S}_n$	16	4
19	$\overline{S}_n$	20	5
20	$\overline{S}_n$	12	3
21	$\overline{S}_n$	16	4

Tabelle 6: Verteilung der Instanzen und Teilnehmer

Das Experiment wurde im Zeitraum vom 5. Oktober 2006 bis zum 1. Dezember 2006 an der Concordia University in Montreal, Kanada durchgeführt. Die Teilnehmer hierfür wurden aus einer Undergraduate[25]-Vorlesung rekrutiert. Die Nutzung einer einzelnen Vorlesung[26] als Teilnehmerkreis hatte den Vorteil, dass die Teilnehmer einen relativ homogenen Bildungs- und Kenntnisstand besaßen. Die Teilnahme an dem Experiment war für die Studenten freiwillig, so dass von den etwa 600 in Frage kommenden Studenten ca. 300 am Experiment teilnahmen. Zur Motivation der Studenten wurde für die Teilnahme am Experiment ein geringer Notenbonus gewährt.

Der Notenbonus wurde aus Gründen der Fairness und um Beeinflussungen der Teilnehmer zu vermeiden unabhängig vom Erfolg während des Experiments gewährt, d. h. jeder Teilnehmer erhielt den gleichen Bonus unabhängig von dem erzielten Ergebnis. Damit musste eine andere Möglichkeit gefunden werden, die Präferenzen der Teilnehmer während des Experiments zu kontrollieren. In vielen Laborexperimenten wird zu diesem Zweck eine erfolgsabhängige Bezahlung der Experimentteilnehmer in lokaler Währung eingesetzt, da insbesondere bei abstrakten Szenarien so eine vergleichbar einfache Induzierung der gewünschten Präferenzen möglich ist (vgl. [Smit82, S. 931]). Diese Möglichkeit stand allerdings in diesem Fall nicht zur Verfügung, da eine Bezahlung der Vorlesungsteilnehmer für eine Studienleistung aus ethischen Gründen nicht möglich war. Da das vorgegebene Szenario im hier beschriebenen Experiment jedoch nicht abstrakt war, sondern ein konkreter Fall eingesetzt wurde, stellte die Beschreibung des Szenarios explizit eine Beziehung zwischen dem relativ abstrakten Nutzenwert und einer monetären Größe (Dollar) her. Daher war eine Bezahlung der Experimentteilnehmer hier auch nicht zwingend erforderlich, weil die Präferenzen bereits durch das konkrete Szenario klar definiert waren. Jeder Agent sollte in dem beschriebenen Szenario von seinem Unternehmen eine Provision in Höhe des zehnfachen Dollarbetrags seines Nutzenwertes erhalten, wenn er in der Auktion erfolgreich ist (siehe auch Abschnitt 6.3). Dieser Betrag wurde den Experimentteilnehmern zwar nicht ausbezahlt, jedoch wurde angenommen, dass die natürliche Präferenz von mehr Geld über weniger Geld dafür sorgt, dass die Teilnehmer versuchen, eine möglichst hohe virtuelle Provision zu erzielen und folglich möglichst gut im Experiment abzuschneiden, d. h. einen möglichst hohen Nutzen für die von ihnen gespielten Agenten zu erzielen. Um diesen Effekt noch zu verstärken und eine weitere Methode der Belohnung für erwünschtes Verhalten zu schaffen, wurde ein Gewinn in Form von fünf bezahl-

---

[25] Die Undergraduate Stufe bezeichnet im angelsächsischen Sprachraum den Studienabschnitt vor dem ersten akademischen Grad, welche i.d.R. durch den Bachelor Degree abgeschlossen wird.
[26] Die Vorlesung wurde aufgrund der großen Anzahl der Teilnehmer von mehreren Professoren zu verschiedenen Terminen gehalten. Die Professoren dieser Vorlesung waren an dem Experiment nicht beteiligt, um eine mögliche Beeinflussung der Teilnehmer außerhalb der beschriebenen Methoden der Incentivierung zu minimieren.

ten Praktika[27] ausgelobt, welche die Teilnehmer mit der höchsten erzielten virtuellen Provision erhielten.

Während es bei abstrakten ökonomischen Experimenten oftmals üblich ist, performanceabhängig in lokaler Währung zu zahlen (siehe oben), wurde der Sinn dieses Vorgehens in letzter Zeit auch von einigen Ökonomen in Frage gestellt, da es unter anderem zu einer Reduktion der intrinsischen Motivation der Teilnehmer führt. Dies gilt insbesondere bei nicht-abstrakten Experimenten wie dem hier vorgestellten. Siehe z. B. [GnRu00], [Read05] und [Gual05] für eine Diskussion dieser methodischen Frage. Weil die Praktika nur für die besten 5 von ca. 300 Studenten vergeben wurden, liegt hier ein so genanntes *Rank Order Tournament* vor. Dieses Anreizsystem hat sich in anderen Kontexten bereits als vielversprechend und als Anreiz zu kompetitivem Verhalten bewiesen (vgl. hierzu z. B. [LaRo81] sowie [LuWe07]). In der folgenden Beschreibung und Auswertung des Experiments wird von der Annahme ausgegangen, dass die Anreizstruktur - die für die Teilnehmer in allen drei Treatments identisch war - nicht zu einem systematischen Unterschied zwischen den Treatments führt. D. h., wenn ein Treatmenteffekt zu beobachten ist, kann er nicht durch die Anreizstruktur erklärt werden, sondern nur durch die Treatment-Variablen.

Die Rating-Werte und damit die Nutzenfunktionen der Experimentteilnehmer wurden wie in Abschnitt 6.3 beschrieben, fest vorgegeben. Diese induzierten Nutzenwerte waren in allen Sessions und Treatments identisch, damit ist ein paarweiser Vergleich der Ergebnisse und Teilnehmerstrategien zwischen den Sessions innerhalb eines Treatment und sogar zwischen den verschiedenen Treatments möglich.

6.7 Experimentablauf

Die Experimentalsitzungen wurden nach einem festen Ablaufplan durchgeführt. Nach dem Eintreffen der Teilnehmer wurden die Plätze im Experimentallabor nach dem Zufallsprinzip vergeben. Die Platzierung der Teilnehmer im Raum wurde dabei so gewählt, dass Teilnehmer einer Gruppe (d. h. einer Auktion bzw. Verhandlung) möglichst weit voneinander entfernt saßen, so dass eine unerwünschte Kommunikation zwischen den Teilnehmer ausgeschlossen war.

---

[27] Ein solches bezahltes Praktikum bestand aus der Möglichkeit bei der Konferenz GDN 2007 gegen Bezahlung mitzuarbeiten, sowie die kostenlose Teilnahme an der Konferenz samt Conference Dinner. Die Praktika wurden als Gewinn unabhängig von der Qualifikation bzw. dem Lebenslauf des Gewinners ausgelobt.

An jedem Platz befanden sich ein PC sowie ein Anleitungsdokument. Das Anleitungsdokument bestand aus mehreren Teilen (siehe Anhang C für die vollständigen Dokumente):

- Allgemeine Anleitung
- Öffentliche Informationen
- Private Informationen (Rollenbeschreibung)
- Erklärung des Mechanismusses (multi-attributive englische Auktion)
- Bedienungsanleitung für das jeweilige System

Nachdem alle Teilnehmer ihren Platz eingenommen hatten, wurde die Experimentalsitzung vom Facilitator, d. h. dem Experimentleiter, eröffnet. Um eine Beeinflussung der Teilnehmer durch einen voreingenommenen Experimentleiter zu vermeiden, wurden hier nur am Experimentdesign und der Programmierung nicht beteiligte Personen eingesetzt. Die Experimentleiter wurden vor dem Experiment speziell geschult und erhielten eine genaue Anleitung des Experimentablaufs (siehe Anhang D).

Zuerst mussten alle Teilnehmer auf Ihrem PC ein Teilnahmeformular ausfüllen (vgl. Anhang F) und Ihr Einverständnis mit den Bedingungen des Experiments bestätigen. Danach folgte für alle Teilnehmer ein Fragebogen, in dem ihre Fähigkeiten zur Konfliktlösung getestet wurden. Das Ausfüllen des Teilnahmeformulars (siehe Abbildung 39) und die Beantwortung des ersten Fragebogens wurden in allen Treatments mit Hilfe des Invite-Systems durchgeführt, da in diesem die nötigen Funktionalitäten bereits implementiert, sowie die nötigen Informationen hinterlegt waren. Daher erschien eine zusätzliche Implementierung dieses Schrittes in meet2trade als nicht sinnvoll. Die Daten dieses Fragebogens wurden für die hier beschriebene Experimentreihe nicht verwendet, sondern werden für zukünftige Datenanalysen des Interneg Research Center genutzt. Das Ausfüllen des Fragebogens dauerte ca. 15 Minuten. Anschließend wurden die allgemeine Anleitung sowie die öffentlichen Informationen zum besseren Verständnis vom Experimentleiter laut vorgelesen, was ungefähr 20 Minuten in Anspruch nahm. Die restlichen Teile der Anleitung wurden nicht vorgelesen, da diese entweder zwischen den Gruppen variierten (die verschiedenen Agenten der Musikfirmen hatten insbesondere verschiedene vorgegebene Ratings) oder vornehmlich grafischer Natur waren (Mechanismusbeschreibung, Bedienungsanleitung). Zum eigenständigen Lesen der restlichen Anleitungsdokumente wurde den Teilnehmern weitere 20 Minuten Zeit gegeben. Zur Überprüfung, ob die Teilnehmer die Anleitungsdokumente bzw. das Szenario verstanden hatten, wurde im

Anschluss ein Verständnisquiz in Form eines weiteren Fragebogens durchgeführt (siehe Abbildung 40).

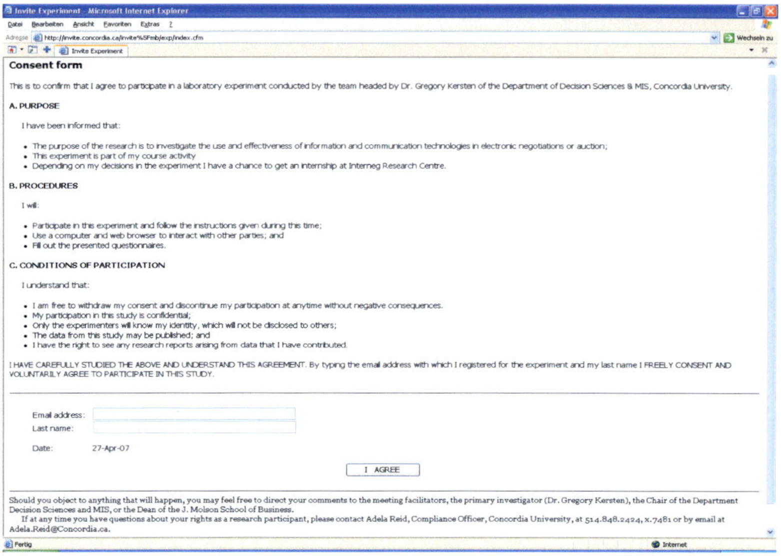

Abbildung 39: Teilnahmeformular

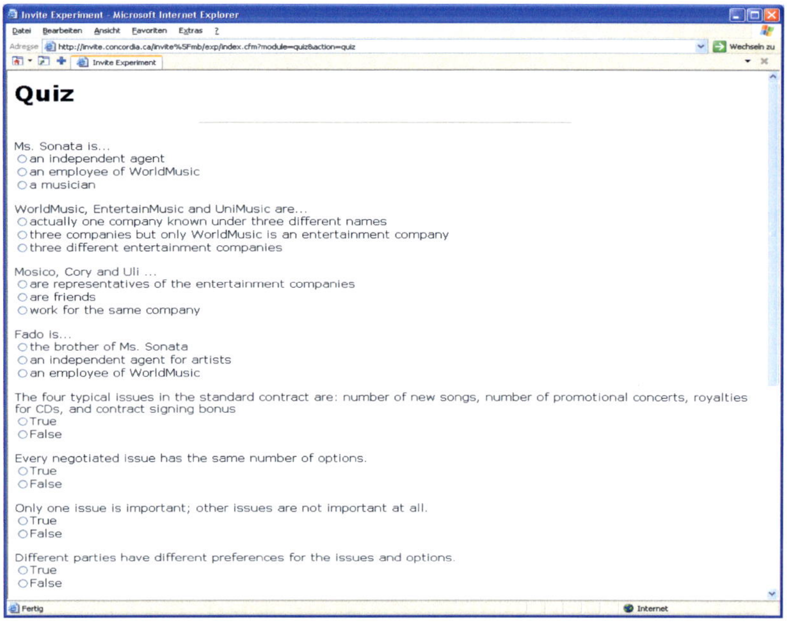

Abbildung 40. Fragebogen am Anfang des Experiments[28]

---

[28] Die Texte des Teilnahmeformulars und des Verständnisfragebogens am Anfang des Experiments finden sich zusätzlich in Anhang F.

Danach folgte die Durchführung der Auktion, in der die Teilnehmer 20 Minuten Zeit hatten, ihre Gebote abzugeben. Beim Treatment S_a schloss sich dazu nach Beendigung des Quiz-Fragebogens der Webbrowser mit der Invite-Applikation und gab den Blick auf die dahinter-liegende, bereits im Vorfeld gestartete meet2trade-Plattform frei. Diese empfing die Teilneh-mer mit einem Warte- und Informationsbildschirm (siehe Abbildung 41), welcher serverge-steuert auf allen Clients gleichzeitig zum Auktionsbildschirm umgeschaltet wurde, um sicher-zustellen, dass alle Teilnehmer die Auktion gleichzeitig beginnen konnten. Die Auktion konn-te dann von den Teilnehmern, wie in Abschnitt 6.4 beschrieben, bedient werden (vgl. Abbil-dung 42). Dabei konnte jeder Teilnehmer beliebig viele Gebote abgeben. Die Auktion wurde nach 20 Minuten automatisch beendet. Der Endzeitpunkt wurde am Beginn der Auktion be-kannt gegeben, im Experimentallabor an die Tafel geschrieben und zusätzlich in der Software angezeigt. Nach Ende der Auktion wurde jedem Teilnehmer ein individueller Informations-bildschirm angezeigt (siehe Abbildung 43), welcher die bei der Auktion verdiente virtuelle Provision (siehe Abschnitt 6.3) anzeigte. Nach Bestätigung dieses Informationsbildschirms mussten die Teilnehmer einen weiteren Fragebogen ausfüllen, in dem u. a. ihre Zufriedenheit mit der Auktion und dem jeweilig verwendeten System abgefragt wurde (siehe Abbildung 44). Eine genaue Beschreibung dieses Fragebogens findet sich in Abschnitt 8.2. Danach war die jeweilige Experimentsession beendet und die Teilnehmer konnten das Labor verlassen. Die nachfolgenden Abbildungen zeigen die verschiedenen Bildschirmmasken des meet2trade-Systems im Verlauf einer Experimentsession.

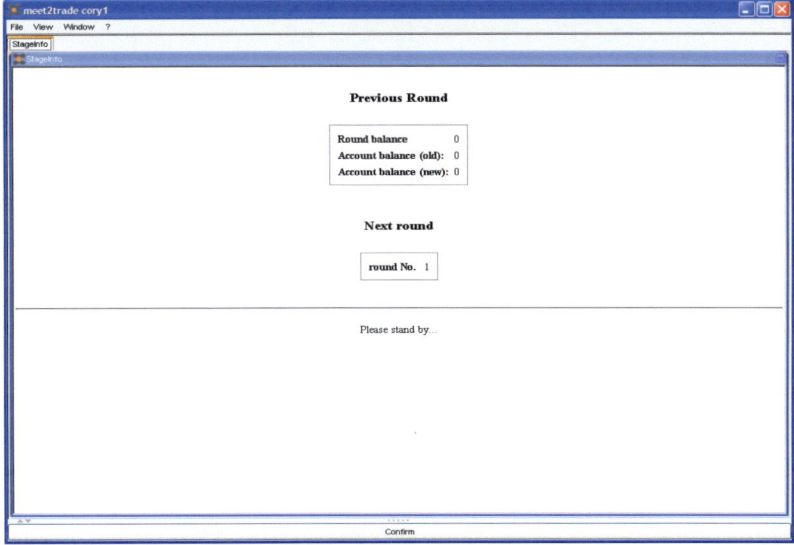

Abbildung 41: Warte- und Informationsbildschirm meet2trade

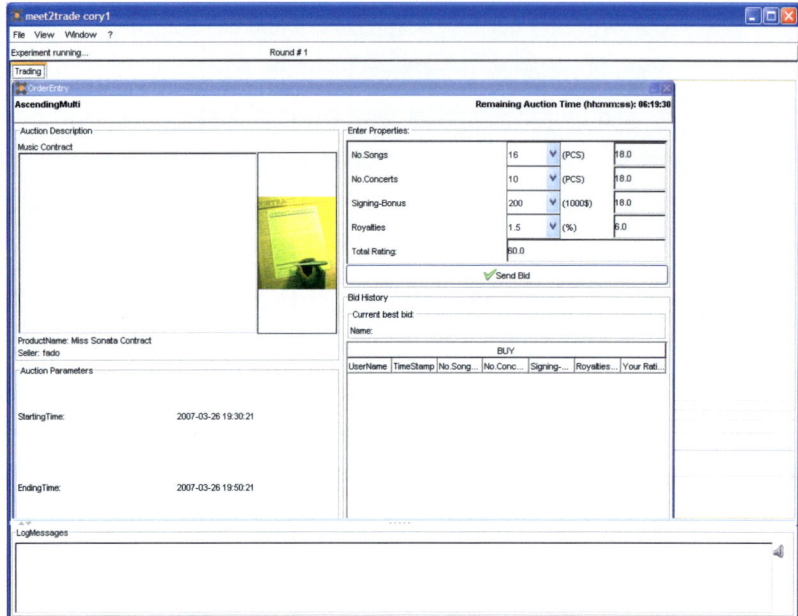

Abbildung 42: Laufende Auktion (meet2trade)

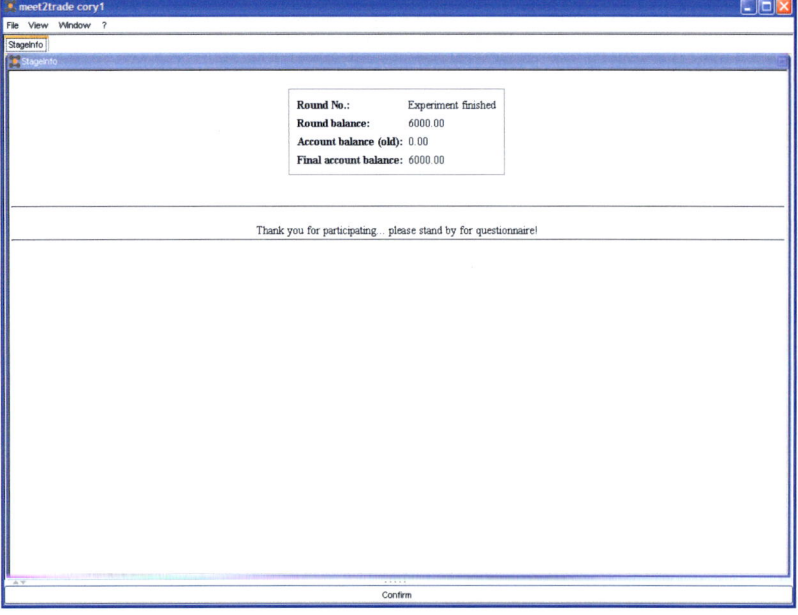

Abbildung 43: Informationsbildschirm am Ende der Auktion (meet2trade)

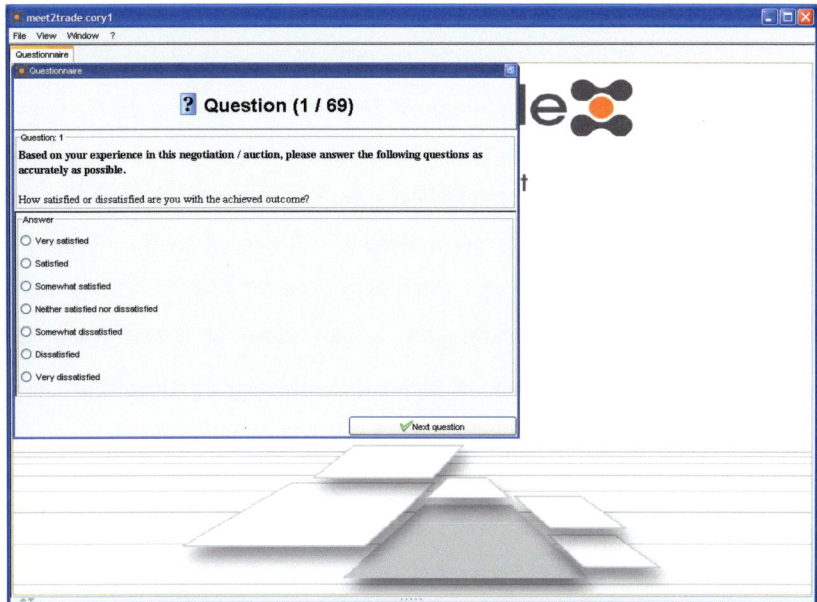

Abbildung 44: Fragebogen am Ende des Experiments (meet2trade)

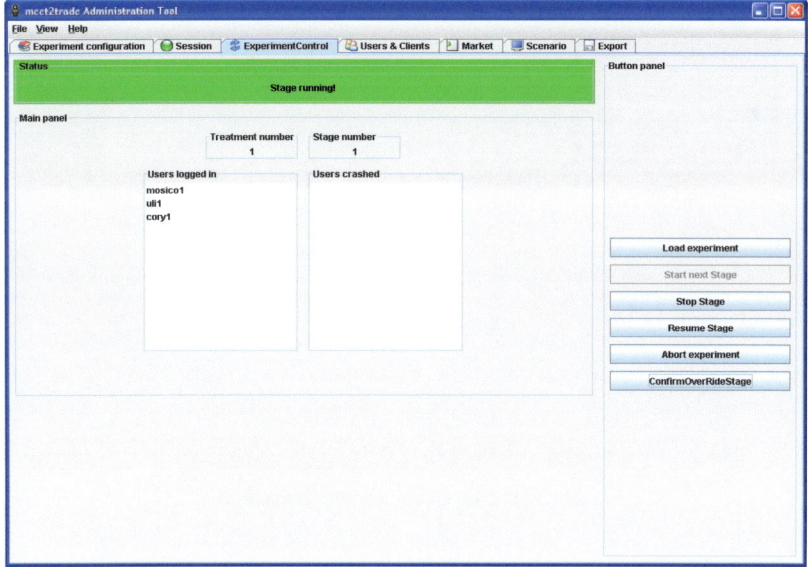

Abbildung 45: Administrationstool während des Experiments (meet2trade)

Beim Treatment $\overline{S}_a$ war der Ablauf weitgehend analog zum Treatment S_a. Nach dem Beantworten des ersten Fragebogens schloss sich allerdings das Browserfenster nicht, sondern die Invite- bzw. Inauction-Applikation wurde direkt im gleichen Fenster weitergeführt. Durch

die Realisierung als Web-Applikation existieren in Inauction zwei Ansichten - je eine zur Gebotsabgabe (siehe Abbildung 46) und eine für die Gebotshistorie (siehe Abbildung 47) - zwischen denen die Teilnehmer durch Anklicken der jeweiligen Funktion in der Navigationsleiste
umschalten mussten. Darüber hinaus konnten im Inauction-System technologiebedingt von
anderen Teilnehmern neu eingegangene Gebote nicht sofort angezeigt werden, sondern erst
nachdem die „Neuladen" Funktion des Browsers betätigt wurde oder der „Refresh" Link in
der Benutzeroberfläche angeklickt wurde. Nach dem Ende der Auktion schloss sich auch für
die Teilnehmer des Treatment $\overline{S}_a$ ein Fragebogen an. Dieser war bis auf einen Frageblock
zum zusätzlich in Invite vorhandenen Graphen zur Darstellung der Gebotshistorie identisch
zum Fragebogen des Treatment S_a. Nachfolgend sind die Bildschirmmasken des Inauction-
Systems während des Experiments dargestellt.

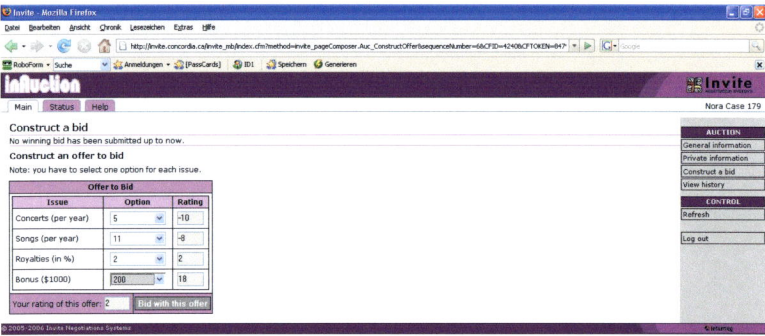

Abbildung 46: Gebotsabgabe (Inauction)

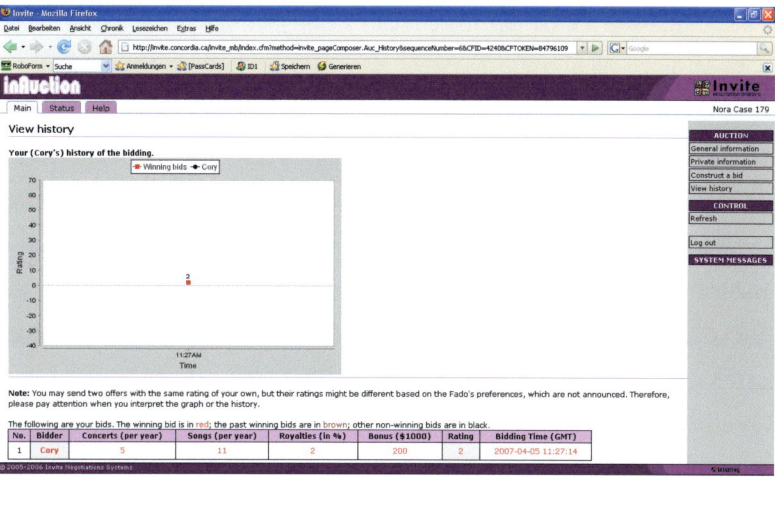

Abbildung 47: Gebotshistorie (Inauction)

Der Ablauf beim Treatment $\overline{S}_n$ war identisch mit dem Treatment $\overline{S}_a$, da bei beiden Treatments das Invite-System eingesetzt wurde. Daher gelten die bei Treatment $\overline{S}_a$ getroffenen Aussagen grundsätzlich auch hier. Allerdings gibt es kleinere Unterschiede bei den Funktionalitäten und der Bedienung des Systems, auf die jedoch bereits in Abschnitt 6.4 näher eingegangen wurde. Ein weiterer Unterschied zu den beiden Auktionstreatments war der längere zur Verfügung stehende Zeitraum von 60 Minuten für die Durchführung der Verhandlung. Dieser verlängerte Zeitraum wurde gewählt, da sich eine Verhandlung bedingt durch den erhöhten Kommunikationsbedarf und die manuelle Bearbeitung der Gebote durch einen stark erhöhten Zeitbedarf im Vergleich zur Auktion auszeichnet.

6.8 Nutzung des meet2trade Experimentalsystems

Um die Beschreibung des meet2trade Experimentalsystems aus Kapitel 5 anschaulicher zu gestalten und zu zeigen, dass das hier beschriebene Experiment vollständig mit den zur Verfügung stehenden Mitteln des MES erstellt werden kann, soll in diesem Abschnitt die Verwendung des MES im Rahmen des Experiments Schritt für Schritt erklärt werden.

Als erster Schritt müssen die für das Experiment benötigten Märkte im System angelegt werden. meet2trade bietet eine große Auswahl an single-attributiven ein- und doppelseitigen Auktionen an (siehe Kapitel 4 und auch [WeDi06]), sowie zusätzlich je eine ein- und eine doppelseitige multi-attributive Auktion (vgl. [GiMä06]). Im vorgehend beschriebenen Experiment werden multi-attributive englische Auktionen benötigt, welche in meet2trade als einseitiger Auktionstyp zur Verfügung stehen. Dazu muss zuerst ein Produkt mit den gewünschten Eigenschaften angelegt werden, da Märkte in meet2trade immer mit einem spezifischen Produkt fest verknüpft sein müssen. Das Produkt war im vorliegenden Fall der auszuhandelnde Vertrag mit den einzelnen Verhandlungspunkten (No. of Concerts, No. of Songs, Signing Bonus, Royalties) als Produkteigenschaften. Die in meet2trade vorhandene Implementierung multi-attributiver Auktionen unterstützt nur Eigenschaften mit diskreten Parameterausprägungen, was im vorliegenden Szenario jedoch ausreicht. Diskrete Eigenschaften werden in meet2trade, im Gegensatz zum in der Regel kontinuierlichen Parameter Preis der meisten single-attributiven Auktionen, durch die Nutzer anstatt über ein einfaches Eingabefeld über Auswahllisten („Dropdown-Menü") eingegeben (vgl. Abschnitt 6.6). Die Auswahlmöglichkeiten werden dabei beim Anlegen des Produkts durch einen Format-String konfiguriert (z. B. 1##2##3 für die Auswahlmöglichkeiten 1, 2 und 3).

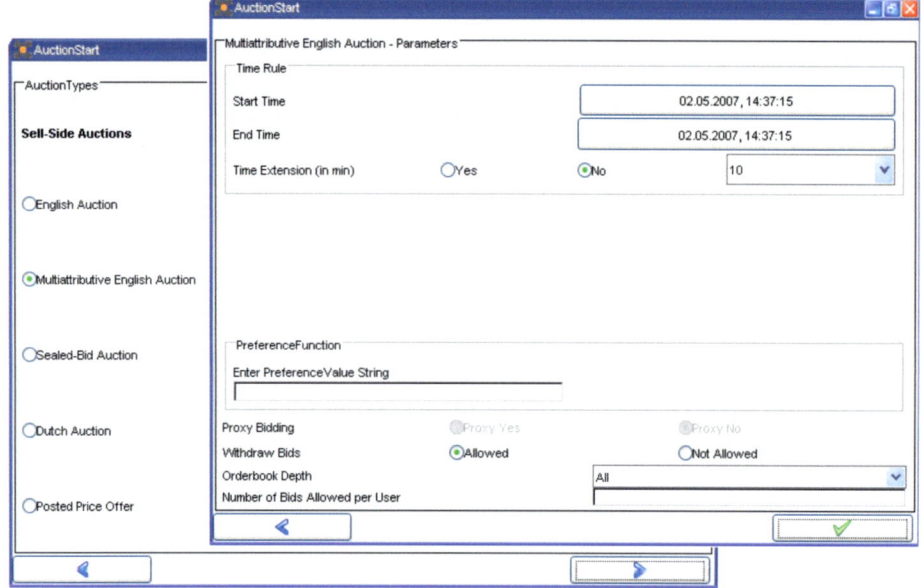

Abbildung 48: meet2trade Konfigurations-Wizard für einseitige Auktionen

Nach der Produktkonfiguration können die Auktionen mit dem regulären meet2trade-Client, welcher einen Konfigurations-Wizard (siehe Abbildung 48) für einseitige Auktionen anbietet, angelegt werden. Dabei müssen nur noch die Auktionslaufzeit sowie die Nutzenfunktion des Auktionators angegeben werden. Für diese existiert ein weiterer Format-String, welcher wie folgt aufgebaut ist:

$$@\,E_1\,@\,\lambda_{E_1} : A_{1,1} \_ \lambda_{A_{1,1}} : ... : A_{1,N} \_ \lambda_{A_{1,N}} ... @\,E_M\,@\,\lambda_{E_M} : A_{M,1} \_ \lambda_{A_{M,1}} : ... : A_{M,N} \_ \lambda_{A_{M,N}} ,\text{ wobei}$$

$E_1 - E_M$: Produkteigenschaften (z. B. No. of Concerts)

$A_{M,N}$: N-te Ausprägung der M-ten Produkteigenschaft

λ_{E_M} : Gewicht der Produkteigenschaft M

$\lambda_{A_{M,N}}$: Gewicht der Ausprägung N innerhalb der Produkteigenschaft M

Über die Gewichtungen der einzelnen Produkteigenschaften bzw. Ausprägungen lässt sich die Nutzenfunktion und damit die Präferenzstruktur des Auktionators in weiten Grenzen festlegen. Die genaue Präferenzstruktur für das durchgeführte Experiment findet sich in Abschnitt 6.3. Beim Anlegen der Auktionen werden diese vom System für die zukünftige Verwendung automatisch in der Datenbank gespeichert. Diese können dann zu einem späteren Zeitpunkt manuell über die Administrationsoberfläche oder während eines Experiments automatisch durch das Experimentalsystem geladen und gestartet werden. Für das beschriebene Experiment wurden sieben Auktionen angelegt, um bei drei Teilnehmern je Auktion maximal 21 Experimentteilnehmer gleichzeitig bedienen zu können.

Nachdem die Marktkonfiguration abgeschlossen ist, kann die eigentliche Experimentkonfiguration mittels des Experimentadministrations-Clients (siehe Abbildung 20) durchgeführt werden. Da die zentrale Experimentdatei auf weitere untergeordnete Konfigurationsdateien, vor allem für Oberflächenbeschreibungen und Fragebögen, angewiesen ist (vgl. Abschnitt 5.5), werden diese zuerst erstellt. Für die Erstellung der Oberflächenbeschreibungen wird die Möglichkeit des MES genutzt, diese mit Hilfe einer speziellen Version des regulären meet2trade-Clients zu erstellen, welche auf Knopfdruck innerhalb des Reiters *Screenpacks* des Administrationsclients aufrufbar ist. Dieser Client wird eingesetzt, um die in Abbildung 42 gezeigte Oberfläche zu erstellen und anschließend als XML-Repräsentation abzuspeichern. Um die so automatisch generierte Oberflächenbeschreibung im Experiment zu nutzen, muss dann nur noch eine Rahmendatei (screenpack.xml, siehe Abschnitt 5.5) erstellt werden, in der neben der Referenz auf die Oberflächendatei noch die Experimentanleitung als Hilfedokument in HTML-Form sowie der Hinweistext für den Informationbildschirm vor Beginn der Experimentrunde hinterlegt werden (siehe Abbildung 49).

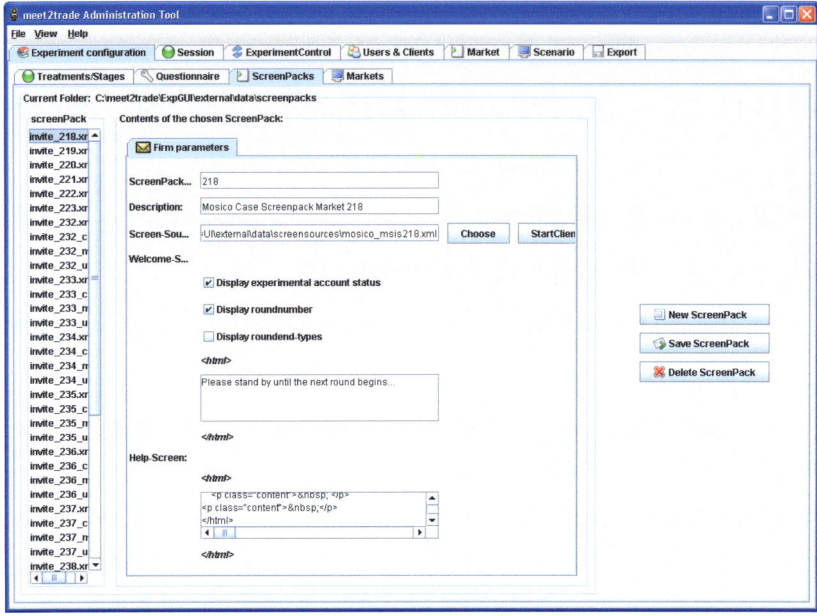

Abbildung 49: MES Administrationsclient - Erstellung der screenpack.xml

Als nächster Schritt ist der das Experiment abschließende Fragebogen (siehe Abschnitt 8.2) zu erstellen. Hierzu kommt der im MES enthaltene Editor unter dem Reiter *Questionnaire* zum Einsatz (vgl. Abbildung 50), um die Fragetexte sowie die möglichen Antworten komfortabel zu erfassen und als questionnaire.xml abzuspeichern.

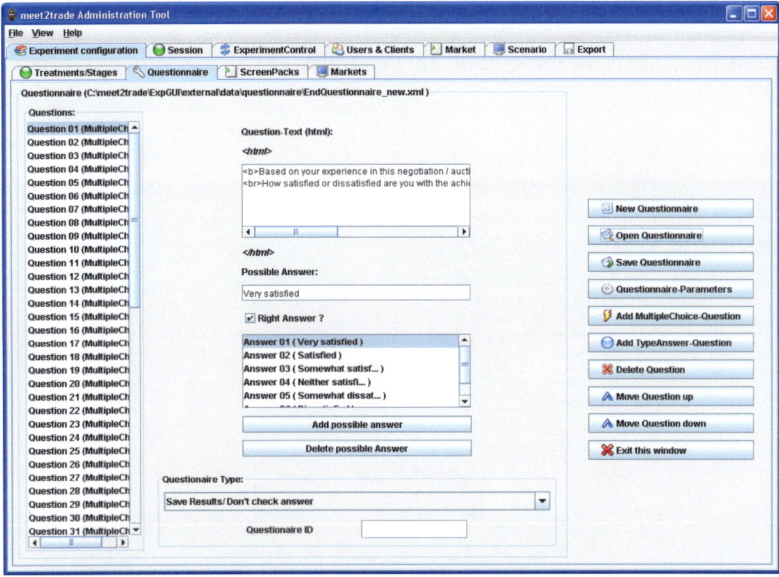

Abbildung 50: MES Administrationstool - Erstellung der questionnaire.xml

Nach der Erstellung dieser sekundären XML-Dateien kann ein neues Experiment angelegt werden (experiment.xml), welches anschließend noch mit Parametern gefüllt werden muss. Dabei wird systematisch von der obersten bis zur untersten Parameterebene vorgegangen (siehe auch Abschnitt 5.4). Auf oberster Ebene (Experiment) wird der Experimentname, die Teilnehmer-Logins sowie die Referenzen auf die zuvor erstellen Screenpack- und Question-naire-Dateien eingetragen. Für die mögliche Maximalbelegung des zur Verfügung stehenden Experimentallabors werden 21 Logins, d. h. jeweils sieben für jeden Agententyp angelegt (mosico1 - mosico7, cory1 - cory7 und uli1 bis uli7). Auf der nächsten Ebene - der Treat-ment-Ebene - müssen nur der Endfragebogen und die insgesamt im Experiment zur Verfü-gung stehenden Produktkategorien (**Product Categories**) ausgewählt werden. Hier wird nur eine Produktkategorie (Contract) passend zu den gespielten Auktionen angegeben.

Da bei dem Experiment nur eine Runde gespielt wird, muss unterhalb der Treatment-Ebene auch nur eine Stage (Rundenbezeichnung im MES, siehe Kapitel 5 für diese und die im Fol-genden weiter genutzte Nomenklatur) angelegt werden. In der Baumansicht (siehe Abbildung 51) erscheinen dann die 21 User automatisch unterhalb der angelegten Stage 1. Auf der Stage-Ebene muss dann die Rundendauer in Millisekunden, sowie die während der Runde insgesamt zur Verfügung stehenden Märkte bzw. Auktionen festgelegt werden. Als Rundendauer wird 132000 ms, entsprechend 22 Minuten, festgelegt, da nach Ablauf der eigentlichen Auktions-zeit von 20 Minuten noch zwei Minuten ohne Interaktionsmöglichkeit zur Betrachtung des

Auktionsergebnisses zur Verfügung stehen sollen. Als Märkte werden die vorher angelegten sieben einseitigen Auktionen angegeben, die durch ihre eindeutige MarktID referenziert werden.

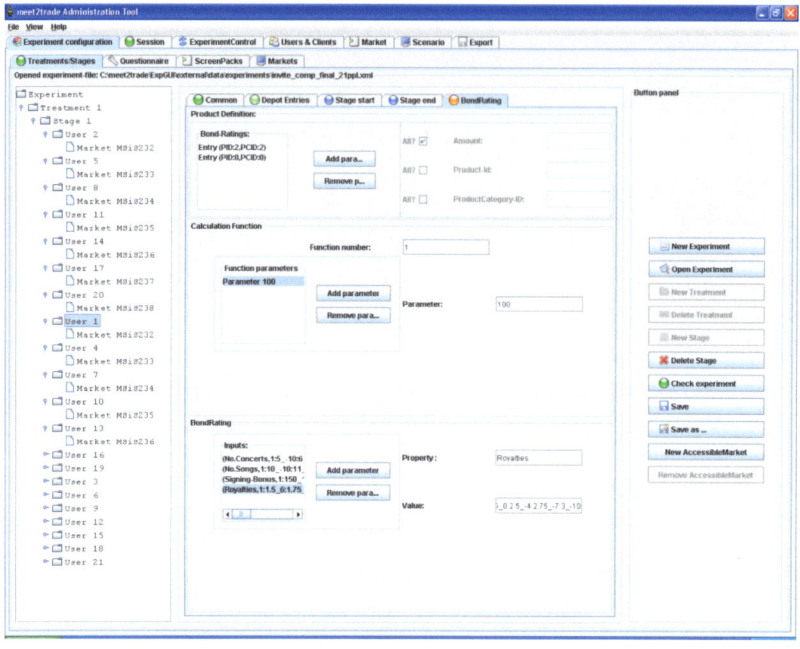

Abbildung 51: MES Administrationstool Baumansicht (User-Ebene)

Auf der User-Ebene werden alle teilnehmerspezifischen Parameter konfiguriert. Dazu gehören insbesondere die genutzte Bildschirmmaske (**Screenpack**, Auswahl aus der vorher konfigurierten Liste von Referenzen auf die Bildschirmbeschreibungsdateien, s.o.), der Fragebogen am Anfang der Runde (**Questionnaire**, hier nicht genutzt, da Invite für diesen eingesetzt wurde), das Depot für die Runde (**Depot Entries**, hier nicht erforderlich, da nicht mit Geld gehandelt wurde und die Agenten einen Vertrag aushandeln sollten), eventuell verschobene user-spezifische Rundenzeiten (**Stage Start/End**, hier ebenfalls nicht genutzt), die Wertschätzungen der Teilnehmer (**Bond Ratings**) sowie die dem einzelnen Teilnehmer individuell zur Verfügung stehenden Auktionen (**Accessible Markets**). Da es sich bei den Auktionen um multi-attributive Auktionen handelt, müssen keine Wertschätzungen sondern stattdessen Nutzenfunktionen (bzw. Rating-Werte) eingetragen werden. Die Angabe der Nutzenfunktionen an dieser Stelle dient dem Experimentalsystem zur Berechnung der Saldi der Experimentalkonten. Da im gewählten Szenario die Agenten den hundertfachen Rating-Wert als Provision erhalten sollen, wird der Korrekturfaktor 100 als **Calculation Function Parameter** angegeben. Die Spezifikation der Teilnehmernutzenfunktionen erfolgt dabei analog zu dem weiter oben beschriebenen Format für die Nutzenfunktion des Auktionators mit dem einzigen Unterschied, dass bei den Teilnehmern der Nutzen für die einzelnen Produkteigenschaften nicht in einer Zeile, sondern für jede Produkteigenschaft separat in jeweils einer Zeile angegeben werden. Als teilnehmerspezifischer Markt wird für jeden Teilnehmer nur diejenige Auktion eingetragen, an der er teilnehmen soll, d. h. zum Beispiel die erste Auktion für die Teilnehmer mosico1, cory1 und uli1. Auf dieser Marktebene muss von den zur Verfügung stehenden Parametern nur die Eingabefeldkonfiguration vorgenommen werden (**Textfield Configuration**). Die Textfield Configuration beschreibt bei single-attributiven Auktionen einen regulären Ausdruck, mit dem die Eingaben der Teilnehmer in den Freitextfeldern überprüft werden, zum Beispiel um nur Zahlen zuzulassen oder nur bestimmte Wertebereiche. Für die in diesem Experiment verwendeten multi-attributiven Auktionen wird als Textfield Configuration kein regulärer Ausdruck, sondern wieder eine Teilnehmernutzenfunktion eingegeben. Diese wird, sofern vorhanden, vom System genutzt, um in den Clients der Teilnehmer während des Experiments eine automatische Berechnung und Anzeige der Nutzenwerte (bzw. hier Rating-Werte) zu ermöglichen (siehe zum Beispiel Abbildung 30).

Nach der Eingabe aller relevanten Parameter musste schließlich eine Sessiondatei (session.xml) angelegt werden, in der die tatsächlichen Experimentteilnehmer erfasst werden. Da die Teilnehmerverwaltung in diesem Experiment außerhalb von meet2trade in Invite erfolgte, wurde nur eine Sessiondatei mit Platzhaltern als Namen angelegt. Diese Sessiondatei konnte dann im Teil *Experiment Control* des Administrationsclients geladen und anschließend das Experiment gestartet und gesteuert werden (siehe Abbildung 45).

Die Konfiguration von Invite für das Experiment erfolgte durch manuelles Einpflegen des Prozesses, der verwendeten HTML- und Cold Fusion-Seiten und der sonstigen benötigten Daten (Nutzenfunktionen etc.) in die Invite Datenbank. Danach konnte das Invite Administrationstool genutzt werden, um die Teilnehmer, die Auktionsinstanzen und die Experimentsessions zu verwalten. Weitergehende Informationen zur Konfiguration von Invite im Allgemeinen finden sich in [StKe06] und [KeSt04], sowie zur Konfiguration der multi-attributiven englischen Auktion in [Yu07].

7 Ergebnisse - objektive Daten

7.1 Statistische Auswertung der Experimentergebnisse

Während des Experiments wurden sämtliche Daten (Gebote, Antworten, Ergebnisse) aufgezeichnet und für jedes System separat in einer Datenbank abgelegt (siehe auch Kapitel 5 und Kapitel 3). Für die Auswertung wird zwischen objektiven Daten und subjektiven Wahrnehmungen der Teilnehmer unterschieden. Als objektive Daten werden hier alle während der eigentlichen Auktion angefallenen Daten bezeichnet, d. h. also sämtliche Gebote, Auktionsergebnisse, Kontostände, Zeiten etc., da diese Daten als objektive Abbildung der Auktionsgeschehnisse interpretiert werden können. Die subjektiven Wahrnehmungen stellen im Gegensatz dazu die nach der Auktion von den Teilnehmern per Fragebogen abgegebenen subjektiven Empfindungen bzw. Meinungen über die Auktionsgeschehnisse, -ergebnisse und die Systeme dar.

Die Datenanalyse basiert auf den Beobachtungen der in Abschnitt 6.6 beschriebenen 16 Sessions mit insgesamt 55 Instanzen und 165 Teilnehmern (Treatments S_a und $\overline{S}_a$). Zum Vergleich der Größenordnung der durch das Systemdesign verursachten Effekte mit den durch den Mechanismus ausgelösten Veränderungen werden weitere fünf Sessions mit 20 Instanzen und 80 Teilnehmern hinzugenommen (Treatment $\overline{S}_n$). Da jeder Teilnehmer während einer Auktion beliebig viele Gebote abgeben konnte, variiert die Anzahl der Gebote stark zwischen den einzelnen Instanzen und sogar zwischen den Treatments. Insgesamt wurden 3467 Gebote aufgezeichnet, von denen allerdings nur 472 erfolgreich waren, d. h. hoch genug waren, um die vorherigen Gebote zu überbieten. Alle 55 durchgeführten Auktionen wurden mit mindestens einem erfolgreichen Gebot beendet, somit wurden 55 Auktionsergebnisse aufgezeichnet. In jeder Session wurde nur eine einzige Runde gespielt, folglich spielten Lerneffekte hier keine Rolle.

Zur Auswertung der objektiven Daten werden Standardmethoden der deskriptiven Statistik angewandt, auf die im Text jeweils hingewiesen wird und auf die hier nicht weiter eingegangen werden soll. Um die Unterschiede zwischen den verschiedenen Treatments zu evaluieren, werden verschiedene statistische Tests eingesetzt. Diese werden mit Hilfe von Excel und der

Statistikerweiterung WinStat[29] durchgeführt, wobei Winstat die bei Excel fehlenden Funktionalitäten für den Mann-Whitney-U-Test und den Chi-Quadrat-Test bereitstellt. Um zu untersuchen, ob zwei unabhängige Gruppen aus derselben Population stammen, bieten sich der t-
Test sowie der Mann-Whitney-U-Test (äquivalent zum Wilcoxon-Ranksummen-Test, siehe
[MaWh47] sowie [Wilc49]) an. Da der t-Test als Voraussetzung für seine Anwendung normalverteilte Daten vorsieht, was im vorliegenden Fall aber nicht garantiert werden kann, wird
hier der verteilungsfreie Mann-Whitney-U-Test vorgezogen. Beim Mann-Whitney-U-Test
werden die Beobachtungen der beiden Gruppen zusammengefasst und anschließend eine ge-
meinsame Rangliste aus allen Werten gebildet. Dann wird die Prüfgröße U bestimmt, indem
für beide Gruppen einzeln die Rangsumme aus der gemeinsamen Liste gebildet wird. Bei der
Untersuchung der subjektiven Daten aus den Antworten auf die Fragebögen wird der Chi-
Quadrat-Unabhängigkeits-Test genutzt, da dieser sich für Daten, die als Häufigkeiten innerhalb diskreter Gruppen vorliegen, anbietet. Siehe auch [Shes04] für eine ausführliche Diskussion der verwendeten Tests sowie ihrer Voraussetzungen und Methodiken.

Bei den subjektiven Daten wird zusätzlich zu den deskriptiven Methoden eine Kausalanalyse
basierend auf dem PLS-Ansatz (Partial Least Squares) durchgeführt. Mit dieser Methode ist
es möglich, Zusammenhänge zwischen den einzelnen abgefragten Wahrnehmungen sowie
zwischen den objektiven Ergebnissen des Experiments und der Wahrnehmung der Teilnehmer
zu ermitteln.

7.2 Objektive Daten

Wie bereits in Abschnitt 6.1 angesprochen, liegt die Vermutung nahe, dass die Ausgestaltung
insbesondere der Oberfläche eines Handelssystems Einfluss auf das Marktergebnis und darüber hinaus auch auf die Zufriedenheit der Teilnehmer haben könnte. Trotzdem wird dieser
Einflussfaktor bei den meisten Untersuchungen von Märkten vollständig außer Acht gelassen.
Daher wird im in Kapitel 6 beschriebenen Experiment untersucht, ob und in welcher Höhe ein
Einfluss der Benutzeroberfläche des Handelssystems im Marktergebnis tatsächlich feststellbar
ist.

Im Folgenden werden zuerst die objektiven Daten betrachtet, als die hier alle Daten, die während des Experiments anfallen und vom System aufgezeichnet werden, sowie daraus abgelei-

---

[29] Siehe http://www.winstat.com

tete Größen, bezeichnet werden. Hierzu gehören insbesondere die Ergebnisse der Auktion, d. h. das erzielte Maximalgebot, die daraus entstehenden Nutzenwerte für die Teilnehmer, die erzielte Wohlfahrt, sowie das Bietverhalten der Teilnehmer. Zur Untersuchung der Unterschiede zwischen den Systemen werden zuerst Hypothesen aufgestellt, die sich aus den unterschiedlichen Systemeigenschaften ergeben und anschließend mit Hilfe der vom System aufgezeichneten Daten überprüft. Dazu werden für beide Treatments jeweils die Durchschnittswerte für die relevanten Zielgrößen ermittelt und anschließend mittels statistischer Tests (siehe Abschnitt 7.1) auf signifikante Unterschiede untersucht.

7.2.1 Hypothesen

Da es sich bei den verwendeten Clients zur Bedienung des jeweiligen Systems bei Invite (und somit auch beim darauf basierenden Inauction) um eine reine Web-Applikation und bei meet2trade um eine Java-basierte Client-Applikation handelt, liegt der Schluss nahe, dass sich die daraus ergebenden unterschiedlichen Bedienkonzepte und Möglichkeiten auch auf das Verhalten der Teilnehmer auswirken. Die beiden Oberflächen unterscheiden sich außer im Design insbesondere in der Navigation und der Datenaktualisierung. So sind alle wichtigen Funktionalitäten in meet2trade gleichzeitig auf dem Bildschirm in einer integrierten Ansicht verfügbar, so dass Gebotshistorie und Gebotseingabemaske stets gleichzeitig sichtbar sind (vgl. Abbildung 33), während in Inauction die beiden Funktionalitäten auf verschiedenen Webseiten zu finden sind, zwischen welchen mit Hilfe der Navigationsleiste umgeschaltet werden muss (siehe Abbildung 32). Des Weiteren werden die in der Oberfläche angezeigten Daten der Gebotshistorie in meet2trade automatisch und ohne Zeitverzögerung vom System aktualisiert, sobald ein neues Gebot eingeht. Beim Inauction-System ist dagegen eine Aktion des Benutzers nötig, um eine Datenaktualisierung auszulösen. Dazu muss entweder die „Neuladen" Funktionalität des Webbrowsers genutzt oder die Funktion „Refresh" in der Navigationsleiste angewählt werden.

Somit lässt sich vermuten, dass durch die integrierte Oberfläche ohne Notwendigkeit des Umschaltens zwischen den Funktionalitäten und die sofortige Datenaktualisierung, sowie die dadurch mögliche schnellere Bedienung im meet2trade-System insgesamt mehr Gebote pro Teilnehmer abgegeben werden als im Inauction-System. Durch die insgesamt größere Anzahl der abgegeben Gebote ist folglich auch die Anzahl erfolgreicher[30] Gebote höher. Somit lauten die ersten beiden Hypothesen[31]:

Hypothese 1a: Im meet2trade-System werden durchschnittlich mehr Gebote pro Teilnehmer abgegeben als im Inauction-System.

Hypothese 1b: Im meet2trade-System werden durchschnittlich mehr erfolgreiche Gebote pro Teilnehmer abgegeben als im Inauction-System.

Da die genauen Präferenzen des Auktionators nicht bekannt waren, sondern nur sehr unpräzise Informationen über dessen Nutzenfunktion vorlagen (siehe Abschnitt 6.3), waren die Teilnehmer oft gezwungen, mehrere plausibel erscheinende Kombinationen aus den verschiedenen Attributen auszuprobieren, um ein Gebot zu erzielen, welches bestehende Gebote überbieten konnte. Aufgrund der Möglichkeit in meet2trade schneller und einfacher eine größere Anzahl von Geboten abzugeben und das Ergebnis sofort ohne Umzuschalten in der Gebotshistorie zu sehen, liegt der Schluss nahe, dass in meet2trade mehr Möglichkeiten durchprobiert werden, um ein möglichst vorteilhaftes Gebot abgeben zu können. Vorteilhaft bedeutet in diesem Fall, dass das Gebot hoch genug sein muss, um die vorherigen Gebote zu überbieten, gleichzeitig aber für den Bietenden trotzdem einen möglichst hohen Nutzen erzielen soll. Da es eine große Anzahl von Kombinationsmöglichkeiten gibt und die Nutzenfunktionen von Auktionator und Bietern näherungsweise gegenläufig verlaufen, ist die Wahrscheinlichkeit für Fehlversuche beim Ausprobieren hoch. Daher müsste die erhöhte Neigung, verschiedene Gebote durchzuprobieren, bei meet2trade auch zu einem höheren Verhältnis von nicht erfolgreichen Geboten zur Gesamtzahl der Gebote führen. Folglich lautet die nächste Hypothese:

Hypothese 2: Der durchschnittliche Anteil an nicht erfolgreichen Geboten pro Teilnehmer an der Anzahl der gesamten Gebote pro Teilnehmer beim meet2trade-System liegt höher als beim Inauction-System.

---

[30] Als erfolgreich werden hier Gebote bezeichnet, die höher als die vorher abgegebenen Gebote sind und damit zumindest zeitweise die Führung in der Gebotshistorie übernehmen. Ein erfolgreiches Gebot gewinnt die Auktion, wenn es zum Zeitpunkt des Ablaufens der Auktion an oberster Stelle der Gebotshistorie steht, somit ist es in diesem Fall das letzte erfolgreiche Gebot in der Auktion. Es wird auch als das Höchstgebot der Auktion bezeichnet.
[31] Die in diesem Kapitel aufgestellten Hypothesen sind zur Wahrung einer besseren Lesbarkeit positiv formuliert und drücken somit die ökonomischen bzw. technischen Vermutungen aus. Im Gegensatz dazu wird bei der Durchführung der Signifikanztests die der aufgestellten ökonomischen Behauptung entgegengesetzte Nullhypothese getestet.

Weiterhin lässt sich vermuten, dass sich die höhere Anzahl von erfolgreichen Geboten auch auf das Auktionsergebnis auswirkt. Wenn mehr erfolgreiche Gebote pro Teilnehmer abgegeben werden, entsteht ein größerer Wettbewerb innerhalb der Auktion, was wiederum zu einem niedrigeren Ergebnis für die Bieter und zu einem besseren Ergebnis für den Auktionator führt. Daraus ergeben sich die nächsten beiden Hypothesen:

Hypothese 3a: Im meet2trade-System liegt der durchschnittliche Nutzen pro Bieter niedriger als im Inauction-System.

Hypothese 3b: Im meet2trade-System liegt der durchschnittliche Nutzen für den Auktionator höher als im Inauction-System.

Bei rational handelnden Bietern sollten in einer Auktion nur Gebote auftreten, die dem Bieter auch einen positiven Nutzen stiften. Allerdings haben Untersuchungen gezeigt, dass in der Realität auch oft überboten wird, d. h. Gebote abgegeben werden, die mit einem negativen eigenen Nutzen verbunden sind. Dieses Phänomen kann zum Beispiel durch so genanntes Bietfieber ausgelöst werden, wo die besondere Konkurrenzsituation in einer Auktion, der Zeitdruck sowie psychologische Faktoren wie zum Beispiel der Attachment-Effect dazu führen, dass erheblich höher geboten wird als eigentlich beabsichtigt (vgl. Abschnitt 3.3 sowie [Ku00] zum Bietfieber, sowie [Gimp07] zum Attachment-Effect). Aus der bei meet2trade höheren Anzahl der insgesamt abgegebenen Gebote und der vermuteten größeren Neigung Gebote auszuprobieren lässt sich daher folgern, dass mehr irrationale Gebote abgegeben werden, d. h. dass die Nutzer durch zu viel Ausprobieren oder durch Auftreten von Bietfieber eher dazu zu neigen, zu überbieten. Daher lautet die Hypothese:

Hypothese 4: Beim meet2trade-System ist die Tendenz zu überbieten größer, d. h. es werden durchschnittlich mehr Gebote mit negativem Nutzen für den Bieter abgegeben als beim Inauction-System.

Schließlich lässt sich aus der Möglichkeit des schnelleren Bietens bei meet2trade folgern, dass die Auktion bei meet2trade schneller konvergiert als bei Inauction, d. h. dass das Höchstgebot der Auktion schneller erreicht wird. Die letzte Hypothese lautet daher:

Hypothese 5: Im meet2trade-System wird das Höchstgebot der Auktion schneller erreicht als im Inauction-System.

Aus technischen Gründen wird die Zeitdauer bis zum Erreichen des Höchstgebots ab der Abgabe des ersten Gebotes und nicht ab dem Start der Auktion gemessen. Diese Messmethode verhindert zudem einen systematischen Vorteil für meet2trade, da hier die Gebotsmaske sofort zur Verfügung steht, während in Inauction zuerst zu dieser Maske navigiert werden muss, bevor ein Gebot abgegeben werden kann.

7.2.2 Bietverhalten

Die Betrachtung der Anzahl der abgegebenen Gebote bei beiden Systemen ergibt das folgende Bild:

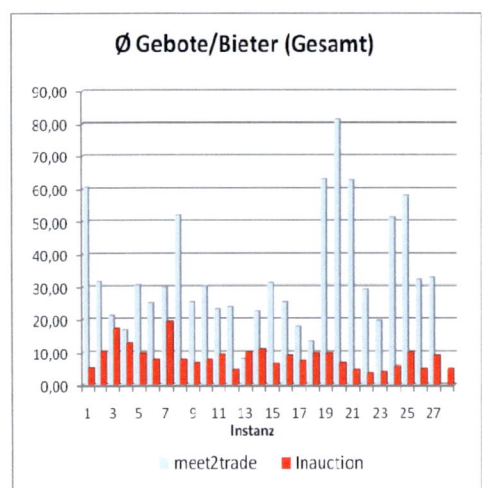 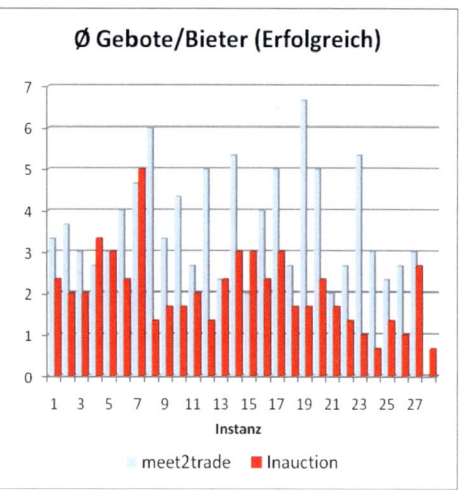

Abbildung 52: Anzahl Gebote

Wie in Abbildung 52 zu erkennen ist, wurde bei meet2trade in sämtlichen Instanzen sowohl bei den Geboten insgesamt als auch bei den erfolgreichen Geboten eine erheblich höhere Anzahl erzielt. Die Durchschnittswerte aller vorhandenen Instanzen der beiden Treatments sowie die Ergebnisse der Signifikanztests sind in Tabelle 7 zusammengefasst. Zusätzlich wurde noch der Anteil der erfolgreichen Gebote an den insgesamt abgegebenen Geboten ermittelt.

	Inauction (n=28)	meet2trade (n=27)	Unterschied Signifikant[32]
Ø Anzahl Gebote/Bieter	8,42 (7,67)	34,11 (30,00)	Ja, p<0,001
Ø Anzahl erfolgreicher Gebote/Bieter	2,06 (2,00)	3,68 (3,33)	Ja, p<0,001
Anteil erfolgreicher Gebote in % (auf Ø -werten basierend)	24,4	10,8	Ja, p<0,001

Tabelle 7: Durchschnittliche Anzahl Gebote[33]

Wie der Tabelle zu entnehmen ist, wurden im meet2trade-System sowohl insgesamt als auch bei den erfolgreichen Geboten signifikant mehr Gebote abgegeben als in Inauction. Somit können die Hypothesen 1a und 1b angenommen werden. Weiterhin zeigt sich, dass der Anteil erfolgreicher Gebote bezogen auf die Anzahl der insgesamt abgegebenen Gebote bei Inaucti-on wie vermutet deutlich höher ausfällt als bei meet2trade. Daher kann auch die Hypothese 2 bestätigt werden.

Tabelle 8 und Abbildung 53 stellen zusätzlich die Aufteilung der Gebote auf die einzelnen Agententypen (Mosico, Uli, Cory) dar:

	Inauction (n=28)			meet2trade (n=27)		
	Ø Gebote/ Bieter Gesamt	Ø Erfolgr. Gebote/ Bieter	Anteil Erfolgreich (%)	Ø Gebote/ Bieter Gesamt	Ø Erfolgr. Gebote/ Bieter	Anteil Erfolgreich (%)
Mosico	8,18	1,79	22,8	41,89	3,44	8,2
Uli	9,21	2,21	23,1	34,00	3,44	10,1
Cory	7,89	2,18	26,3	26,44	4,15	15,7

Tabelle 8: Anzahl Gebote pro Agententyp

---

[32] Die Signifikanz des Unterschieds zwischen den beiden Stichproben (meet2trade, Invite) wurde mit Hilfe des Mann-Whitney-U-Tests ermittelt. Die dazu formulierten Nullhypothesen lauteten jeweils, dass beide Stichpro-ben aus einer Grundgesamtheit stammen. Die Nullhypothesen wurden auf dem in der Tabelle genannten Signifi-kanzniveau abgelehnt (2-seitiger Test).
[33] Um dem Umstand Rechnung zu tragen, dass ein Teil der untersuchten Daten nicht normalverteilt vorliegt, werden jeweils in Klammern neben den Durchschnittswerten zusätzlich auch die Mediane angegeben.

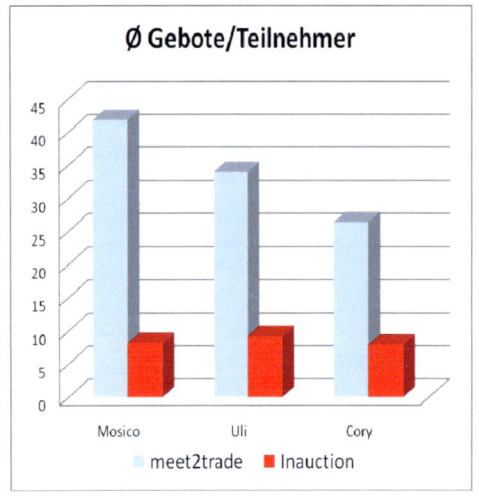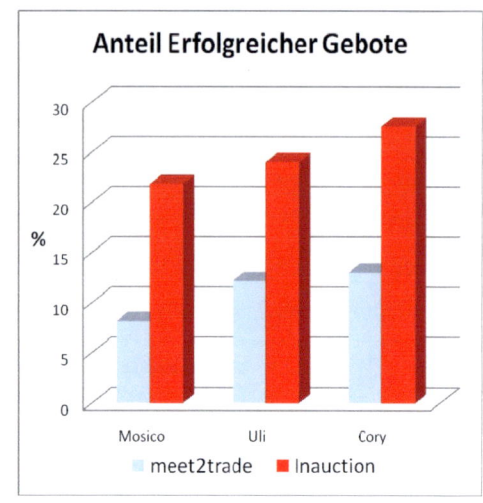

Abbildung 53: Gebote pro Agententyp

Hier zeigt sich ein weiterer interessanter Effekt. Der schwächste Agent (Mosico) gibt insgesamt die meisten Gebote ab, während der stärkste Agent (Cory) die wenigstens Gebote abgibt. Gleichzeitig ist trotz der höheren Anzahl abgegebener Gebote bei den schwächeren Agenten der Anteil erfolgreicher Gebote am geringsten. Der Effekt tritt besonders ausgeprägt im meet2trade-System auf, was sich durch die leichtere Gebotsabgabe erklären lässt, ist aber zumindest teilweise auch bei Inauction zu beobachten. Dieses Phänomen lässt sich so erklären, dass die schwachen Teilnehmer bedingt durch ihre für sie ungünstigeren Nutzenfunktionen beim Bieten weniger oft erfolgreich sind. Da die Nutzenstruktur jedoch relativ komplex ist und die Teilnehmer nicht wissen, dass die verschiedenen Agententypen unterschiedlich stark sind, versuchen sie durch vermehrtes Ausprobieren, d. h. Abgabe vieler Gebote mit vielen verschiedenen Attributkombinationen, erfolgreiche Kombinationen zu ermitteln. Die stärkeren Agenten vom Typ Cory haben eine für sie besser verlaufende Nutzenfunktion. Daher ist bei ihnen die Wahrscheinlichkeit höher, dass sie mit weniger Versuchen erfolgreiche Gebote platzieren können. Folglich ist die Notwendigkeit, viele Kombinationen durchzuprobieren bei diesen Agenten nicht so stark gegeben, was dann zu der niedrigeren Anzahl abgegebener Gebote führt.

Ein weiterer Aspekt des Bietverhaltens, der untersucht werden soll, ist die Neigung der Bieter, unvorteilhafte Gebote, d. h. Gebote mit negativem eigenen Nutzen abzugeben. Bei Betrachtung der beiden Treatments ergibt sich hier folgendes Bild:

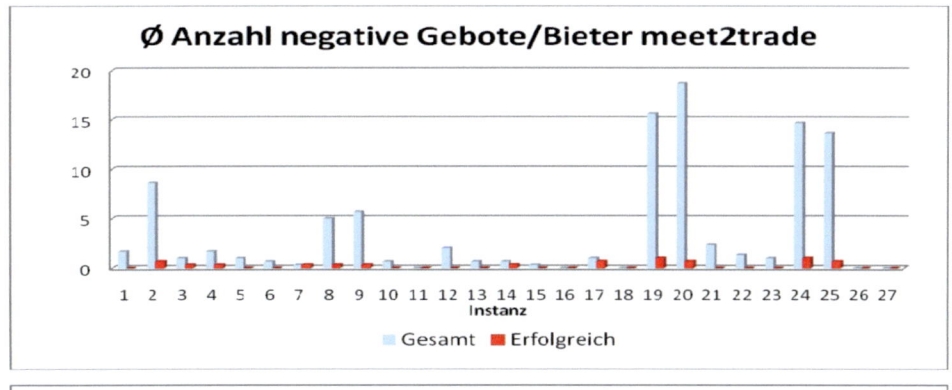

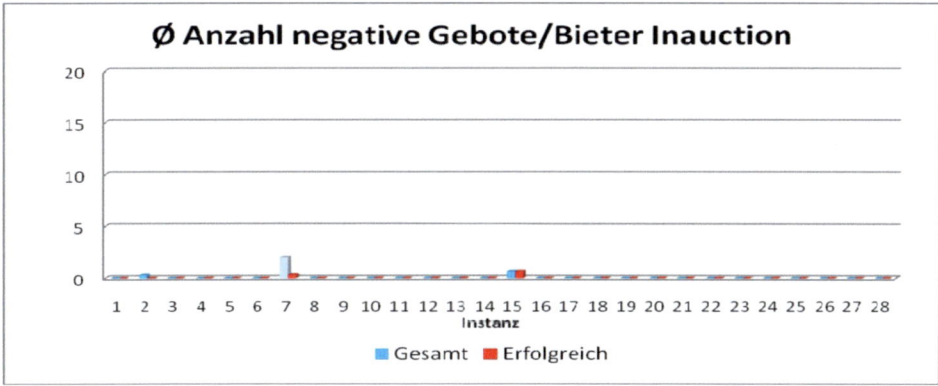

Abbildung 54: Durchschnittliche Anzahl Gebote pro Bieter mit negativem Nutzen bei Inauction

Wie bereits Abbildung 54 erkennen lässt, ist wie in Hypothese 4 vermutet, bei meet2trade eine deutlich erhöhte Neigung zum Überbieten im Vergleich zu Inauction zu erkennen. So gibt es im meet2trade-Treatment deutlich mehr Instanzen, in welchen überboten wurde. Die absolut gesehen höhere Anzahl von negativen Geboten bei den meisten Instanzen von meet2trade relativiert sich auch nicht, wenn man sie in Relation zur Gesamtzahl der Gebote setzt. Zwar gingen in meet2trade erheblich mehr Gebote ein als in Inauction, allerdings auch erheblich mehr negative Gebote. Tabelle 9 zeigt einen Überblick über die Durchschnittswerte der negativen Gebote über jeweils alle Instanzen der beiden Treatments sowie den durchschnittlichen Anteil der negativen Gebote. Dabei wird jeweils zwischen dem Anteil an allen Geboten (erfolgreich und nicht erfolgreich) und dem Anteil an ausschließlich den erfolgreichen Geboten unterschieden.

	Inauction (n=28)	meet2trade (n=27)	Unterschied Signifikant[34]
Ø Anzahl negativer Gebote/Bieter - Gesamt	0,11 (0)	3,64 (4,55)	Ja, p<0,001
Ø Anzahl negativer Gebote/Bieter - Erfolgreich	0,04 (0)	0,25 (0)	Ja, p<0,01
Anteil negativer Gebote - Gesamt in % (auf Ø -werten basierend)	1,7	10,7	Ja, p<0,001
% Anteil negativer Gebote - Erfolgreich in % (auf Ø -werten basierend)	1,3	6,7	Ja, p<0,001

Tabelle 9: Durchschnittliche Anzahl Gebote mit negativem Nutzen[35]

Wie sich zeigt, ist die Neigung zum Überbieten bei meet2trade signifikant höher ausgeprägt als bei Inauction. Dies gilt sowohl bezüglich des prozentualen Anteils negativer Gebote an allen Geboten als auch bezüglich des Anteils negativer erfolgreicher Gebote an der Anzahl aller erfolgreichen Gebote. Daher kann Hypothese 4 bestätigt werden. Darüber hinaus unterstützt die Tatsache, dass gerade in den Instanzen des meet2trade-Treatment mit sehr vielen Geboten (z. B. Instanz 19,20,21, vgl. Abbildung 52) auch sehr viele negative Gebote eingingen die These, dass einzelne Bieter in eine Art Bietfieber gerieten und begannen unkontrolliert zu bieten, um den Zuschlag trotz eigener Verluste zu erhalten. Dieses Verhalten könnte bei Inauction durch die deutlich langsamere Gebotsabgabe verhindert worden sein.

Schließlich soll untersucht werden, inwiefern sich die höhere Anzahl von Geboten und die damit verbundene höhere Aktivität bei meet2trade zu einem schnelleren Auktionsergebnis geführt haben. Einerseits gehen bei einseitigen Auktionen Gebote oft erst nahe dem Ende ein (sogenanntes Sniping, vgl. [RoOc02]). Andererseits sind in diesem Fall die Nutzenfunktionen relativ kompliziert und zudem sind die Nutzenfunktionen der anderen Bieter sowie des Auktionators nicht bekannt. Daher birgt das späte Bieten ein hohes Risiko, kein gültiges, d. h. ein höheres als die vorhergegangenen Gebote abzugeben, was die Neigung spät zu bieten stark

---

[34] Die Signifikanz des Unterschieds zwischen den beiden Stichproben (meet2trade, Invite) wurde mit Hilfe des Mann-Whitney-U-Tests ermittelt. Die dazu formulierten Nullhypothesen lauteten jeweils, dass beide Stichproben aus einer Grundgesamtheit stammen. Die Nullhypothesen wurden auf dem in der Tabelle genannten Signifikanzniveau abgelehnt (2-seitiger Test).

[35] Um dem Umstand Rechnung zu tragen, dass ein Teil der untersuchten Daten nicht normalverteilt vorliegt, werden jeweils in Klammern neben den Durchschnittswerten zusätzlich auch die Mediane angegeben.

reduzieren sollte. Somit ist zu vermuten, dass die höhere Bietaktivität bei meet2trade im Zusammenspiel mit den vorgegebenen fixen Nutzenfunktionen und der niedrigeren Neigung zu überbieten auch zu einem schnelleren Eintreten des Endergebnisses führen sollte. Allerdings zeigt bereits der Graph in Abbildung 55 ein eher gleichmäßiges Bild zwischen meet2trade und Inauction.

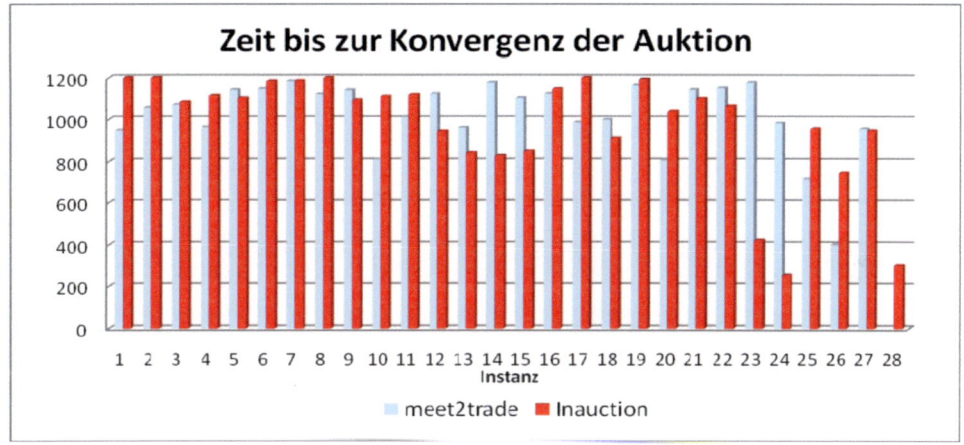

Abbildung 55: Zeit bis zur Konvergenz der Auktion

Die sich daraus ergebende Vermutung, dass in diesem Punkt keine signifikanten Unterschiede zwischen meet2trade und Inauction bestehen, bestätigt sich durch die Durchschnittswerte und den Signifikanztest (siehe Tabelle 10).

	Inauction (n=28)	**meet2trade (n=27)**	**Unterschied Signifikant[36]**
Ø Zeit bis zur Konvergenz in Sekunden	975,6 (1088)	1021,6 (1071)	Nein, p>0,1

Tabelle 10: Zeit bis zur Konvergenz der Auktion[37]

Daher muss Hypothese 5 abgelehnt werden. Bei beiden Systemen gehen bei einer Auktionsdauer von 1200 Sekunden fast bis zum Ende noch Gebote ein. Um die Ursachen für die ähnlichen Konvergenzwerte zu finden, kann das Bietverhalten über die Zeit untersucht werden.

---

[36] Die Signifikanz des Unterschieds zwischen den beiden Stichproben (meet2trade, Invite) wurde mit Hilfe des Mann-Whitney-U-Tests ermittelt. Die dazu formulierten Nullhypothesen lauteten jeweils, dass beide Stichproben aus einer Grundgesamtheit stammen. Die Nullhypothesen wurden auf dem in der Tabelle genannten Signifikanzniveau abgelehnt (2-seitiger Test).

[37] Um dem Umstand Rechnung zu tragen, dass ein Teil der untersuchten Daten nicht normalverteilt vorliegt, werden jeweils in Klammern neben den Durchschnittswerten zusätzlich auch die Mediane angegeben.

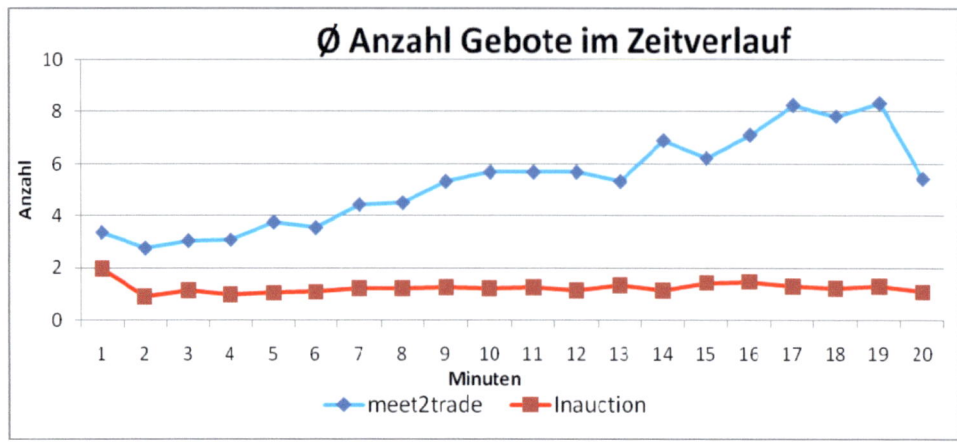

Abbildung 56: Anzahl Gebote im Zeitverlauf[38]

Abbildung 56 zeigt den durchschnittlichen Gebotsverlauf in beiden Systemen. Dazu wird für beide Systeme separat die durchschnittliche Anzahl der Gebote in 20 jeweils eine Minute langen Intervallen ermittelt und in der Grafik aufgetragen. Hierfür werden sowohl erfolgreiche als auch nicht erfolgreiche Gebote berücksichtigt. Wie aus der Abbildung ersichtlich ist, unterscheidet sich das Bietverhalten bei beiden Systemen. Während die Abgabe der Gebote im Inauction-System sehr gleichmäßig verläuft mit durchschnittlich einem Gebot pro Minute, ist bei meet2trade eine Zunahme der Anzahl der Gebote zum Ende der Auktion hin zu beobachten. Dieses Phänomen ist leicht mit dem zunehmenden Zeitdruck zum Ende der Auktion hin zu erklären, welcher die Bieter dazu bringt, mehr mögliche Kombinationen in kürzerer Zeit zu probieren und folglich auch mehr Gebote abzugeben. Darüber hinaus ist bei meet2trade ein leichter Rückgang der Gebote in der letzten Minute der Auktion zu beobachten. Die Erklärung hierfür könnte die bereits weiter oben angesprochene Schwierigkeit sein, bei dieser Art der multi-attributiven englischen Auktion ein erfolgreiches Gebot abgeben zu können. Da die Bieter die genaue Nutzenfunktion des Auktionators nicht kennen, bringt letztendlich erst die Rückmeldung des Systems auf ein bereits abgegebenes Gebot Gewissheit, ob das eigene Gebot erfolgreich war. Ein Zurückhalten des eigenen Gebots bis zur letzten Minute ist daher in diesem Fall nicht immer sinnvoll, da ein hohes Risiko besteht, dass das Gebot nicht erfolgreich ist. Daher ist ein leichtes Vorziehen solcher Gebote angebracht, um im Falle einer negativen Rückmeldung noch Zeit zur Korrektur des Gebots zu haben.

---

[38] Aus technischen Gründen kann es beim Invite-System bei hoher Datenbanklast zu verspäteter Protokollierung einzelner Gebote kommen. Daher konnte ein kleiner Teil der Gebote nicht in diese Auswertung mit einbezogen werden. Da sich über alle Instanzen, insbesondere auch die Instanzen mit vollständig berücksichtigten Geboten, ein sehr gleichmäßiges Bild ergibt, sind die Abweichungen durch Weglassen dieser wenigen Gebote nur sehr geringfügig. Auf die Aussagekraft des Gebotsverlaufs hat diese Maßnahme daher keinen Einfluss.

Vermutlich limitiert bei Inauction das notwendige Wechseln zwischen den verschiedenen Ansichten die Geschwindigkeit der Gebotsabgabe, weshalb hier keine Zunahme der Gebotsfrequenz zum Ende der Auktion zu beobachten ist, sondern ein über die Zeit sehr gleichmäßiges Bild. Beiden Systemen ist allerdings gemeinsam, dass die Teilnehmer bis zur letzten Minute versuchen, ihre Mietbieter noch zu überbieten und nicht beispielsweise schon vorher aufgeben oder alle Gebote vorziehen. Dies könnte die ähnliche Konvergenzzeit bei beiden Systemen erklären. Eine ergänzende Betrachtung des Verlaufs der Gebotshöhe findet sich aus Gründen des inhaltlichen Zusammenhangs am Ende des folgenden Abschnitts 7.2.3.

7.2.3 Auktionsergebnis

Neben dem Bietverhalten der Teilnehmer ist insbesondere das Auktionsergebnis von besonderem Interesse. Daher werden im Folgenden die erzielten Ratings bzw. Nutzenwerte der verschiedenen Teilnehmergruppen näher untersucht. Abbildung 57 und Abbildung 58 zeigen einen Überblick über die erzielten Nutzenwerte im meet2trade und Inauction-System.

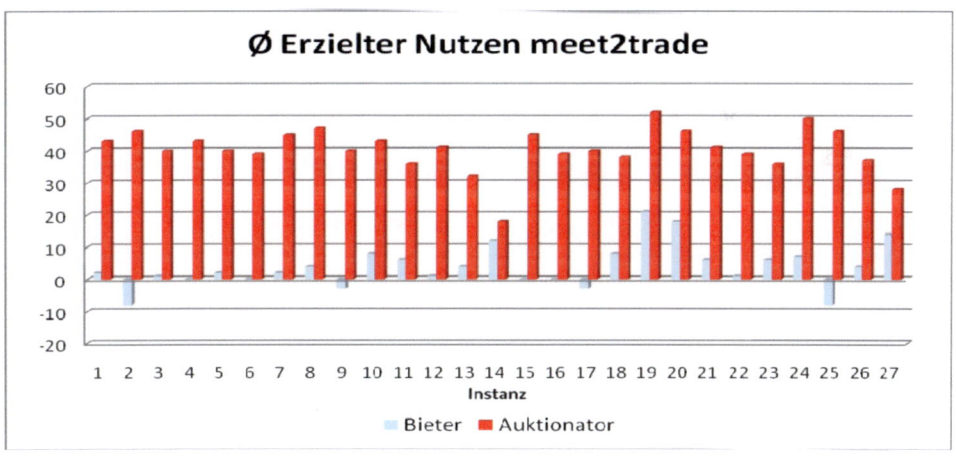

Abbildung 57: Erzielter Nutzen meet2trade

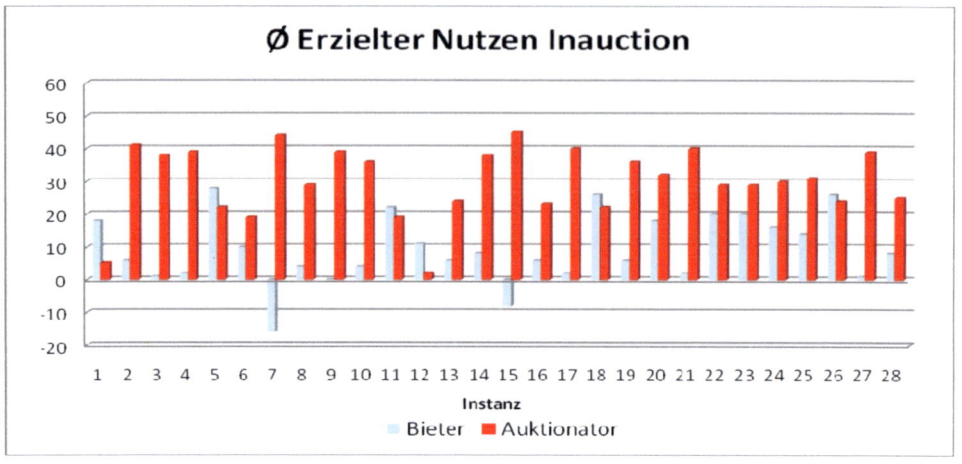

Abbildung 58: Erzielter Nutzen Inauction

Anhand der Abbildungen lässt sich bereits vermuten, dass insbesondere die Bieter im Inauction-System einen höheren durchschnittlichen Nutzen erzielen als in meet2trade. Die jeweils über alle Instanzen eines Treatment gebildeten Durchschnittswerte (siehe Tabelle 11) bestätigen diese Vermutung.

	Inauction (n=28)	meet2trade (n=27)	Unterschied Signifikant[39]
Ø Nutzen Bieter	9,32 (7,00)	3,89 (2,00)	Ja, p<0,05
Ø Nutzen Auktionator	30,00 (30,50)	40,37 (40,00)	Ja, p<0,001
Wohlfahrt	39,56 (41,00)	44,26 (42,00)	Nein, p>0,1

Tabelle 11: Durchschnittliche Nutzenwerte[40]

Auf der anderen Seite zeigt sich jedoch, dass der durchschnittliche Nutzen für den Auktionator im Inauction-System deutlich niedriger ausfällt als in meet2trade. Die Ergebnisse des Mann-Whitney-U-Tests zeigen, dass die Unterschiede zwischen den Systemen in beiden Kategorien signifikant ausfallen. Somit können die Hypothesen 3a und 3b bestätigt werden.

Einseitige Auktionen sind in der Regel so angelegt, dass sie die Erlöse für den Auktionator maximieren sollen (Revenue Maximization, vgl. [MoJe03]). Bei rationalem Verhalten der Teilnehmer werden diese, so lange die eigene Nutzenfunktion es erlaubt, d. h. der eigene Nut-

---

[39] Die Signifikanz des Unterschieds zwischen den beiden Stichproben (meet2trade, Invite) wurde mit Hilfe des Mann-Whitney-U-Tests ermittelt. Die dazu formulierten Nullhypothesen lauteten jeweils, dass beide Stichproben aus einer Grundgesamtheit stammen. Die Nullhypothesen wurden auf dem in der Tabelle genannten Signifikanzniveau abgelehnt (2-seitiger Test).
[40] Um dem Umstand Rechnung zu tragen, dass ein Teil der untersuchten Daten nicht normalverteilt vorliegt, werden jeweils in Klammern neben den Durchschnittswerten zusätzlich auch die Mediane angegeben.

zen noch über Null liegt, die Gebote der anderen Bieter überbieten. Sofern genügend Konkurrenz vorhanden ist, wird in diesem Fall demnach der Nutzen für den Auktionator maximiert, während der Nutzen der Bieter gegen Null strebt. Im dieser Arbeit zugrundeliegenden Experiment wird eine multi-attributive englische Auktion mit mehreren diskret definierten Attributen eingesetzt. Daher liegt hier keine lineare Nutzenfunktion vor, sondern jeder möglichen Kombination der Attributwerte wird genau ein Nutzenwert zugeordnet. In der Folge müsste bei rationalem Verhalten der Bieter und bei ausreichend Zeit, um den gesamten Möglichkeitenraum durchzuprobieren, diejenige Kombination als Höchstgebot die Auktion gewinnen, welche im Vergleich mit den Geboten der anderen Bieter den höchsten Nutzen für den Auktionator erzielt, aber dennoch einen möglichst hohen positiven Nutzen für den Bieter. Aus Abbildung 26 kann abgelesen werden, dass Cory die Auktion gewinnen müsste, da dieser die im Vergleich günstigste Nutzenfunktion besitzt. Während es mehrere Möglichkeiten gibt, bei denen der Nutzen für Cory über Null liegt und die beiden anderen Bieter nicht mit für den Auktionator gleich guten oder besseren und für sie selbst positiven Geboten mithalten können, wird er diejenige Kombination wählen, die für ihn selbst den besten Nutzen bringt. Somit müsste bei rationalem Verhalten Cory die Auktion mit einem Nutzen von Sechs für sich und einem Nutzen von 47 für Fado gewinnen.

In der Realität werden sich jedoch nicht alle Teilnehmer immer rational verhalten. So kam es beispielsweise in einigen Fällen zum Überbieten, d. h. Teilnehmer boten Kombinationen, die ihnen einen negativen Nutzen brachten (vgl. Abschnitt 6.3). Darüber hinaus ist es ohne die grafische Abbildung des Möglichkeitenraums für die Teilnehmer nur durch Ausprobieren möglich, die beste Kombination zu ermitteln, wobei es durch die große Anzahl der Möglichkeiten nur begrenzt möglich ist, den gesamten Möglichkeitenraum durchzuprobieren. Auch sind den Bietern die genauen Nutzenfunktionen der anderen Bieter in dieser Auktion nicht bekannt, was es zusätzlich erschwert, kompetitive Gebote abzugeben. Vor diesem Hintergrund sind die erzielten Ergebnisse der Auktionen bei beiden Systemen (siehe Tabelle 11) als sehr gut einzustufen. Die höhere Bietaktivität führte jedoch bei meet2trade zu Ergebnissen, die dem Auktionsziel der Revenue-Maximization näher kommen als bei Inauction. Auch bei einem weiteren Auktionsziel, der Allokationseffizienz, schneidet meet2trade tendenziell etwas besser ab als Inauction. Unter Allokationseffizienz bei Auktionen versteht man die Maximierung der (u. U. gewichteten) Summe des Überschusses von Konsument und Produzent. Sie wird gemessen durch die erzielte Wohlfahrt (vgl. [JeMo01]). Die Wohlfahrt kann als Summe der erzielten Erlöse (also in diesem Fall Nutzen) von Auktionator und Höchstbieter berechnet werden[41]. Hier erzielt meet2trade mit einer durchschnittlichen Wohlfahrt von 44,26 eine etwas höhere Wohlfahrt als Inauction und ist damit im Durchschnitt etwas effizienter im Sinne der Allokationseffizienz. Allerdings ist der Unterschied statistisch nicht signifikant (p>0,1), so dass diese Aussage nur unter Vorbehalt getroffen werden kann.

Im Folgenden wird abschließend der Nutzen gesondert für die drei beteiligten Agententypen betrachtet:

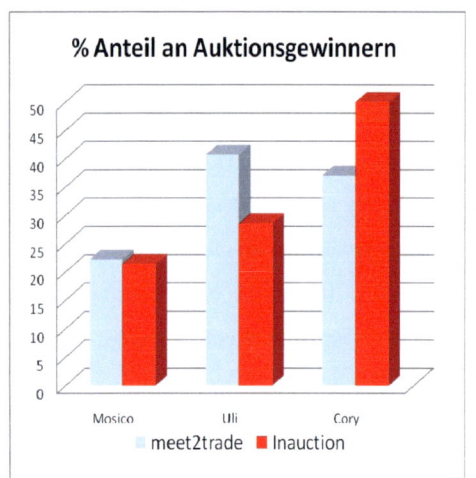 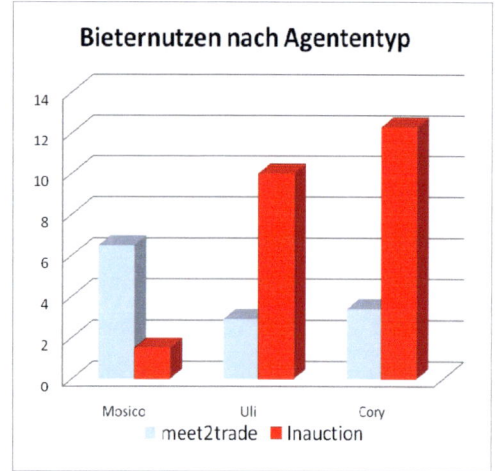

Abbildung 59: Anteil an Auktionsgewinnern und Bieternutzen nach Agententyp

	Inauction			meet2trade		
	Ø Nutzen Bieter	Ø Nutzen Auktionator	Anteil Gewinner (%)	Ø Nutzen Bieter	Ø Nutzen Auktionator	Anteil Gewinner (%)
Mosico	6,50	42,00	22,2	1,50	34,17	21,4
Uli	2,91	39,64	40,8	10,00	27,00	28,6
Cory	3,40	40,20	37,0	12,29	29,93	50

Tabelle 12: Verteilung Nutzen auf die Agententypen

Wie aus Abbildung 59 und Tabelle 12 sofort ersichtlich ist, liegen die Ergebnisse des Inaucti-on-Systems in diesem Fall deutlich näher am erwarteten Ergebnis. Da die Agenten vom Typ Cory die besten und die Agenten vom Typ Mosico die schlechteste Nutzenfunktion besitzen, hätte man erwarten können, dass die Cory-Agenten die Auktionen in den meisten Fällen ge-winnen und dabei auch den höchsten durchschnittlichen Nutzen für sich selbst erzielen wür-

---

[41] Während noch zahlreiche weitere Möglichkeiten existieren, die Wohlfahrt zu berechnen, wurde hier bewusst das einfachste Verfahren gewählt, da bei der gegebenen Struktur der Daten auch bei anderen Berechnungsver-fahren die Unterschiede zwischen den Systemen in ähnlicher Weise zu Tage treten würden.

den, während die Mosico-Agenten in den wenigsten Fällen und bei geringstem durchschnittlichen Nutzen gewinnen würden. Diese Gewinner- und Nutzenverteilung trat im Inauction-System auch ein, während beim meet2trade-System teilweise deutliche Abweichungen zu beobachten waren. Hier gewannen zwar die Mosico-Agenten auch in den wenigsten Fällen die Auktion, jedoch gewann Cory seltener als erwartet und dafür Uli öfter als erwartet. Beim erzielten Bieternutzen schneidet unerwartet Mosico deutlich besser ab als die beiden anderen Agententypen. Daher liegt die Vermutung nahe, dass die Nutzer von meet2trade eher in der Lage waren, einen eventuellen Nachteil einer schlechteren Nutzenfunktion durch vermehrtes Ausprobieren auszugleichen. Wenn ein Bieter also merkte, dass er mit seinen Geboten die Gebote der anderen Bieter nicht kontern konnte, versuchte er, möglichst viele Kombinationen durchzuprobieren, um doch noch ein erfolgreiches Gebot platzieren zu können. Diese Vermutung wird auch von den Ergebnissen des Abschnitts 7.2.2 bezüglich der Anzahl der abgegeben Gebote im meet2trade-System untermauert: Der schwächste Bieter Mosico gibt durchschnittlich am meisten Gebote ab, der stärkste Bieter Cory am wenigsten (siehe Abbildung 53). Bei Inauction ist dieser Effekt nicht zu beobachten. Dagegen schwankt der erzielte Nutzen des Auktionators in Abhängigkeit des die Auktion gewinnenden Agententyps nur vergleichsweise wenig, wobei bei beiden Systemen der Auktionator dann den durchschnittlich höchsten Nutzen erzielt, wenn ein Agent vom Typ Mosico die Auktion gewinnt.

Die getroffenen Aussagen bezüglich der Nutzenverteilung auf die einzelnen Agententypen sind jedoch mit Vorbehalt zu betrachten. Da bei der Nutzenbetrachtung pro Auktion nur ein Auktionsgewinner betrachtet werden kann, ist bei insgesamt 27 bzw. 28 Instanzen pro Treatment sowie drei Agententypen die Anzahl der Beobachtungen pro Agententyp relativ klein. Daher wird hier auch auf Signifikanztests verzichtet. Da die Unterschiede zwischen den Agenten aber relativ deutlich ausfallen und auch im Zusammenhang mit den Ergebnissen des Abschnitts 7.2.2 ein stimmiges Bild ergeben, sind diese zumindest als Tendenzaussage durchaus zu verwenden.

Zum Schluss soll ergänzend noch das Zustandekommen der Auktionsergebnisse untersucht werden. Da die Anzahl der erfolgreichen Gebote zwischen den einzelnen Instanzen eines Treatment stark schwankt, ist es schwierig einen durchschnittlichen Gebotsverlauf zu ermitteln, der alle Gebotsschritte erfasst. Daher wird analog zur Darstellung des Verlaufs der Anzahl der Gebote das jeweilige durchschnittliche Höchstgebot über die 20-minütige Bietphase in Schritten von 30 Sekunden ermittelt. Mit dieser Methode ist der durchschnittliche Gebotsverlauf näherungsweise darstellbar. Eine Verkürzung der Intervalle auf beliebig kleine Zeitdauern hätte zwar die Genauigkeit des Verfahrens erhöht, aber keine grundsätzlichen Änderungen am Verlauf der Kurve ergeben. Daher wird die gewählte Schrittweite als ausreichend angesehen. Die Ermittlung der durchschnittlichen Gebotsverläufe wird separat aus der Bietersicht (siehe Abbildung 60) und die Auktionatorsicht (siehe Abbildung 61) durchgeführt. Zusätzlich wird in beiden Graphen der absolute Betrag der Differenz zwischen den beiden Systemen eingetragen.

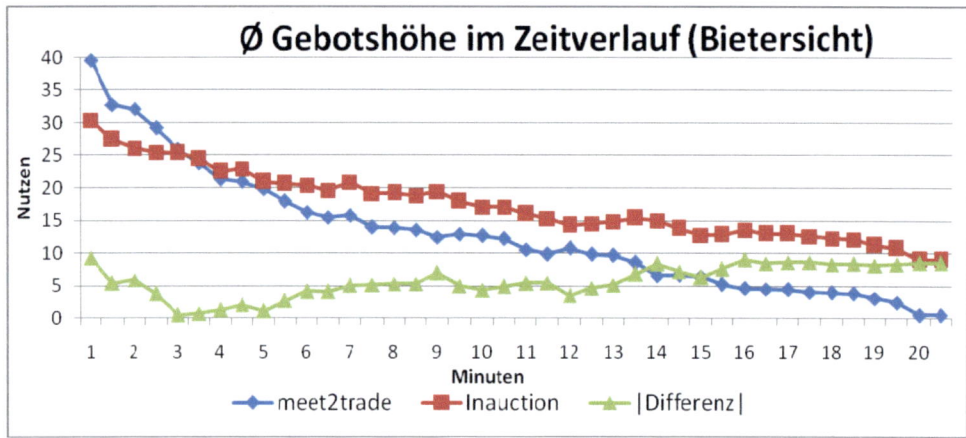

Abbildung 60: Durchschnittliche Gebotshöhe im Zeitverlauf aus Bietersicht

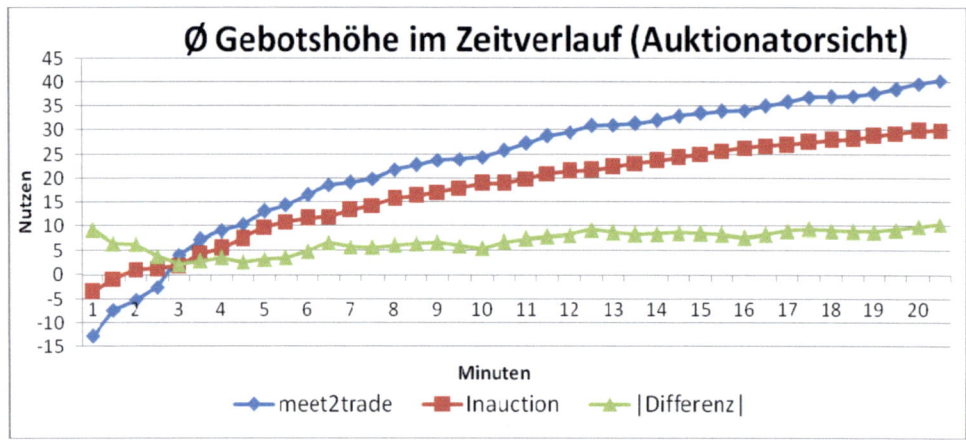

Abbildung 61: Durchschnittliche Gebotshöhe im Zeitverlauf aus Auktionatorsicht

Wie in Abbildung 60 und Abbildung 61 zu erkennen ist, sind die Verläufe der Gebote über die Zeit bei beiden Systemen - sowohl aus der Bietersicht als auch aus der Auktionatorsicht - sehr ähnlich. Dabei ist jedoch zu beobachten, dass sich die Unterschiede, die sich später im erzielten Nutzen für Bieter und Auktionator ergeben, zu einem großen Teil bereits relativ früh in der Auktion ergeben. Tabelle 13 stellt die gerundeten Absolutwerte der Differenzen ab der ersten Minute jeweils zum Ende der Minutenintervalle noch einmal detailliert dar. Hier zeigt sich zudem, dass die sich am Ende der Auktion durchschnittlich einstellende Differenz zwischen den Treatments aus Bietersicht zu 90 % bereits in der 15. Minute und aus Auktionatorsicht sogar bereits in der 12. Minute erreicht ist und sich daher in der restlichen Zeit nur noch relativ geringfügig ändert.

	1	2	3	4	5	6	7	8	9	10
Differenz Bietersicht	(5,3)	(3,8)	(0,6)	2,0	2,6	4,1	5,1	5,3	5,0	4,9
Differenz Aukt.sicht	(6,5)	(3,9)	(2,9)	2,7	3,5	6,7	5,7	6,5	6,0	6,9
	11	12	13	14	15	16	17	18	19	20
Differenz Bietersicht	5,4	4,7	6,8	7,2	7,6	8,5	8,6	8,4	8,3	8,5
Differenz Aukt.sicht	7,9	9,3	8,3	8,6	8,3	8,4	9,4	9,0	9,3	10,4

Tabelle 13: Nutzendifferenzen zwischen den Systemen im Zeitverlauf

Daher lässt sich vermuten, dass auch eine Verlängerung der Auktionszeit über die 20 Minuten hinaus die Differenzen im Auktionsergebnis zwischen den Systemen nicht wesentlich beeinflusst hätte.

7.2.4 Gegenüberstellung mit dem Mechanismusvergleich

Um die gezeigten Auswirkungen des Systemdesigns auf das Auktionsergebnis und das Bietverhalten besser bewerten zu können, liegt es nahe, die Unterschiede, die sich aus dem Wechsel des Systems ergeben, mit den Unterschieden, die sich beim Wechsel des Mechanismusses zeigen, zu vergleichen. Dazu werden nachfolgend die Unterschiede zwischen den beiden Treatments $\overline{S}_a$ und $\overline{S}_n$ untersucht. Während bei beiden Treatments die Invite Plattform die technische Grundlage bildet, wurde im Treatment $\overline{S}_a$ die oben beschriebene multi-attributive englische Auktion eingesetzt und im Treatment $\overline{S}_n$ elektronisch unterstützte Verhandlungen (siehe auch Abschnitt 6.4 und 6.5). Daher ist eine bessere Einschätzung der relativen Größe der Unterschiede zwischen den Systemen möglich, da sie mit den Unterschieden, die sich durch einen anderen Mechanismus ergeben, in Beziehung gesetzt werden kann. In den weiteren Ausführungen werden jeweils die sich aus der Veränderung des Mechanismusses ergebenden Unterschiede mit den Ergebnissen des meet2trade-Treatment verglichen. Die Auktionen auf der Invite Plattform werden im Folgenden als Inauction bezeichnet, die Verhandlungen auf der Invitc Plattform als Imbins[42] sowie die Auktionen auf der meet2trade Plattform als meet2trade.

Bietverhalten

Beim Vergleich des Bietverhaltens sind einige Einschränkungen zu beachten. Zum einen erfolgt bei der elektronischen Verhandlung keine automatische Verarbeitung der Gebote, sondern der Spieler des Agenten Fado muss die Gebote einzeln prüfen und ggf. beantworten. Daher besteht eine gewisse Wahrscheinlichkeit, dass ein Bieter[43] keine Antwort auf sein Gebot erhält. Da für die Bieter auch keine allgemeine Gebotshistorie existiert, kann es für den einzelnen Bieter daher so erscheinen, als würden keine Fortschritte in der Verhandlung erzielt. Dies führt vermutlich zu mehr Geboten oder zumindest Nachrichten, da der Bieter so eine Aktion der Gegenseite provozieren will. Zum anderen gibt es bei den Verhandlungen, wie bereits weiter oben beschrieben, nicht nur Gebote, sondern zusätzlich auch Textnachrichten, um die Verhandlung weiter voranzubringen. Diese können entweder zusammen mit einem Gebot oder auch eigenständig verschickt werden. Der Spieler des Agenten Fado kann ausschließlich Textnachrichten verschicken oder ein Gebot annehmen, aber keine formellen Gegenangebote schicken. Er kann allerdings Gegenangebote in der Textnachricht formulieren, die der Bieter dann als formelles Angebot zurückschicken kann, welches Fado dann annehmen kann. Nimmt Fado ein Angebot an, ist die Verhandlung sofort zu Ende.

Somit kann beim Vergleich des Bietverhaltens hier nicht sinnvoll zwischen erfolgreichen und nicht erfolgreichen Geboten unterschieden werden, da es nur ein einziges erfolgreiches, d. h. von Fado angenommenes Gebot gibt und die Verhandlung damit endet. Des Weiteren wird in den folgenden Diagrammen jeweils zwischen Geboten (mit oder ohne angehängte Nachricht) und der Gesamtsumme der Interaktionen, d. h. Gebote und zusätzlich auch eigenständige Nachrichten unterschieden. Außerdem werden die Nachrichten der Spieler vom Typ Fado bei diesem Vergleich nicht berücksichtigt, da dieser Agent bei den Auktionstreatments nicht gespielt wurde und daher keine Vergleichsgrundlage existiert. Weiterhin ist es aufgrund des sofortigen Endes der Verhandlung bei Annahme eines Gebots und der stark erhöhten Experimentdauer nicht sinnvoll, das Konvergenzverhalten zwischen Auktion und Verhandlung zu

---

[42] Imbins steht für Invite Multi-Bilateral Negotiations

[43] Bei Verhandlungen existieren streng genommen keine Bieter im eigentlichen Sinne, sondern Verhandlungsführer. Der Einfachheit halber werden die Verhandlungsführer in dieser Arbeit in Analogie zur Auktion trotzdem auch als Bieter bezeichnet.

vergleichen. Zusätzlich ist zu beachten, dass durch die unterschiedlichen Laufzeiten von Auktion und Verhandlung der Vergleich der Gebotsanzahl mit Vorsicht zu behandeln ist, da eine eventuell höhere Zahl von Geboten bei der Verhandlung auch durch eine im Vergleich zur Auktion zu lang berechnete Verhandlungsdauer hervorgerufen worden sein kann.

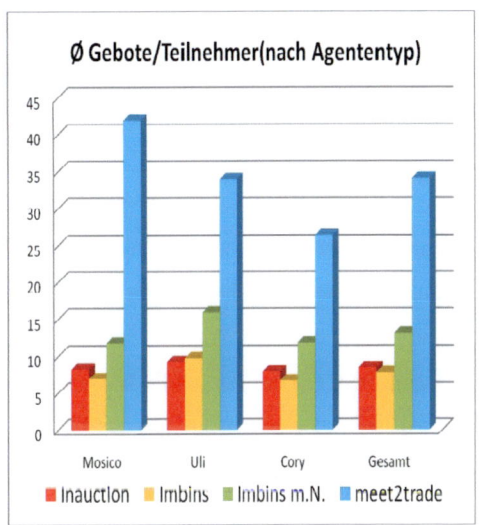 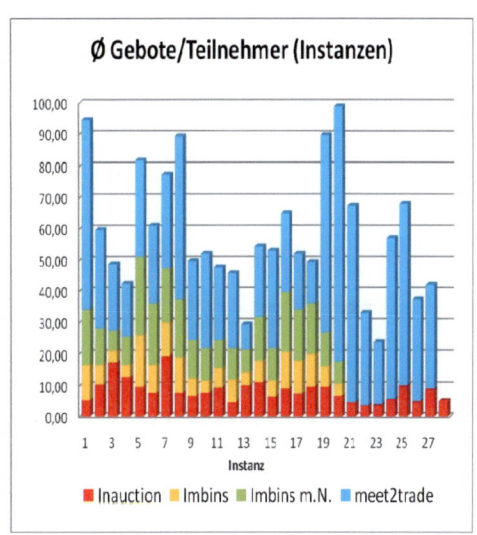

Abbildung 62: Durchschnittliche Anzahl Gebote pro Teilnehmer[44]

Wie bereits aus Abbildung 62 zu entnehmen ist, fällt der Unterschied in der durchschnittlichen Anzahl der Gebote zwischen den Systemen erheblich höher aus als zwischen den unterschiedlichen Mechanismen, sogar wenn man bei den Verhandlungen auch die reinen Textnachrichten zusätzlich berücksichtigt. Dieses Ergebnis ist insofern unerwartet, da sich die meisten ökonomischen Untersuchungen von elektronischen Märkten auf den reinen Mechanismus beschränken und eventuelle Einflüsse durch unterschiedliche Systeme außer Acht lassen. Die in der Abbildung zu beobachtenden Tendenzen werden durch die ermittelten Durchschnittswerte bestätigt (siehe Tabelle 14 und Tabelle 15).

	Inauction (n=28)	Imbins (n=20)	Imbins m. Nachr. (n=20)	meet2trade (n=27)
Ø Anzahl Gebote/Bieter	8,42 (7,67)	7,80 (6,83)	13,15 (11,67)	34,11 (30,00)

Tabelle 14: Durchschnittliche Anzahl Gebote pro Bieter[45]

---

[44] Bei der rechten Grafik gilt für alle Systeme jeweils die Gesamthöhe der Säule ab der horizontalen Achse und nicht nur der in der jeweiligen Farbe gekennzeichnete Bereich.

|Differenz|, Signifikanz[46]	Inauction	Imbins	Imbins m. Nachr.	meet2trade
Inauction	-	0,62 Nein, p>0,1	4,73 Ja, p<0,001	25,69 Ja, p<0,001
Imbins		-	5,35 Ja, p<0,01	26,31 Ja, p<0,001
Imbins m. Nachr.			-	20,96 Ja, p<0,001

Tabelle 15: Differenzen der durchschnittlichen Gebotsanzahl

Wie sich also zeigt, besteht ein großer und signifikanter Unterschied zwischen Inauction und meet2trade sowie zwischen Imbins und meet2trade. Der Unterschied zwischen den beiden Invite-Treatments unter sich ist deutlich geringer und nur dann signifikant, wenn die Textnachrichten zu den Geboten hinzugezählt werden. Somit liegt die durchschnittliche Gebotsanzahl für die Auktion und die Verhandlung auf dem Invite-System sehr nahe beieinander. Daraus kann gefolgert werden, dass die Verhandlungsdauer im Vergleich zur Auktionsdauer angemessen und sinnvoll gewählt wurde.

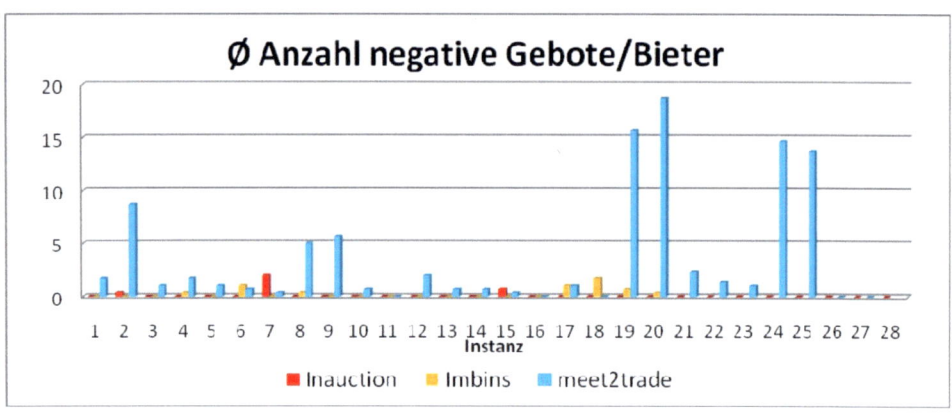

Abbildung 63: Durchschnittliche Anzahl negativer Gebote pro Bieter

---

[45] Um dem Umstand Rechnung zu tragen, dass ein Teil der untersuchten Daten nicht normalverteilt vorliegt, werden jeweils in Klammern neben den Durchschnittswerten zusätzlich auch die Mediane angegeben.
[46] Die Signifikanz des Unterschieds zwischen den jeweiligen Stichproben wurde mit Hilfe des Mann-Whitney-U-Tests ermittelt. Die dazu formulierten Nullhypothesen lauteten jeweils, dass beide Stichproben aus einer Grundgesamtheit stammen. Die Nullhypothesen wurden auf dem in der Tabelle genannten Signifikanzniveau abgelehnt (Tabelleneintrag Ja) bzw. angenommen (Tabelleneintrag Nein) (2-seitiger Test).

	Inauction (n=28)	Imbins (n=20)	meet2trade (n=27)
Ø Anzahl negativer Gebote pro Teilnehmer (ohne Fado)	0,11 (0)	0,27 (0)	3,64 (4,55)
% Anteil negativer Gebote an allen Gebote (basierend auf Ø)	1,3	3,4	10,7

Tabelle 16: Negative Gebote[47]

Vergleich	Differenz	Signifikanz[48]
Ø Anzahl negativer Gebote Inauction - Imbins	0,16	Ja, p<0,05
Ø Anzahl negativer Gebote Inauction - meet2trade	3,53	Ja, p<0,001
Ø Anzahl negativer Gebote Imbins - meet2trade	3,37	Ja, p<0,001

Tabelle 17: Differenzen der durchschnittlichen Anzahl negativer Gebote

Ein Blick auf die durchschnittliche Anzahl der negativen Gebote zeigt ein sehr ähnliches Bild (siehe Abbildung 63 sowie Tabelle 16 und Tabelle 17). Die Unterschiede zwischen Inauction und Imbins sind relativ klein und nur schwach signifikant, während meet2trade eine signifikant höhere Anzahl an negativen Geboten aufweist. Bemerkenswert ist allerdings, dass sogar bei Verhandlungen das Phänomen des Überbietens auftritt, d. h. dass sich die Bieter zu Angeboten verleiten lassen, die für sie selbst unvorteilhaft sind, obwohl man annehmen könnte, dass bei Verhandlungen deutlich mehr Zeit zum Abwägen der Gebote zur Verfügung steht. Es traten hier sogar etwas mehr negative Gebote auf als im Inauction-Treatment.

Eine Betrachtung des Verlaufs der Anzahl an Geboten über die Zeit (Abbildung 64) zeigt dagegen Unterschiede zwischen Inauction und Imbins. Die Erstellung des Graphen erfolgte analog des in Abschnitt 7.2.2 beschriebenen Verfahrens, allerdings wurde als Intervall hier 180 Sekunden gewählt. Bei einem kleineren Intervall sind in diesem Fall durch die vergleichsweise geringe Anzahl an Geboten, verteilt auf den längeren Zeitraum von 60 Minuten, sonst die Schwankungen so groß, dass die Beobachtung von Verläufen sehr schwierig wird.

---

[47] Um dem Umstand Rechnung zu tragen, dass ein Teil der untersuchten Daten nicht normalverteilt vorliegt, werden jeweils in Klammern neben den Durchschnittswerten zusätzlich auch die Mediane angegeben.
[48] Die Signifikanz des Unterschieds zwischen den beiden Stichproben (meet2trade, Invite) wurde mit Hilfe des Mann-Whitney U-Tests ermittelt. Die dazu formulierten Nullhypothesen lauteten jeweils, dass beide Stichproben aus einer Grundgesamtheit stammen. Die Nullhypothesen wurden auf dem in der Tabelle genannten Signifikanzniveau abgelehnt (2-seitiger Test).

Während bei Inauction über die gesamte Zeitdauer sehr gleichmäßig Gebote abgegeben wurden (vgl. Abbildung 56), ist bei Imbins am Anfang eine Häufung der Gebote und am Ende ein leichtes Abflachen zu beobachten. Diese Aussage gilt dabei sowohl für reine Gebote als auch bei Berücksichtigung der Textnachrichten ohne Gebote. Dieses Verhalten lässt sich damit erklären, dass am Anfang die Bieter zuerst Gebote abgeben und dann eine Antwort von Fado abwarten müssen. Am Ende der Verhandlung besteht dagegen bei den Bietern wahrscheinlich kein großer Spielraum bezüglich ihrer Gebote mehr, so dass ein Abflachen der Gebotskurve logisch erscheint. Auch dieses Ergebnis unterstützt die Vermutung, dass die Verhandlungsdauer angemessen gewählt wurde.

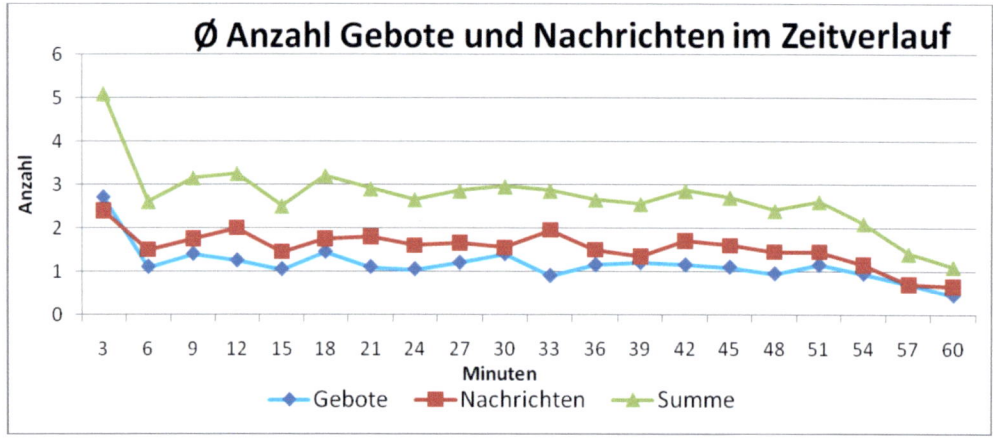

Abbildung 64: Anzahl Nachrichten und Gebote im Zeitverlauf

Marktergebnis

Beim Marktergebnis ergibt sich ein ähnliches Resultat wie beim Bietverhalten. Wie aus den folgenden Tabellen zu entnehmen ist, weicht der durchschnittliche Nutzen für Bieter und Fado[49] zwischen Inauction und Imbins nicht siginifkant voneinander ab, während die Unterschiede zwischen Inauction und meet2trade deutlich und signifikant sind (siehe Abschnitt 7.2.3).

---

[49] Bei der multiattributiven Verhandlung existiert im Gegensatz zur englischen Auktion kein Auktionator. Während in den Auktionstreatments Fado der Auktionator war, vertrat er in dem Verhandlungstreatment die Rolle des einen Verhandlungsführers, der gleichzeitig mit den drei verschiedenen Agenten der Musikindustrie verhandelte. Daher wird die Rolle hier nicht als Auktionator bezeichnet, sondern mittels der Agentenbezeichnung Fado referenziert.

	Inauction (n=28)	Imbins (n=20)	meet2trade (n=27)
Ø Nutzen Bieter	9,32 (7,00)	4,95 (4,00)	3,89 (2,00)
Ø Nutzen Auktionator	30,00 (30,50)	34,6 (33,50)	40,37 (40,00)
Wohlfahrt	39,56 (41,00)	39,55 (42,00)	44,26 (42,00)

Tabelle 18: Durchschnittlicher Nutzen im Überblick[50]

Vergleich	Differenz	Signifikanz[51]
Ø Nutzen Bieter Inauction - Imbins	4,37	Nein, p>0,1
Ø Nutzen Bieter Inauction - meet2trade	7,84	Ja, p<0,05
Ø Nutzen Fado Inauction - Imbins	4,60	Nein, p>0,1
Ø Nutzen Fado Inauction - meet2trade	11,55	Ja, p<0,001

Tabelle 19: Durchschnittliche Nutzendifferenzen und Signifikanz

Die Ergebnisse der einzelnen Instanzen des Imbins Treamtents zeigen ein im Vergleich zu Inauction (vgl. Abbildung 58) leicht abweichendes Bild. Wie Abbildung 65 zeigt, erzielten einzelne Instanzen deutlich höhere Werte für Fado, während trotz der insgesamt geringeren Anzahl an Instanzen mehr Instanzen mit einem negativen Ergebnis für die Gegenseite endeten.

---

[50] Um dem Umstand Rechnung zu tragen, dass ein Teil der untersuchten Daten nicht normalverteilt vorliegt, werden jeweils in Klammern neben den Durchschnittswerten zusätzlich auch die Mediane angegeben.
[51] Die Signifikanz des Unterschieds zwischen den jeweiligen Stichproben wurde mit Hilfe des Mann-Whitney-U-Tests ermittelt. Die dazu formulierten Nullhypothesen lauteten jeweils, dass beide Stichproben aus einer Grundgesamtheit stammen. Die Nullhypothesen wurden auf dem in der Tabelle genannten Signifikanzniveau abgelehnt (Tabelleneintrag Ja) bzw. angenommen (Tabelleneintrag Nein) (2-seitiger Test).

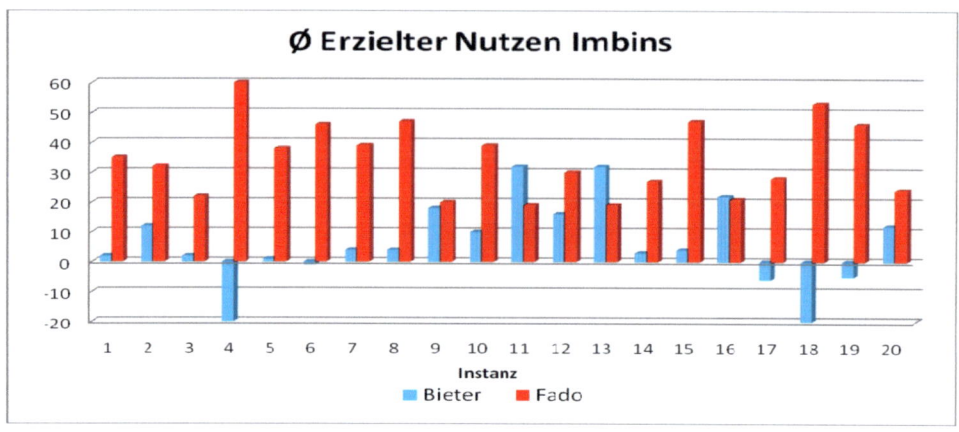

Abbildung 65: Durchschnittlicher Nutzen Imbins über die einzelnen Instanzen

Ein Blick auf die Verteilung der Gewinner bzw. des Bieternutzens auf die einzelnen Agenten-typen in Abbildung 66 demonstriert ein tendenziell ähnliches Ergebnis bei Inauction und Im-bins. Bei beiden Treatments gewann Mosico am seltensten und Cory am häufigsten. Darüber hinaus war der durchschnittliche Bieternutzen für die Agenten des Typs Mosico, wenn sie gewannen, am niedrigsten und für Cory am höchsten. Allerdings war der durchschnittliche Nutzen für Mosico bei Imbins stark negativ, woraus sich folgern lässt, dass die Teilnehmer des Typs Mosico hauptsächlich dann die Verhandlung gewannen, wenn sie einen hohen nega-tiven eigenen Nutzen in Kauf nahmen. Dagegen weicht die Verteilung der Nutzenwerte sowie der Gewinner auf die einzelnen Agententypen bei meet2trade deutlich von dem bei Inauction und Imbins beobachteten Muster ab. Wie bereits in Abschnitt 7.2.3 erklärt, wird auch hier aufgrund der relativ geringen Anzahl an Beobachtungen pro Agententyp auf Signifikanztests verzichtet und die Ergebnisse nur als Tendenzaussagen betrachtet.

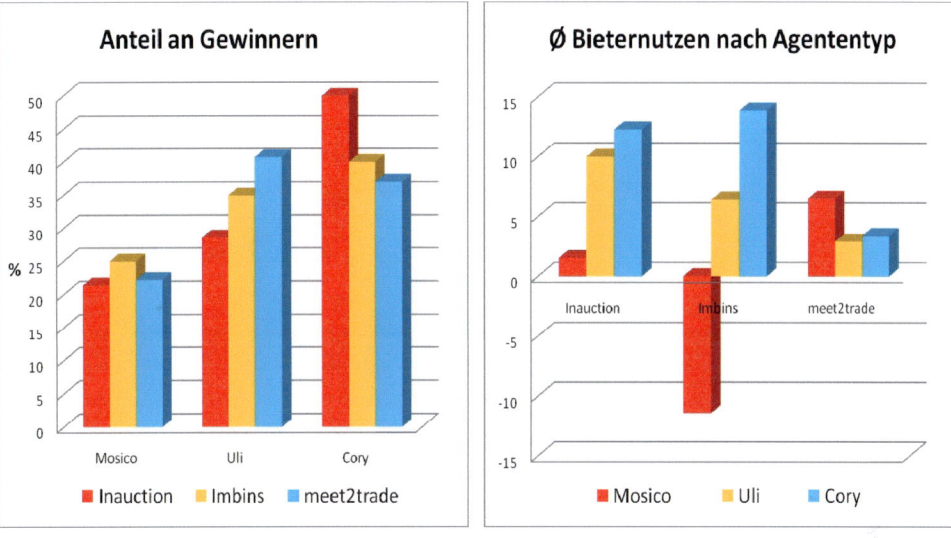

Abbildung 66: Anteil an Auktionsgewinnern und Bieternutzen nach Agententyp

Abschließend soll der Gebotsverlauf im Imbins-Treatment betrachtet werden. Hierzu wird die in Abschnitt 7.2.3 beschriebene Methode mit einem 30-Sekunden Intervall angewandt. Da bei der hier eingesetzten Art der elektronischen Verhandlung keine Überprüfung der Gebote auf eine Steigerung im Vergleich zu früheren Geboten erfolgt, können die Bieter beliebig viele Gebote in beliebiger Höhe abgeben. Daher ist im Gegensatz zu den Auktionen auch keine Unterscheidung zwischen erfolgreichen und nicht erfolgreichen Gebote möglich. Somit können die abgegebenen Gebote stark schwanken und der Bieternutzen muss in diesem Fall nicht zwingend monoton fallend verlaufen. Weiterhin muss die durchschnittliche Gebotshöhe nach 60 Minuten nicht mit dem durchschnittlichen erzielten Bieternutzen übereinstimmen, da Fado nicht zwangsweise das letzte abgegebene Gebote annehmen muss, sondern ein früher abgegebenes für ihn besseres Gebot eines anderen Bieters bevorzugen kann.

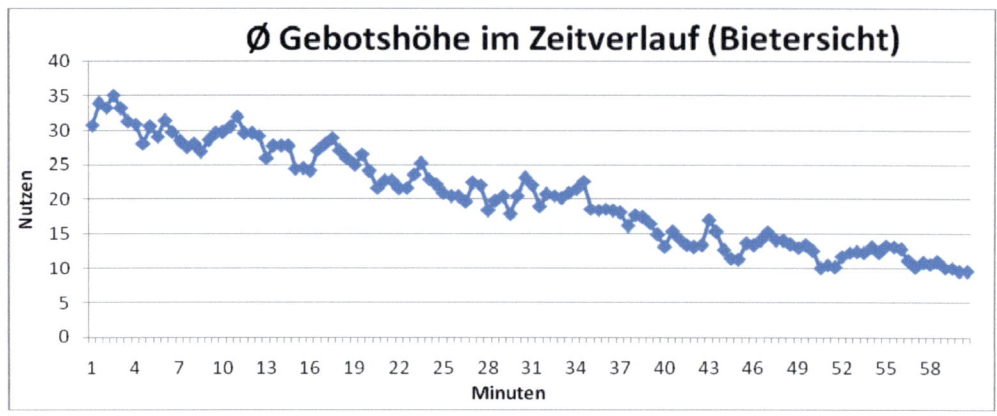

Abbildung 67: Durchschnittliche Gebotshöhe im Zeitverlauf

Der in Abbildung 67 gezeigte Verlauf der durchschnittlichen Gebotshöhe im Imbins-Treatment ähnelt bezüglich Anfangspunkt, Endpunkt und Steigung überraschend stark dem Verlauf des Inauction-Treatment (vgl. Abbildung 60), obwohl es sich bei den beiden Treatments um völlig unterschiedliche Mechanismen und sogar Laufzeiten handelt. Der Verlauf der Gebotshöhe bei meet2trade unterscheidet sich dagegen in den genannten drei Parametern von Inauction und Imbins. Folglich scheint selbst beim Verlauf der Gebote das System einflussreicher als der Mechanismus zu sein, auch wenn diese Beobachtung aufgrund der unterschiedlichen Laufzeiten und Mechanismen nur als Tendenz betrachtet werden kann.

7.2.5 Fazit

Wie sich in dem beschriebenen Experiment herausgestellt hat, übt das Systemdesign einen nicht zu unterschätzenden Einfluss auf das Verhalten der Marktteilnehmer und damit auch auf das Marktergebnis aus. So war das Verhalten der Teilnehmer des meet2trade-Systems geprägt von der schnelleren Möglichkeit der Gebotsabgabe, was zu erheblich mehr Geboten innerhalb der Auktionszeit von 20 Minuten, aber auch zu mehr negativen, d. h. für den Bieter unsinnigen Geboten, führte. In der Folge wichen sowohl das Ergebnis der Allokation als auch die von den Bietern in der Auktion durchschnittlich erzielten Nutzenwerte zwischen den beiden untersuchten Systemen meet2trade und Inauction signifikant voneinander ab. Bedingt durch die höhere Gebotsfrequenz und die daraus entstehende stärkere Konkurrenzsituation ergaben sich bei meet2trade deutlich höhere Nutzenwerte für den Auktionator und niedrigere Nutzenwerte für die erfolgreichen Bieter.

Weiterhin war, ausgelöst vermutlich durch die hohe Bietfrequenz und die gesteigerte Konkur-

renzsituation, bei meet2trade eine deutlich stärkere Neigung zum Überbieten zu beobachten,

die diesen Trend noch verstärkte. Zudem war der Verlauf der sich aus den Geboten ergeben-

den Nutzenkurve über die Zeit bei meet2trade vor allem am Anfang der Auktion deutlich stei-

ler als bei Inauction. Daher stellte sich die zum Ende der Auktion erreichte Nutzendifferenz

zwischen den Systemen zu einem großen Teil bereits nach weniger als zwei Dritteln der Auk-

tionslaufzeit ein. Im Zuge der Auswertungen der objektiven Daten konnten somit fast alle der

im Abschnitt 7.2.1 formulierten Hypothesen bestätigt werden. Tabelle 20 stellt noch einmal

zusammenfassend alle Hypothesen mit den Ergebnissen der Evaluation dar.

Hypothese	Beschreibung	Hypothese bestätigt
H1a	Im meet2trade-System werden durchschnittlich mehr Gebote pro Teilnehmer abgegeben als im Inauction-System.	Ja
H1b	Im meet2trade-System werden durchschnittlich mehr erfolgreiche Gebote pro Teilnehmer abgegeben als im Inauction-System.	Ja
H2	Der durchschnittliche Anteil an nicht erfolgreichen Geboten pro Teilnehmer an der Anzahl der gesamten Gebote pro Teilnehmer beim meet2trade-System liegt höher als beim Inauction-System.	Ja
H3a	Im meet2trade-System liegt der durchschnittliche Nutzen pro Bieter niedriger als im Inauction-System.	Ja
H3b	Im meet2trade-System liegt der durchschnittliche Nutzen für den Auktionator höher als im Inauction-System.	Ja
H4	Im meet2trade-System ist die Tendenz zu überbieten größer, d. h. es werden durchschnittlich mehr Gebote mit negativem Nutzen für den Bieter abgegeben als im Inauction-System.	Ja
H5	Im meet2trade-System wird das Höchstgebot der Auktion schneller erreicht als im Inauction-System.	Nein

Tabelle 20: Hypothesen im Überblick

Neben den unerwartet deutlichen Ergebnisunterschieden zwischen den Systemen überraschen dagegen die vergleichsweise geringen und zum größten Teil nicht signifikanten Unterschiede, die sich auf dem Invite-System beim Wechsel des Mechanismusses ergaben. So unterscheiden sich insbesondere die durchschnittlichen Nutzenwerte für die beteiligten Parteien zwischen den Mechanismen Auktion und Verhandlung nicht signifikant (siehe Tabelle 21 für einen Überblick über die zentralen Vergleichskriterien und den Einfluss des Systems bzw. des Mechanismusses). Weiterhin lassen sich auch beim Bietverhalten, der Anzahl der abgegebenen Gebote sowie bei der Neigung zu Überbieten nur geringe Unterschiede feststellen.

Merkmal	Signifikanter Einfluss des Systems	Signifikanter Einfluss des Mechanismusses
Ø Anzahl abgegebener Gebote	Ja, $p<0{,}001$	Nein
Ø Anzahl negativer Gebote	Ja, $p<0{,}001$	Ja, $p<0{,}05$
Ø Nutzen Bieter	Ja, $p<0{,}001$	Nein
Ø Nutzen Fado	Ja, $p<0{,}001$	Nein

Tabelle 21: Einfluss System vs. Einfluss Mechanimus

Zusammenfassend lässt sich feststellen, dass in diesem Fall das System einen erheblich größeren Einfluss ausgeübt hat als der Mechanismus. Dieses unerwartete Ergebnis legt die Schlussfolgerung nahe, dass bei der Untersuchung von verschiedenen Marktmechanismen sehr genau auf die dabei verwendeten Systeme und dabei insbesondere auf die Benutzeroberfläche geachtet werden muss, damit es nicht zu starken Verzerrungen der Ergebnisse kommt. Das Thema System und Benutzeroberfläche kann dementsprechend nicht als unbedeutend angesehen und daher auch nicht einfach vernachlässig werden. Zusätzlich ist insbesondere im Bereich elektronischer Marktsysteme noch weitere Forschungsarbeit zu leisten, um herauszufinden, welche Elemente, Funktionen und Eigenschaften dieser Systeme besonders starke Auswirkungen auf das Ergebnis haben.

8 Ergebnisse - Subjektive Wahrnehmungen

8.1 Methodik und Vorgehensweise

In einem zweiten Schritt werden im Folgenden nach der Analyse ausschließlich der objektiven Daten auch die subjektiven Daten miteinbezogen. Um die subjektiven Daten zu erheben wird zuerst eine Anzahl Variablen, auch Konstrukte genannt, aus den Bereichen System und Mechanismus, z .B. Zufriedenheit mit dem System, definiert (siehe Abschnitt 8.2 für eine genaue Beschreibung der verwendeten Konstrukte). Da es sich hier um latente Konstrukte handelt, die nicht direkt messbar sind, werden direkt messbare Variablen (Manifesten) zur Hilfe genommen, welche als formative Indikatoren für die Konstrukte dienen. Diese Indikatorvariablen werden mit Hilfe eines elektronischen Fragebogens jeweils am Ende der Experimentsitzungen erhoben (siehe Abschnitt 6.7).

Da die Konstrukte nicht direkt gemessen werden können, sondern mit Hilfe einer angenommenen Aggregation einer oder mehrerer gemessener Variablen ermittelt werden, welche nur unvollkommene Indikatoren der latenten Konstrukte darstellen, ist eine Überprüfung nötig, inwieweit diese Messvariablen tatsächlich einen Beitrag zur Konstruktbildung leisten. Dazu wird in Abschnitt 8.3 eine Faktorenanalyse durchgeführt. Danach werden die wichtigsten Konstrukte zwischen den beiden Treatments S_a und $\overline{S}_a$ verglichen, indem jeweils alle Indikatoren eines Konstrukts gegenübergestellt und mit Hilfe verschiedener Methoden auf signifikante Unterschiede überprüft werden.

Anschließend wird in Abschnitt 8.5 aus den latenten Konstrukten ein Strukturgleichungsmodell aufgestellt, welches die Zusammenhänge zwischen den einzelnen Konstrukten abbildet. Die Aufstellung eines solchen Modells stellt insbesondere bei der Erforschung komplexer Zusammenhänge eine anerkannte Methode dar. Bliemel et al. stellen sogar fest, dass sich Strukturgleichungsmodelle mit latenten Variablen zu einem Quasi-Standard bei der Erforschung komplexer Wirkzusammenhänge in den Wirtschafts- und Sozialwissenschaften entwickelt haben [BlEg05]. Strukturgleichungsmodelle werden oft auch als zweite Generation der Verfahren zur Datenanalyse bezeichnet, da sie im Gegensatz zu den statistischen Verfahren der ersten Generation, wie z. B. Regressionsanalyse oder Methoden wie ANOVA, eine umfassende und simultane Analyse von mehreren unabhängigen und abhängigen Konstrukten erlauben [GeSt00, S. 3]. Ein weiterer Vorteil der Kausalanalyse besteht „in der expliziten Be-

rücksichtigung von Messfehlern in den erhobenen Variablen. Diese wird durch eine Unterscheidung zwischen latenten (unbeobachteten) und (beobachteten) Indikatorvariablen ermöglicht" [HoDo98].

Danach wird das aufgestellte Model analysiert, um zu ermitteln, ob sich die angenommenen
Zusammenhänge bestätigen. Für die Analyse von Strukturgleichungsmodellen mit latenten
Variablen existieren zwei unterschiedliche Ansätze:

- die Kovarianzstrukturanalyse, welche häufig mit Hilfe des Softwarepakets LISREL
  durchgeführt wird (siehe z. B. [Jöre82]) sowie
- die PLS-Pfadanalyse, welche auf der Analyse der Varianzen beruht und die mit Hilfe
  von Software wie SmartPLS oder PLS Graph durchgeführt werden kann (siehe z. B.
  [Wold74]).

Unter bestimmten Bedingungen wird nach Chin und Newsted die Anwendung des PLS-
Ansatzes anstatt der Kovarianzstrukturanalyse empfohlen [ChNe99, S. 336]. Dazu gehören
unter anderem ein relativ kleiner Stichprobenumfang (<200 Beobachtungen), das Nichtvorlie-
gen einer Multinormalverteilung oder ein sehr komplexes Modell mit vielen Indikatoren.
Darüber hinaus ermöglicht der PLS-Ansatz im Gegensatz zur Kovarianzstrukturanalyse neben
dem Einsatz reflektiver Messmodelle auch den Einsatz formativer Messmodelle. Reflektiven
Messmodellen liegt die Annahme zugrunde, dass die latente Variable ihre Indikatoren verursacht, während bei formativen Modellen die Indikatoren die latente Variable verursachen
(siehe auch [FaEg05] für die Diskussion dieser methodischen Frage).

Da im hier vorliegenden Fall ein relativ kleiner Stichprobenumfang gegeben ist, sowie nicht
notwendigerweise eine Multinormalverteilung vorliegt, wird der PLS-Methode der Vorzug
gegenüber der Kovarianzstrukturanalyse gegeben. Es wird ein reieflektives Messmodell angenommen, da dort die Indikatoren austauschbare Messungen der latenten Variable darstellen
(vgl. [BoLe91, S. 308]), was bei den verwendeten Konstrukten des in dieser Arbeit eingesetzten Fragebogens der Fall war. Darüber hinaus verwenden alle Modelle, auf denen das in Abschnitt 8.5 beschriebene Modell basiert, ebenfalls reflektive Messmodelle.

Der PLS-Modellansatz beinhaltet zwei Komponenten eines Kausalmodells: das Messmodell
und das Strukturmodell. Das Messmodell oder äußere Modell beschreibt, wie die beobachte-

ten Indikatoren auf die latenten Variablen (Konstrukte) laden, d. h. den Zusammenhang zwischen den Indikatoren und den latenten Variablen. Demgegenüber beschreibt das Strukturmodell bzw. innere Modell die vermuteten Beziehungen zwischen den latenten Variablen mit Hilfe von Pfadkoeffizienten, welche die relative Stärke der Beziehungen angeben. Das Ziel des PLS-Ansatzes ist es, die Parameter der sich aus den Messmodellen ergebenden beiden Gleichungssysteme anhand der erhobenen empirischen Daten zu bestimmen und in wissenschaftlichem Kontext zu interpretieren [BeHe05, S. 50]. Abbildung 68 zeigt einen Überblick über die Komponenten eines PLS-Modells. Die Pfadkoeffizienten werden hier mit γ_j und die Ladungsfaktoren mit λ_i bezeichnet, während die Residuen durch die Buchstaben $\delta, \varepsilon, \zeta$ dargestellt werden.

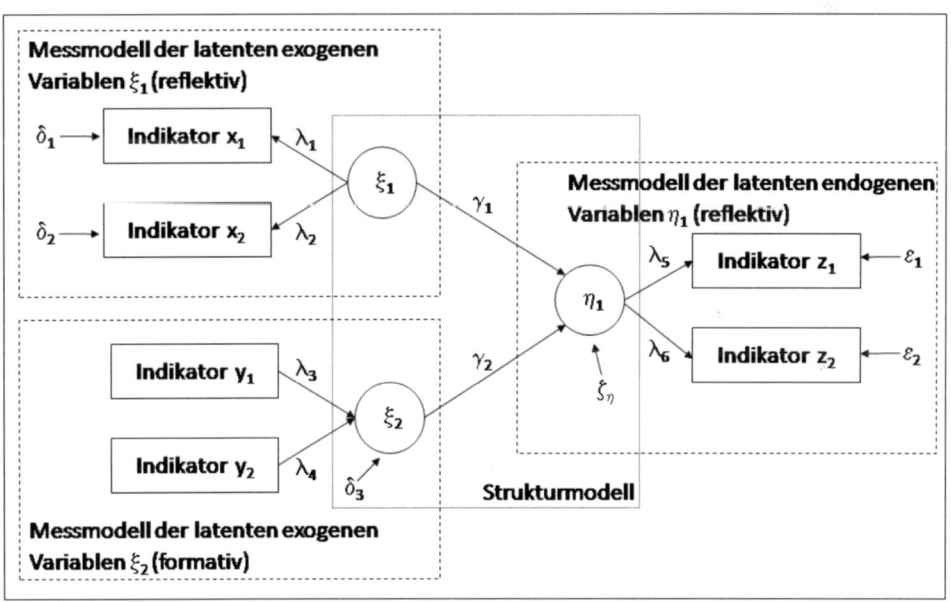

Abbildung 68: Messmodell und Strukturmodell im PLS-Ansatz[52]

Der Basisalgorithmus des PLS-Verfahrens zur Schätzung des unbekannten Modellparameter (Beobachtungswerte der latenten Variablen, Pfadkoeffizienten, Ladungen) verläuft in drei Phasen (vgl. [Lohm89, S. 30]): In der ersten Phase werden die latenten Variablen als gewichtete Summe ihrer Indikatoren geschätzt. Dann werden in der zweiten Phase die Ladungen und die Pfadkoeffizienten durch die normale Regression der kleinsten Quadrate (OLS - Ordinary Least Squares) ermittelt. Schließlich werden in der dritten Phase die Durchschnittswerte und

---

[52] In Anlehnung an [GöLi04] und [Ring04]

das konstante Glied ("location parameter") für die linearen Regressionsfunktionen geschätzt. Für eine genaue Beschreibung des PLS-Algorithmus siehe [BeHe05].

Für die anschließende Evaluation der Güte von PLS-Modellen sind zwei Schritte nötig. Zuerst wird das Messmodel überprüft, indem die Inhaltsvalidität, die Indikatorreliabilität, die Konstruktreliabilität sowie die Diskriminanzvalidität getestet werden. Eine Beschreibung der Güte-arten sowie der Beurteilungskriterien reflektiver Konstrukte zeigt die folgende Tabelle 22 (nach [KrGö05] und [GöLi04]):

Güteart	**Definition**	**Methoden und Kriterien**
Inhaltsvalidität	Abbildungsgrad der Konstruktbedeutung durch die Indikatoren	- Explorative Faktoranalyse zur Untersuchung der zugrundeliegenden Faktorstruktur
Indikatorreliabilität	Erklärungsgrad der Indikator-Varianz durch das Konstrukt	- Mehr als 50% der Varianz des Indikators sollte durch das Konstrukt erklärt werden, d. h. gen $\lambda > 0,7$ - Elimination von Indikatoren mit Ladungen $< 0,40$
Konstruktreliabilität	Erklärt, wie gut ein Konstrukt durch die ihm zugeordneten Indikatorvariablen gemessen wird	- Durchschnittlich erfasste Varianz DEV sollte größer sein als die quadrierte Korrelation der latenten Variablen mit anderen latenten Variablen - DEV $> 0,50$
Diskriminanzvalidität	Unterschiedlichkeitsgrad der Messungen verschiedener Konstrukte mit einem Messinstrument	- Interne Konsistenz IK$>0,70$ - Alternativ: Cronbach's Alpha$>0,70$

Tabelle 22: Gütebeurteilung reflektiver Konstrukte

Im zweiten Schritt erfolgt dann die Prüfung des Strukturmodells. Hierzu werden vor allem das Bestimmtheitsmaß (R^2) der endogenen Variablen aus der Regression des Strukturmodells sowie die Vorzeichen und die Signifikanzen der Pfadkoeffizienten herangezogen. R^2 gibt den Anteil der erklärten Varianz des latenten Konstrukts wieder. Es ist umso größer je höher der

Anteil der erklärten Streuung an der Gesamtstreuung ist. Die Reliabilität der Pfadkoeffizienten in Bezug auf die Schätzung wird mit Hilfe der bootstrapbasierten t-Werte überprüft - ein t-Wert größer als 1,98 zeigt signifikante Pfade auf einem Signifikanzniveau von $\alpha = 0,05$ an (zweiseitig). Nicht signifikante Pfade oder der Hypothesenformulierung entgegen gesetzte Vorzeichen der Pfadkoeffizienten widerlegen die entsprechend aufgestellten Hypothesen, signifikante Pfade mit korrektem Vorzeichen unterstützen die angenommene Beziehung empirisch (siehe [KrGö05, S. 83f]). Tabelle 23 zeigt eine Übersicht über die Gütekriterien für die Beurteilung des Strukturmodells (in Anlehnung an [GöLi04] und [KrGö05]):

Güteart	**Definition**	**Methoden und Kriterien**
Ausmaß und Signifikanz der Pfadkoeffizienten	Stärke der Wirkungsbeziehung zwischen den Konstrukten	- | Pfadkoeffizienten | > 0,1 - Überprüfung des Reliabilität anhand der t-Statistik (Resampling Prozedur), t-Wert>1,98 (zweiseitig)
Bestimmtheitsmaß	Anteil der erklärten Varianz des Konstrukts	- Interpretierbar wie bei multipler Regression - Keine allgemein gültige Aussage möglich, ab welcher Höhe R^2 als gut anzusehen ist, individuelle Betrachtung nötig
Substanzieller Erklärungsbeitrag	Substanzieller Einfluss der exogenen Variablen auf die endogenen Variablen	- Effektgröße $f^2 > 0$
Progonoserelevanz	Anpassung des Modells an die empirischen Daten	- Stone-Geisster Testkriterium Q^2 der Redundanz > 0

Tabelle 23: Gütekriterien zur Beurteilung des Strukturmodells

Eine Gütebeurteilung des gesamten Modells ist beim PLS-Ansatz im Gegensatz zur Kovarianzstrukturanalyse nicht möglich, was einen der Nachteile dieses Ansatzes darstellt. Daher ist nach der Gütebeurteilung des Strukturmodells der Prozess der Validierung des PLS-Modells abgeschlossen.

8.2 Fragebogen und Messgrößen

Der zur Ermittlung der subjektiven Wahrnehmungen der Experimenteilnehmer eingesetzte Fragebogen besteht aus zwei Teilen und insgesamt 69 Fragen. Der erste Teil beinhaltet Fragen, die hauptsächlich auf den verwendeten Mechanismus abzielen, der zweite Teil ist auf das System fokussiert. Die 69 Fragen bilden zusammen 19 Konstrukte, welche aber nicht alle in die Auswertung einbezogen werden, da zum einen ein Teil der Daten auch für zukünftige Auswertungen gesammelt wurden und zum anderen die Komplexität des entwickelten Modells nicht zu groß werden soll, um noch sinnvoll Zusammenhänge erkennen zu können. Die wichtigsten für die Auswertung verwendeten latenten Konstrukte mit ihren Indikatoren werden nachfolgend beschrieben und erklärt. Der vollständige Fragebogen findet sich in Anhang E. Aufgrund der Tatsache, dass das Experiment im englischsprachigen Raum durchgeführt wurde, sind alle Fragen in Englisch. Daher werden für alle Messgrößen sowohl die Originalfragen in Englisch als auch ihre deutschen Übersetzungen dargestellt.

- **Zufriedenheit mit dem Ergebnis (Satisfaction with outcome - SatO)**

  Mit dieser Variablen wird die Zufriedenheit der Teilnehmer mit dem Ergebnis der Auktion ermittelt. Die Indikatoren werden mittels einer sieben-Punkt Likert-Skala gemessen, die von „very satisfied" (sehr zufrieden, 3) bis „very dissatisfied" (sehr unzufrieden, -3) reicht.

Indikator	Frage	Übersetzung
	How satisfied or dissatisfied are you…	**Wie zufrieden oder unzufrieden sind Sie…**
SatO_1	with the achieved outcome?	mit dem erzielten Ergebnis?
SatO_2	in terms of meeting your expectations?	bezüglich des Erreichens Ihrer Erwartungen?
SatO_3	with the solution being favorable for you?	wenn Sie die Vorteilhaftigkeit der Lösung für sich selbst betrachten?
SatO_4	when looking at what you originally desired?	wenn Sie das Ergebnis betrachten, dass Sie ursprünglich erreichen wollten?

Tabelle 24: Indikatoren für Zufriedenheit mit dem System

- **Zufriedenheit mit dem Mechanismus (Satisfaction with Mechanism)**

  Hier wird gemessen, wie zufrieden die Teilnehmer mit dem Austauschprozess von Angeboten, d. h. in diesem Fall dem Auktionsmechanismus, sind. Die Indikatoren werden mittels einer sieben-Punkt Likert-Skala gemessen, die von „strongly agree" (stimme sehr stark zu, 3) bis zu „strongly disagree" (stimme überhaupt nicht zu, -3) reicht.

Indikator	Frage	Übersetzung
	Regarding the exchange process (i.e. offers and/or messages) …	**Bezüglich des Austauschprozesses (von Geboten und/oder Nachrichten) …**
SatM_1	I am satisfied with the experience gained.	bin ich zufrieden mit dem Zugewinn an Erfahrung.
SatM_2	I am pleased with its effectiveness.	bin ich zufrieden mit seiner Effektivität.
SatM_3	I believe it was adequate for this business scenario.	glaube ich, dass er für diesen Anwendungsfall geeignet war.
SatM_4	I beliebe it met my task requirements.	glaube ich, dass er den Anforderungen meiner Aufgabe gerecht wurde.

Tabelle 25: Indikatoren für Zufriedenheit mit dem Mechanismus

- **Einstellung gegenüber dem Mechanismus (Attitude towards mechanism - AttM)**

  Diese Objekt-basierte Variable wird ebenfalls durch vier Indikatoren gemessen. Die Skalen wurden von [ChJo93] adaptiert und reichen hier im Gegensatz zu den anderen Konstrukten von einer „negativen Wahrnehmung" (-3) bis zu einer „positiven Wahrnehmung" (3). Die jeweils verwendeten Skalen finden sich in der folgenden Tabelle.

Indikator	Frage	Übersetzung
	During the exchange process (i.e. offers and/or messages), I felt…	**Während des Austauschprozesses (von Geboten und/oder Nachrichten) fühlte ich mich…**
AttM_1	pleased 3,2,1,0,-1,-2,-3 frustrated	zufrieden 3,2,1,0,-1,-2,-3 frustriert
AttM_2	happy 3,2,1,0,-1,-2,-3 sad	glücklich 3,2,1,0,-1,-2,-3 traurig
AttM_3	confident 3,2,1,0,-1,-2,-3 uncertain	selbstsicher 3,2,1,0,-1,-2,-3 unsicher
AttM_4	fulfilled 3,2,1,0,-1,-2,-3 annoyed	erfüllt 3,2,1,0,-1,-2,-3 verärgert

Tabelle 26: Indikatoren für Einstellung gegenüber dem Mechanismus

- **Wahrgenommene Nützlichkeit des Systems (Perceived Usefulness - PU)**

  Die wahrgenommene Nützlichkeit beschreibt den Grad, zu dem der Nutzer glaubt, dass die Nutzung des Systems seine Performance verbessert. In der Praxis wird die wahrge-nommene Nützlichkeit über einer Reihe von Überzeugungen (Beliefs) bezüglich der Pro-duktivität, Qualität und Effizienz bezüglich einer spezifischen Aufgabe, die der Teilneh-mer mit dem System erfüllen muss, abgefragt [DaBa89]. Diese Indikatoren wurden von [DaBa89] adaptiert und mittels einer sieben-Punkt Likert-Skala gemessen, die von „strongly agree" (stimme sehr stark zu, +3) bis zu „strongly disagree" (stimme überhaupt nicht zu, -3) reicht.

Indikator	Frage	Übersetzung
	I believe that the system would …	**Ich glaube, dass das System…**
PU_1	help me achieve my objectives.	mir hilft, meine Ziele zu erreichen.
PU_2	improve my performance.	meine Performance verbessert.
PU_3	allow me to reach an outcome faster.	es mir erlaubt, ein schnelleres Ergebnis zu erzielen.
PU_4	provide an appropriate structure.	eine zweckdienliche Struktur zur Ver-fügung stellt.

Tabelle 27: Indikatoren für Nützlichkeit des Systems

- **Wahrgenommene Benutzerfreundlichkeit (Perceived Ease of Use - EoU)**

  Die wahrgenommene Benutzerfreundlichkeit beschreibt den Grad, zu dem der Nutzer glaubt, dass die Nutzung des Systems mühelos ist. Aufwand (Effort) wird hier als limitier-te Ressource angesehen, die ein Nutzer auf seine Aktivitäten verteilen muss [DaBa89]. Die Indikatoren wurden von [DaBa89] adaptiert und mittels einer sieben-Punkt Likert-Skala gemessen, die von „strongly agree" (stimme sehr stark zu, +3) bis zu „strongly di-sagree" (stimme überhaupt nicht zu, -3) reicht.

Indikator	Frage	Übersetzung
	I believe that the system would …	**Ich glaube, dass das System…**
EoU_1	be easy to use.	einfach zu benutzen ist.
EoU_2	be clear and understandable to work with.	bei der Nutzung einfach und leicht zu verstehen ist.
EoU_3	be easy to learn.	leicht zu erlernen ist.

Tabelle 28: Indikatoren für Benutzerfreundlichkeit

- **Intention zur Nutzung des Systems (Intention to Use - Inten)**

  Durch diese Verhaltensvariable wird die Stärke der Absicht gemessen, das System auch in der Zukunft zu nutzen, falls die Teilnehmer Zugang dazu hätten. Die Indikatoren wurden von [DaBa89] adaptiert und mittels einer sieben-Punkt Likert-Skala gemessen, die von „strongly agree" (stimme sehr stark zu, +3) bis zu „strongly disagree" (stimme überhaupt nicht zu, -3) reicht.

Indikator	Frage	Übersetzung
	If I had access to this system, I would ...	**Wenn ich Zugang zu diesem System hätte, würde ich...**
Inten_1	use it to improve my skills.	es nutzen, um meine Fähigkeiten zu verbessern.
Inten_2	use it to prepare for negotiation / auction.	es nutzen, um mich auf Verhandlungen und Auktionen vorzubereiten.
Inten_3	use it in the future.	es in der Zukunft benutzen.
Inten_4	use it for training.	es für Trainingszwecke benutzen.

Tabelle 29: Indikatoren für Intention zur Nutzung des Systems

- **Informationsqualität (Information Quality - Infq)**

  Die Informationsqualität ist die Objekt-basierte Meinung über die Informationen, die vom System zur Verfügung gestellt werden. Die Informationsqualität ist ein wichtiger Indikator für effektives Informationsmanagement. Informationsqualität wird in der Literatur durch eine Vielzahl von Kriterien, wie beispielsweise Vollständigkeit, Richtigkeit und Präsentation beschrieben [DeMc92] ; [Eppl03, S. 69ff]. Die Indikatoren werden mittels einer sieben-Punkt Likert-Skala gemessen, die von „strongly agree" (stimme sehr stark zu, 3) bis zu „strongly disagree" (stimme überhaupt nicht zu, -3) reicht.

Indikator	Frage	Übersetzung
	I believe that the system would provide...	**Ich glaube, dass das System...**
Infq_1	me with all the information that I need.	mir alle Informationen liefert, die ich brauche.
Infq_2	comprehensive Information.	mir umfassende Informationen liefert.
Infq_3	information that is clearly presented on the screen.	Informationen liefert, die übersichtlich auf dem Bildschirm dargestellt werden.
Infq_4	adequate information.	mir adäquate Informationen liefert.

Tabelle 30: Indikatoren für Informationsqualität

- **Systemqualität (System Quality - Sysq)**

  Die Systemqualität ist die Objekt-basierte Meinung über die Qualität des Systems [DeMc92]. Hierbei werden verschiedene Indikatoren für Zuverlässigkeit und Performance des Systems erhoben. Die Indikatoren werden mittels einer sieben-Punkt Likert-Skala gemessen, die von „strongly agree" (stimme sehr stark zu, 3) bis zu „strongly disagree" (stimme überhaupt nicht zu, -3) reicht.

Indikator	Frage	Übersetzung
	I believe that the system would ...	**Ich glaube, dass das System...**
Sysq_1	operate reliably.	zuverlässig operiert.
Sysq_2	perform consistently.	beständig funktioniert.
Sysq_3	respond promptly to my requests.	ohne Verzögerung auf meine Anfragen antwortete.
Sysq_4	provide timely performance.	hohe Performance liefert.

Tabelle 31: Indikatoren für Systemqualität

Daneben werden noch weitere Messgrößen verwendet, deren Indikatoren nicht mit Hilfe des Fragebogens erhoben, sondern aus dem objektiven Teil der Auswertung entnommen werden. Diese Messgrößen sind:

- **Performance**

  Die Variable Performance wird mittels des Indikators Rating gemessen. Dieser beinhaltet die objektiv gemessenen erzielten Nutzenwerte der Teilnehmer (siehe auch Abschnitt 7.2.3).

- **Gruppenzugehörigkeit (Group)**

  Die unabhängige Kontrollvariable Gruppenzugehörigkeit wird mittels der Stellvertretervariablen (Dummy Variablen) G1 und G2 modelliert. Die bezüglich ihrer Nutzenfunktion am besten gestellten Bieter vom Typ Cory erhalten für G1 und G2 den Wert 1, die mittleren Bieter vom Typ Uli die Werte 0 und 1 sowie die am schlechtesten gestellten Bieter vom Typ Mosico für beide Variablen den Wert 0.

- **System**

  Die unabhängige Kontrollvariable System wird mittels der Stellvertretervariable (Dummy Variable) Sys modelliert. Hierbei wird meet2trade durch den Wert 0 und Invite durch den Wert 1 repräsentiert.

Um eine leichtere Auswertung und Speicherung zu ermöglichen, wurden alle mittels siebenstufiger Skalen erhobenen Indikatoren intern nicht als Textwerte gespeichert, sondern als Zahlenwerte von -3 bis +3 codiert.

8.3 Faktorenanalyse

Als erster Schritt vor dem Vergleich der latenten Konstrukte zwischen den Systemen sowie dem Aufstellen eines Kausalmodells wird eine Faktorenanalyse durchgeführt. Da die Konstrukte in der Regel mit mehreren Indikatoren gemessen wurden, muss diese Faktorenanalyse durchgeführt werden, um zu überprüfen, ob die verwendeten Indikatorvariablen auf das Konstrukt laden, d. h. auch wirklich das gewünschte Konstrukt messen. Die Faktorenanalyse wird mittels SPPS Version 14 durchgeführt; als Extraktionsmethode zur Berechnung der Faktoren wird dabei die Hauptkomponentenanalyse gewählt. Tabelle 32 stellt die Ergebnisse der Faktorenanalyse als rotierte Komponentenmatrix[53] dar, die jeweils höchsten Ladungen eines Faktors sind farblich markiert. Nach Carmines und Zeller sind hier Werte größer als 0,7 als akzeptabel anzusehen [CaZe79].

---

[53] Als Rotationsmethode kam Varimax mit Kaiser-Normalisierung zum Einsatz.

	Komponente							
	Inten	SysQ	SatO	InfoQ	Usef	AttM	SatM	EuO
SatO_1	,024	,190	,820	,130	,103	,149	,057	-,025
SatO_2	-,016	,029	,852	,086	,128	,142	,190	,004
SatO_3	,119	,080	,844	,095	,073	,041	,007	,078
SatO_4	,123	,016	,810	-,008	,053	,101	,136	,020
SatM_1	,251	,142	,138	,211	,088	,196	,697	,190
SatM_2	,087	,308	,173	,184	,322	,176	,707	,146
SatM_3	,340	,174	,056	,304	,105	,146	,679	,015
SatM_4	,248	,102	,236	,104	,320	,138	,650	,056
AttM_1	,062	,242	,156	,115	,295	,740	,046	,092
AttM_2	,166	,060	,271	,188	,110	,770	,152	,096
AttM_3	,171	,040	-,026	,086	,006	,779	,128	,113
AttM_4	,199	,251	,257	,059	,200	,663	,235	,080
PU_1	,255	,211	,122	,202	,656	,186	,372	,136
PU_2	,309	,214	,186	,172	,704	,234	,282	,078
PU_3	,252	,303	,160	,143	,713	,173	,060	,212
PU_4	,360	,192	,118	,192	,681	,122	,240	,138
EoU_1	,139	,179	,022	,144	,122	,124	,167	,812
EoU_2	,069	,343	,021	,000	,340	,094	,181	,699
EoU_3	,137	,066	,024	,157	,017	,111	-,019	,839
Inten_1	,745	,021	,051	,241	,260	,072	,133	,103
Inten_2	,823	,074	,035	,162	,151	,200	,168	,182
Inten_3	,773	,215	,183	,085	,311	,163	,219	,061
Inten_4	,807	,144	,077	,177	,117	,176	,213	,103
InfoQ_1	,283	,193	,088	,741	,215	,207	,146	-,087
InfoQ_2	,272	,206	,163	,772	,144	,187	,171	,014
InfoQ_3	,098	,124	,072	,691	,044	,054	,135	,356
InfoQ_4	,127	,269	,082	,733	,181	,072	,272	,267
SysQ_1	,137	,770	,150	,129	,076	,055	,245	,230
SysQ_2	,126	,821	,079	,139	,162	,153	,195	,112
SysQ_3	,058	,796	,117	,229	,206	,088	,036	,144
SysQ_4	,090	,783	,018	,148	,159	,164	,083	,065

Tabelle 32: Ergebnis der Faktorenanalyse

Wie der Tabelle zu entnehmen ist, wird diese Bedingung in der großen Mehrzahl der Fälle erfüllt. Da die einzelnen Fälle, bei denen eine Unterschreitung des Wertes von 0,7 zu beobachten ist, diese Unterschreitung nur minimal ist und in der Regel auch nicht alle Indikatoren eines Konstrukts betroffen sind, werden diese Fälle hier trotzdem als akzeptabel angesehen. Darüber hinaus gelten erst Indikatoren mit Ladungen geringer als 0,4 als unbrauchbar, so dass diese eliminiert werden sollten [Hull99]. Folglich werden alle in Abschnitt 8.2 beschriebenen latenten Konstrukte durch ihre jeweils genannten Indikatoren sinnvoll beschrieben und können für den weiteren Vergleich der Systeme verwendet werden.

8.4 Vergleich der latenten Konstrukte

Um herauszufinden, ob die beiden Systeme von den Experimentteilnehmern unterschiedlich beurteilt werden und damit zu bestimmen, ob es für die in Abschnitt 7.2 ermittelten Unterschiede zwischen den Systemen auch noch weitere Erklärungsansätze gibt, sollen die im Abschnitt 8.2 beschriebenen Konstrukte zwischen den beiden Systemen verglichen werden. Zuerst wird jedoch eine deskriptive Analyse der Daten aus den Fragebögen für beide Systeme getrennt durchgeführt. Die Ergebnisse dieser Analyse finden sich als Häufigkeitsverteilung in Tabelle 33 für meet2trade und in Tabelle 34 für Inauction. Für die Auswertung wurden die ordinalskalierten Skalen als Zahlenwerte von -3 bis 3 kodiert. Da die zu beurteilenden Fragen bzw. Aussagen immer positiv formuliert waren, enspricht -3 hier jeweils immer dem schlechtesten Wert (d. h. zum Beispiel „stimme überhaupt nicht zu") und 3 dem besten Wert (siehe auch Abschnitt 8.2). In den letzten beiden Spalten ist jeweils der Mittelwert und zusätzlich der Median für jede Indikatorvariable angegeben.

Indikator	-3		-2		-1		0		1		2		3		Gesamt (n=80)	
	n	%	n	%	n	%	N	%	n	%	n	%	n	%	MW	Median
SatO_1	5	6,3	4	5,0	19	23,8	14	17,5	18	22,5	15	18,8	5	6,3	0,26	0
SatO_2	5	6,3	6	7,5	17	21,3	14	17,5	16	20,0	16	20,0	6	7,5	0,28	0
SatO_3	3	3,8	4	5,0	21	26,3	15	18,8	21	26,3	8	10,0	8	10,0	0,29	0
SatO_4	8	10,0	6	7,5	28	35,0	15	18,8	6	7,5	10	12,5	7	8,8	-0,21	-1
SatM_1	0	0,0	1	1,3	2	2,5	13	16,3	8	10,0	36	45,0	20	25,0	1,70	2
SatM_2	0	0,0	4	5,0	2	2,5	9	11,3	17	21,3	35	43,8	13	16,3	1,45	2
SatM_3	1	1,3	3	3,8	9	11,3	7	8,8	11	13,8	36	45,0	13	16,3	1,30	2
SatM_4	1	1,3	3	3,8	4	5,0	9	11,3	20	25,0	30	37,5	13	16,3	1,33	2
AttM_1	3	3,8	3	3,8	2	2,5	11	13,8	29	36,3	22	27,5	10	12,5	1,08	1
AttM_2	0	0,0	0	0,0	2	2,5	18	22,5	25	31,3	19	23,8	16	20,0	1,36	1
AttM_3	0	0,0	0	0,0	2	2,5	10	12,5	18	22,5	30	37,5	20	25,0	1,70	2
AttM_4	1	1,3	2	2,5	7	8,8	11	13,8	22	27,5	25	31,3	12	15,0	1,18	1
PU_1	1	1,3	1	1,3	6	7,5	8	10,0	21	26,3	30	37,5	13	16,3	1,36	2
PU_2	1	1,3	2	2,5	3	3,8	12	15,0	17	21,3	30	37,5	15	18,8	1,40	2
PU_3	1	1,3	1	1,3	3	3,8	8	10,0	17	21,3	32	40,0	18	22,5	1,59	2
PU_4	1	1,3	1	1,3	5	6,3	5	6,3	21	26,3	35	43,8	12	15,0	1,46	2
EoU_1	0	0,0	1	1,3	0	0,0	1	1,3	7	8,8	43	53,8	28	35,0	2,19	2
EoU_2	2	2,5	0	0,0	0	0,0	2	2,5	13	16,3	40	50,0	23	28,8	1,95	2
EoU_3	0	0,0	0	0,0	0	0,0	1	1,3	8	10,0	38	47,5	33	41,3	2,29	2
Inten_1	0	0,0	3	3,8	3	3,8	8	10,0	13	16,3	32	40,0	21	26,3	1,64	2
Inten_2	0	0,0	3	3,8	1	1,3	9	11,3	15	18,8	26	32,5	26	32,5	1,73	2
Inten_3	2	2,5	2	2,5	0	0,0	13	16,3	16	20,0	25	31,3	22	27,5	1,53	2
Inten_4	0	0,0	1	1,3	4	5,0	7	8,8	17	21,3	29	36,3	22	27,5	1,69	2
InfoQ_1	1	1,3	1	1,3	7	8,8	4	5,0	21	26,3	34	42,5	12	15,0	1,41	2
InfoQ_2	0	0,0	3	3,8	3	3,8	6	7,5	23	28,8	32	40,0	13	16,3	1,46	2
InfoQ_3	1	1,3	0	0,0	4	5,0	4	5,0	13	16,3	43	53,8	15	18,8	1,71	2
InfoQ_4	0	0,0	1	1,3	5	6,3	2	2,5	16	20,0	42	52,5	14	17,5	1,69	2
SysQ_1	1	1,3	0	0,0	0	0,0	7	8,8	10	12,5	43	53,8	19	23,8	1,88	2
SysQ_2	0	0,0	1	1,3	1	1,3	5	6,3	15	18,8	42	52,5	16	20,0	1,80	2
SysQ_3	1	1,3	0	0,0	4	5,0	5	6,3	10	12,5	43	53,8	17	21,3	1,75	2
SysQ_4	2	2,5	0	0,0	2	2,5	2	2,5	11	13,8	43	53,8	20	25,0	1,86	2

Tabelle 33: Ergebnisse der meet2trade Teilnehmerbefragung (Häufigkeiten)

Wie aus der Tabelle zu entnehmen ist, wird das System bezüglich aller Konstrukte sehr gut beurteilt. Dies ist an den ermittelten Medianen und Mittelwerten für die Indikatorvariablen der verschiedenen Konstrukte zu erkennen. Beispielsweise ist der Median aller Indikatoren für die Systemqualität (SysQ) 2 und die Mittelwerte befinden sich alle nahe 1,8. Dies entspricht starker Zustimmung zu den positiv formulierten Fragen des Konstrukts (siehe Abschnitt 8.2). Ein ähnliches Bild ergibt sich für die Informationsqualität (Infq), die Intention das System zu nutzen (Inten), die Benutzerfreundlichkeit (EoU) sowie die Nützlichkeit (PU). Auch die Zufriedenheit mit dem Auktionsmechanismus (SatM) ist vergleichbar hoch, mit leichten Abstrichen bei der Einstellung gegenüber dem Mechanismus (AttM), welche jedoch trotzdem immer noch eindeutig im positiven Bereich liegt. Dagegen fällt die Zufriedenheit mit dem Ergebnis der Auktion deutlich geringer aus. Hier liegen die Mediane und Durchschnittswerte eher im neutralen Bereich mit einem Indikator (SatO_4), der etwas ins Negative geht. Dieses Ergebnis überrascht jedoch nicht, da es zum einen bei jeder Auktion nur einen Gewinner unter den drei konkurrierenden Agenten geben kann und zum anderen der Auktionsmechanismus recht zuverlässig für hohe Nutzenwerte des Auktionators verbunden mit vergleichsweise niedrigen Nutzenwerten der Auktionsgewinner sorgt. Berücksichtigt man diese Faktoren, fällt die Zufriedenheit mit dem Ergebnis sogar etwas höher als erwartet aus.

Indikator	-3		-2		-1		0		1		2		3		Gesamt	
	n	%	n	%	n	%	n	%	n	%	n	%	n	%	MW	Median
SatO_1	7	8,9	8	10,1	13	16,5	8	10,1	13	16,5	26	32,9	4	5,1	0,34	1
SatO_2	5	6,3	7	8,9	13	16,5	6	7,6	23	29,1	19	24,1	6	7,6	0,47	1
SatO_3	6	7,6	7	8,9	11	13,9	14	17,7	14	17,7	21	26,6	6	7,6	0,39	1
SatO_4	7	8,9	9	11,4	9	11,4	16	20,3	20	25,3	14	17,7	4	5,1	0,15	0
SatM_1	1	1,3	1	1,3	3	3,8	5	6,3	16	20,3	29	36,7	24	30,4	1,75	2
SatM_2	2	2,5	2	2,5	3	3,8	5	6,3	24	30,4	31	39,2	12	15,2	1,38	2
SatM_3	1	1,3	4	5,1	2	2,5	6	7,6	20	25,3	36	45,6	10	12,7	1,38	2
SatM_4	1	1,3	2	2,5	2	2,5	8	10,1	19	24,1	35	44,3	12	15,2	1,47	2
AttM_1	3	3,8	4	5,1	7	8,9	6	7,6	22	27,8	29	36,7	8	10,1	1,01	1
AttM_2	0	0,0	0	0,0	5	6,3	13	16,5	19	24,1	28	35,4	14	17,7	1,42	2
AttM_3	0	0,0	2	2,5	12	15,2	7	8,9	10	12,7	27	34,2	21	26,6	1,41	2
AttM_4	2	2,5	4	5,1	8	10,1	6	7,6	20	25,3	29	36,7	10	12,7	1,09	1
PU_1	0	0,0	3	3,8	2	2,5	5	6,3	25	31,6	41	51,9	3	3,8	1,37	2
PU_2	1	1,3	1	1,3	3	3,8	7	8,9	19	24,1	39	49,4	9	11,4	1,47	2
PU_3	1	1,3	2	2,5	2	2,5	3	3,8	25	31,6	37	46,8	9	11,4	1,48	2
PU_4	0	0,0	2	2,5	0	0,0	7	8,9	24	30,4	38	48,1	8	10,1	1,52	2
EoU_1	1	1,3	2	2,5	2	2,5	1	1,3	17	21,5	32	40,5	24	30,4	1,82	2
EoU_2	0	0,0	1	1,3	3	3,8	2	2,5	16	20,3	38	48,1	19	24,1	1,82	2
EoU_3	0	0,0	0	0,0	3	3,8	3	3,8	15	19,0	33	41,8	25	31,6	1,94	2
Inten_1	0	0,0	0	0,0	3	3,8	6	7,6	24	30,4	34	43,0	12	15,2	1,58	2
Inten_2	0	0,0	2	2,5	2	2,5	4	5,1	19	24,1	36	45,6	16	20,3	1,68	2
Inten_3	2	2,5	3	3,8	1	1,3	5	6,3	20	25,3	34	43,0	14	17,7	1,48	2
Inten_4	2	2,5	1	1,3	2	2,5	6	7,6	13	16,5	37	46,8	18	22,8	1,66	2
InfoQ_1	0	0,0	3	3,8	4	5,1	10	12,7	21	26,6	32	40,5	9	11,4	1,29	2
InfoQ_2	0	0,0	1	1,3	1	1,3	10	12,7	18	22,8	39	49,4	10	12,7	1,56	2
InfoQ_3	0	0,0	0	0,0	2	2,5	2	2,5	14	17,7	42	53,2	19	24,1	1,94	2
InfoQ_4	0	0,0	0	0,0	4	5,1	4	5,1	17	21,5	42	53,2	12	15,2	1,68	2
SysQ_1	1	1,3	3	3,8	7	8,9	2	2,5	13	16,5	40	50,6	13	16,5	1,47	2
SysQ_2	2	2,5	2	2,5	5	6,3	5	6,3	18	22,8	35	44,3	12	15,2	1,38	2
SysQ_3	3	3,8	1	1,3	10	12,7	5	6,3	15	19,0	30	38,0	15	19,0	1,25	2
SysQ_4	3	3,8	3	3,8	8	10,1	3	3,8	18	22,8	32	40,5	12	15,2	1,20	2

Tabelle 34: Ergebnisse der Inauction Teilnehmerbefragung (Häufigkeiten)

Die Betrachtung der Ergebnisse des Inauction-Treatment aus Tabelle 34 zeigt ein dem meet2trade-Treatment sehr ähnliches Ergebnis. So sind die Mediane der Indikatoren für die meisten Konstrukte identisch mit denen des meet2trade-Treatment. Allerdings sind die Mediane bei der hier vorliegenden aus nur sieben Werten bestehenden ganzzahligen Skala zu grob, um damit kleinere Unterschiede feststellen zu können. Bei den Mittelwerten ergeben sich zwar bei einigen Konstrukten Abweichungen der Mittelwerte um bis zu 0,7; da die Konstrukte jedoch immer aus drei bis vier möglicherweise unterschiedlich gewichteten Indikatoren zusammengesetzt sind, ist die Größe des Unterschieds und insbesondere die Signifikanz aus den Tabellen nicht auf einfache Weise beurteilbar. Auffällig ist dagegen, dass die Zufriedenheit mit dem Ergebnis bei Inauction etwas höher ausfällt als bei meet2trade. So befindet sich unter den Medianen aller vier Indikatoren bei Inauction (1,1,1,0) kein negativer Wert, darüber hinaus sind alle Mediane höher als bei meet2trade (0,0,0,-1). Dieses Resultat lässt sich anhand der Ergebnisse aus Abschnitt 7.2.3 erklären: Die Auktionsgewinner im Inauction-Treatment schneiden bezüglich der erzielten Nutzenwerte signifikant besser ab als die Auktionsgewinner im meet2trade-Treatment, was sich offensichtlich auch auf die Zufriedenheit mit dem Ergebnis niederschlägt.

Um eine bessere Beurteilung der Unterschiede zwischen den Konstrukten zu ermöglichen, werden im Folgenden die Durchschnittswerte der einzelnen Indikatorvariablen errechnet und anschließend mit Hilfe der im vorherigen Abschnitt bei der Faktorenanalyse ermittelten Faktoren gewichtet[54] und dann aggregiert. Zwar müssten streng genommen hier normalverteilte Daten mit äquidistanten Skalen vorliegen, um den Mittelwert bilden zu dürfen. Diese Voraussetzungen können bei den vorliegenden Daten zwar nicht garantiert werden, jedoch wird der Mittelwert hier trotzdem eingesetzt, da er ein sehr viel griffigeres Maß bietet als die Häufigkeitsverteilungen aus den vorhergehenden Tabellen und daher die Unterschiede zwischen den Systemen leichter zu erkennen sind. Daneben verlässt sich die Auswertung nicht alleine auf die Prüfung der Mittelwerte, sondern bezieht auch die Häufigkeitsverteilungen sowie die Mediane der einzelnen Indikatoren in die Bewertung mit ein. Tabelle 35 zeigt dazu den Vergleich der Konstrukte zwischen den Systemen unter Berücksichtigung der Mediane sowie der Häufigkeitsverteilungen. Bei den Häufigkeitsverteilungen wird hierzu in negative Bewertungen,

---

[54] Um die so ermittelten Durchschnittswerte auf der ursprünglich verwendeten Skala von -3 bis +3 zu erhalten, werden nicht die standardisierten Faktoren direkt aus der Faktorenanalyse als Gewichte verwendete, sondern in relative Gewichte umgerechnet, indem sie durch die Anzahl der verwendeten Indikatorvariablen des jeweiligen Konstrukts dividiert werden.

positive Bewertungen und neutrale Bewertungen, d.h. Antworten mit dem Code 0, unterschieden.

Indikator	% negativ m2t	% negativ InAuction	% positiv m2t	% positiv InAuction	% Neutral M2t	% Neutral InAuction	Median m2t	Median Inauction
SatO_1	35,0	35,4	47,5	54,4	17,5	10,1	0	1
SatO_2	35,0	31,6	47,5	60,8	17,5	7,6	0	1
SatO_3	35,0	30,4	46,3	51,9	18,8	17,7	0	1
SatO_4	52,5	31,6	28,8	48,1	18,8	20,3	-1	0
SatM_1	3,8	6,3	80,0	87,3	16,3	6,3	2	2
SatM_2	7,5	8,9	81,3	84,8	11,3	6,3	2	2
SatM_3	16,3	8,9	75,0	83,5	8,8	7,6	2	2
SatM_4	10,0	6,3	78,8	83,5	11,3	10,1	2	2
AttM_1	10,0	17,7	76,3	74,7	13,8	7,6	1	1
AttM_2	2,5	6,3	75,0	77,2	22,5	16,5	1	2
AttM_3	2,5	17,7	85,0	73,4	12,5	8,9	2	2
AttM_4	12,5	17,7	73,8	74,7	13,8	7,6	1	1
PU_1	10,0	6,3	80,0	87,3	10,0	6,3	2	2
PU_2	7,5	6,3	77,5	84,8	15,0	8,9	2	2
PU_3	6,3	6,3	83,8	89,9	10,0	3,8	2	2
PU_4	8,8	2,5	85,0	88,6	6,3	8,9	2	2
EoU_1	1,3	6,3	97,5	92,4	1,3	1,3	2	2
EoU_2	2,5	5,1	95,0	92,4	2,5	2,5	2	2
EoU_3	0,0	3,8	98,8	92,4	1,3	3,8	2	2
Inten_1	7,5	3,8	82,5	88,6	10,0	7,6	2	2
Inten_2	5,0	5,1	83,8	89,9	11,3	5,1	2	2
Inten_3	5,0	7,6	78,8	86,1	16,3	6,3	2	2
Inten_4	6,3	6,3	85,0	86,1	8,8	7,6	2	2
InfoQ_1	11,3	8,9	83,8	78,5	5,0	12,7	2	2
InfoQ_2	7,5	2,5	85,0	84,8	7,5	12,7	2	2
InfoQ_3	6,3	2,5	88,8	94,9	5,0	2,5	2	2
InfoQ_4	7,5	5,1	90,0	89,9	2,5	5,1	2	2
SysQ_1	1,3	13,9	90,0	83,5	8,8	2,5	2	2
SysQ_2	2,5	11,4	91,3	82,3	6,3	6,3	2	2
SysQ_3	6,3	17,7	87,5	75,9	6,3	6,3	2	2
SysQ_4	5,0	17,7	92,5	78,5	2,5	3,8	2	2

Tabelle 35: Vergleich der Konstrukte zwischen meet2trade und Inauction

Die so ermittelten Durchschnittswerte berücksichtigen somit die unterschiedlichen Gewichte der einzelnen Indikatoren und können daher zum Vergleich der beiden Systeme anhand der Konstrukte verwendet werden. Um zu überprüfen, ob sich die beiden Systeme bezüglich eines Indikators signifikant voneinander unterscheiden, kommt wieder der Mann-Whitney-U Test basierend auf den aggregierten Variablen zum Einsatz. In Tabelle 36 sind die mit dieser Methode ermittelten Durchschnittswerte der einzelnen Konstrukte für beide Systeme sowie die Ergebnisse der Signifikanzprüfung aufgeführt:

Konstrukt	meet2trade	Inauction	Signifikanz
SatO	0,13	0,28	Nein, p>0,05
SatM	0,99	1,02	Nein, p>0,05
AttM	0,99	0,91	Nein, p>0,05
PU	1,00	1,01	Nein, p>0,05
EoU	1,69	1,46	Ja, p<0,05
Inten	1,30	1,26	Nein, p>0,05
Infq	1,15	1,18	Nein, p>0,05
Sysq	1,44	1,05	Ja, p<0,01

Tabelle 36: Gegenüberstellung der latenten Variablen zwischen den Systemen

Wie sich zeigt, liegen auch die Durchschnittswerte der zu den Konstrukten aggregierten Variablen bei beiden Systemen relativ nahe beieinander. So lassen sich merkliche Unterschiede nur bei der Zufriedenheit mit dem Ergebnis (SatO), der Benutzerfreundlichkeit (EoU) sowie der Systemqualität (Sysq) feststellen, wobei bei dieser Methode der gewichteten, aggregierten Durchschnittswerte der Unterschied bei der Zufriedenheit mit dem Ergebnis kleiner als bei der Betrachtung der Indikatormediane und darüber hinaus auch nicht signifikant ausfällt. Jedoch zeigen sowohl die Häufigkeitsverteilung als auch die Mediane der Indikatoren bezüglich der Zufriedenheit eine deutlich höhere Zufriedenheit der Bieter mit dem Auktionsergebnis von Inauction. Insbesondere beim Indikator SatO_4, wo die Zufriedenheit bezüglich der ursprünglich anvisierten Ziele abgefragt wurde, schneidet Inauction besonders positiv im Vergleich zu meet2trade ab. Dieses Resultat überrascht jedoch vor dem Hintergrund der signifikant höheren Ergebnisse für die Bieter (siehe Abschnitt 7.2.3) bei Inauction nicht.

Hingegen sind die festgestellten Unterschiede der Systemqualität und der Benutzerfreundlichkeit zwar relativ klein, aber trotzdem signifikant. Diese Unterschiede lassen sich bei der Beurteilung der Mediane nicht feststellen, da die bei ganzzahliger Skala folglich auch ganzzahligen Mediane diese kleinen Unterschiede nicht erfassen können. Jedoch bestätigen die Häufigkeitsverteilungen der betroffenen Indikatoren die beobachteten Unterschiede. So beurteilten beispielsweise bei allen drei Indikatoren der Benutzerfreundlichkeit (EoU_1, EoU_2, EoU_3) bei meet2trade deutlich mehr Teilnehmer das System besser als mit 1 (88,8%, 78,8 %, 88,8 %) als bei Inauction (70,4%, 72,2%, 73,4 %).

Zusammenfassend lässt sich festhalten, dass beide Systeme in allen Kriterien als gut bewertet wurden. Darüber hinaus ergeben sich nur vergleichsweise kleine Unterschiede bei wenigen Konstrukten wie der Zufriedenheit mit dem Ergebnis, der Benutzerfreundlichkeit und der Systemqualität. Aufgrund der schwierigen Beurteilung der Ergebnisse können jedoch noch weitere bisher unentdeckte Unterschiede existieren. So zeigt ein Chi-Quadrat-Unabhängigkeitstest für einen Großteil der Indikatorvariablen eine unterschiedliche Verteilung im Systemvergleich, jedoch ist eine Interpretation dieser Unterschiede aus den in diesem Abschnitt genannten Gründen mit den bisher angewandten Methoden nicht möglich. Um den Zusammenhängen und Einflussfaktoren auf die Wahrnehmungen der Teilnehmer auf die Spur zu kommen, wird im nächsten Schritt ein Kausalmodell entwickelt und mit Hilfe der PLS-Methode untersucht.

8.5 Modell

Um aus den zur Verfügung stehenden Konstrukten (siehe Abschnitt 8.2) ein aussagekräftiges Kausalmodell zu erstellen, lehnt sich das Modell an die weit verbreiteten Modelle TAM ([DaBa89], siehe auch Abschnitt 6.2), das DeLone und McLean Modell (D&M, vgl. [DeMc92]) sowie das in Abschnitt 6.2 vorgestellte TIMES Modell (vgl. [ChKe07]) an.

8.5.1 Das TAM Modell nach Davis und Bagozzi

Das TAM Modell ist eine Adaption der aus dem Bereich der Soziologie stammenden Theorie of Reasoned Action TRA und liefert ein konzeptuelles Rahmenwerk, um die Einflussfaktoren, die zur Ablehnung oder Annahme von informationstechnischen Systemen führen, zu erklären. Die wichtigsten Einflussfaktoren im TAM sind die wahrgenommene Nützlichkeit (PU) sowie die wahrgenommene Benutzerfreundlichkeit (EoU). Diese wirken sich auf die Einstellung gegenüber dem beabsichtigten Gebrauch des Systems (Attitude towards usage, A) aus. Sie stellt die vom Nutzer geäußerte Tendenz gegenüber der Systemnutzung dar, die sich als positive oder negative Reaktion auf das System ergibt. Somit gilt laut Davis et al.:

   A = PU + EoU [DaBa89, S. 986ff]

Zusätzlich existiert noch der Einfluss externer Variablen (EV). Diese können die verschiedensten Bereiche außerhalb der inneren Überzeugungen, Einstellungen und Intention, die ja schon im TAM selbst berücksichtigt sind, abdecken. Externe Variablen können zum Beispiel Eigenschaften des Systems (wie Informationsqualität), aber auch sonstige äußerliche Einflussfaktoren wie individuelle Unterscheidungsmerkmale oder situationsbedingte Einschränkungen sein. Im TAM Modell haben externe Faktoren ausschließlichen Einfluss auf die Konstrukte EoU und PU, der Einfluss auf andere Konstrukte des Modells ist nur indirekt über diese beiden zentralen Faktoren. EoU wird dabei ausschließlich von externen Variablen beeinflusst, während PU zusätzlich noch von EoU beeinflusst wird. Der angenommene Einfluss von PU auf EoU basiert auf der Annahme, dass durch eine verbesserte Benutzerfreundlichkeit (EoU) Mühe und Zeit eingespart wird, was sich dann wiederum auf die PU niederschlägt. Diese Beziehung war im ursprünglichen TAM Modell ([Davi86]) zwar nicht enthalten, wurde aber in einer späteren Arbeit ([DaBa89]) hauptsächlich basierend auf weiteren empirischen Arbeiten eingeführt. Daraus ergeben sich die folgenden Gleichungen ([DaBa89, S. 988]):

$$PU = EoU + EV$$
$$EoU = EV$$

Aus der TRA wurde die Beziehung der AttU auf die Verhaltensvariable Intention zur Nutzung (Intention to Use, INT) übernommen. Daneben wird aber auch der PU ein direkter Einfluss auf die INT zugeschrieben, d. h. also

$$INT = A + PU \text{ [DaBa89, S. 986ff]}$$

Dieser Einfluss leitet sich von der Idee ab, dass die Intentionen der Nutzer zu bestimmten Verhaltensweisen auf dem wahrgenommenen Performanceeinfluss dieses Verhaltens basiert.

Schließlich postuliert das TAM basierend auf den Aussagen des TRA, dass die tatsächliche Nutzung des Systems (Usage) auf direktem Weg ausschließlich durch die INT beeinflusst wird. Alle anderen Faktoren haben nur indirekt über die INT Einfluss auf die Systemnutzung. Aus den beschriebenen Einflussfaktoren ergibt sich das folgende Bild:

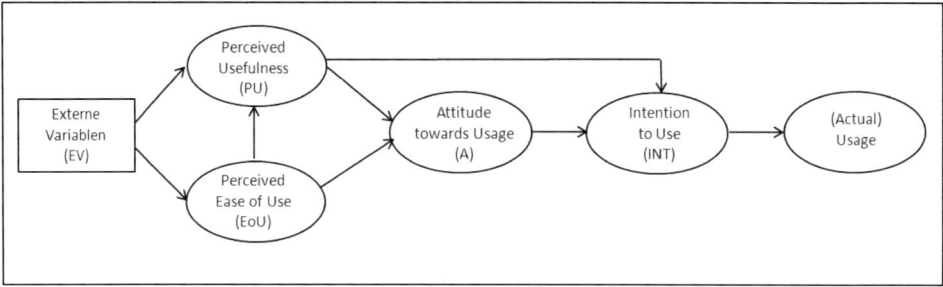

Abbildung 69: TAM Modell nach [DaBa89]

8.5.2 Das DeLone und McLean Modell

Ein weiteres Modell, welches entwickelt wurde, um den Erfolg von Informationssystemen zu untersuchen, ist das DeLone und McLean Modell. Hierzu führten DeLone und McLean eine Untersuchung von 180 konzeptuellen und empirischen Studien durch. Dabei zeigte sich, dass der Erfolg von Informationssystemen in der Literatur zwar sehr ausführlich diskutiert wurde, aber jeder Forscher den Erfolg von Informationssystemen aus einer unterschiedlichen Perspektive betrachtete. So wurden je nach Forscher entweder eher semantische oder technische Aspekte, Aspekte der Effektivität, die Zusammenhänge oder Kombinationen hieraus betrachtet. Aus den zum Teil stark divergierenden Blickwinkeln der Verfasser entwickelten DeLone und McLean eine umfassende Taxonomie, welche in einem zweiten Schritt genutzt wurde, um die vielen Aspekte des Erfolgs von Informationssystemen in ein deskriptives Modell zu integrieren [DeMc92]. Als Ergebnis der Taxonomie ergaben sich sechs Dimensionen des Erfolgs: Systemqualität (System Quality), Informationsqualität (Information Quality), Systemnutzung (Use), Nutzerzufriedenheit (User Satisfaction), Einfluss auf das Individuum (Individual Impact) sowie Einfluss auf die Organisation (Organizational Impact). Diese sechs Dimensionen wurden nicht als unabhängig, sondern als in gegenseitiger Beziehung stehend postuliert. Da das Modell aus der Integration der verschiedensten Perspektiven gewonnen, aber nicht empirisch überprüft wurde, konnten zum damaligen Zeitpunkt noch keine endgültigen Aussagen über die Validität des Modells gemacht werden. Darüber hinaus ergaben sich über die Jahre Änderungen in der Rolle und im Management von Informationssystemen. Daher präsentieren DeLone und McLean zehn Jahre später in [DeMc03] ein überarbeitetes aktualisiertes Modell, welches zwar stark auf dem grundsätzlichen D&M Modell basiert, aber neuere Entwicklungen und zahlreiche mittels des ursprünglichen Modells durchgeführte empirische Studien berücksichtigt.

Die wichtigsten Einflussfaktoren im überarbeiteten D&M Modell sind Systemqualität (System Quality) und Informationsqualität (Information Quality), welche bereits in Abschnitt 8.2 beschrieben wurden.[55] Diese beiden Faktoren beeinflussen direkt die Nutzerzufriedenheit (User Satisfaction) sowie die Nutzung (Use). Da Nutzung ein multi-dimensionales Konzept und daher schwer zu interpretieren ist, wird in der überarbeiteten Fassung die Intention zur Nutzung (Intention to Use) als Alternative vorgeschlagen. Darüber hinaus besteht eine Beziehung zwischen User Satisfaction und Intention to Use, da eine höhere Zufriedenheit mit dem System zu einer größeren Intention zur Systemnutzung und damit auch zur erhöhten Nutzung des Systems führt. Das Konstrukt User Satisfaction wirkt sich schließlich auf die Netto-Vorteile (Net Benefits) aus. Als Netto-Vorteile werden hier die Auswirkungen, die der Nutzer mit Hilfe des Systems realisiert hat, d.h. also die mit Hilfe des Systems erzielte Performance,

---

[55] Darüber hinaus existiert ein dritter Einflussfaktor Servicequalität (Service Quality), welcher in dieser Arbeit jedoch nicht weiter berücksichtigt wurde, da die Servicequalität im Rahmen des beschriebenen Experiments keine Rolle spielt.

bezeichnet. Des Weiteren existieren Feedback Schleifen von Net Benefits zurück zu den beiden Konstruktcn Intention to Use und User Satisfaction. Wenn ein System also weiter eingesetzt wird, wirkt sich die Performance demnach auf die weitere Intention das System zu nutzen und die Nutzerzufriedenheit aus. In Abbildung 70 ist das überarbeitete D&M Modell mit
den wichtigsten Konstrukten und Beziehungen dargestellt.

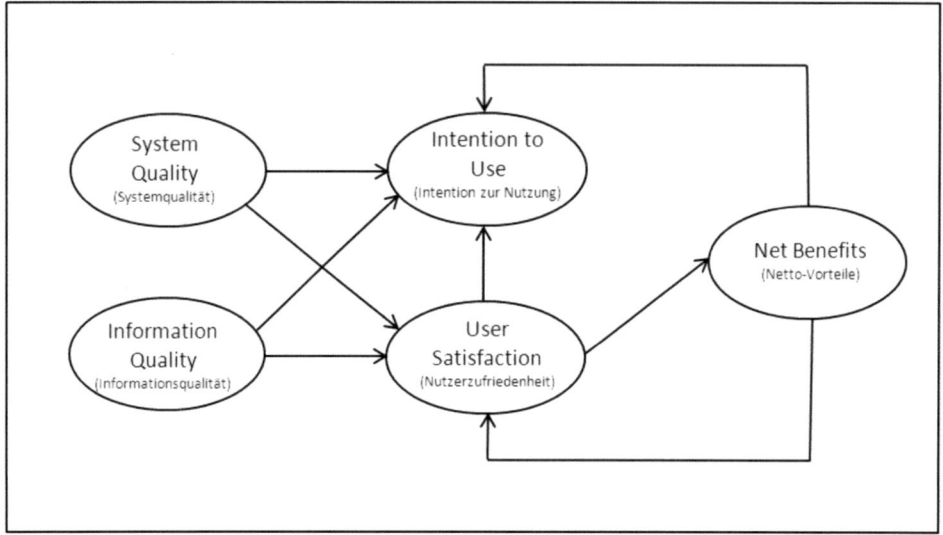

Abbildung 70: Überarbeitetes D&M Modell, adaptiert von [DeMc03]

8.5.3 Entwicklung eines Modells zur Untersuchung des Systemeinflusses

Die beschriebenen Modelle TAM, D&M sowie TIMES werden als Grundlage für die Entwicklung eines eigenen Modells zur Untersuchung des Systemeinflusses genutzt. Dafür werden die vorgeschlagenen Konstrukte an das in dieser Arbeit verwendete Szenario angepasst
und ggf. eliminiert oder erweitert. Anschließend werden die in den Modellen postulierten Beziehungen auf die sinnvolle Verwendbarkeit in diesem Kontext überprüft. Somit ergibt sich
ein neues Modell, welches im Kern eine Kombination aus den Modellen TAM, D&M und
TIMES darstellt, aber an die Anforderungen des Systemvergleichs angepasst und erweitert
wird.

Aus dem D&M Modell werden die Konstrukte Systemqualität (System Quality) und Informationsqualität (Information Quality) übernommen, welche auf den Einfluss der beiden externen
Variablen Gruppenzugehörigkeit und System untersucht werden. Da die im TAM Modell

ausschließlich verwendeten Konstrukte Benutzerfreundlichkeit (Ease of Use) und Nützlichkeit (Usefulness) relativ abstrakt sind und dem Systemdesigner wenig Anhaltspunkte für Verbesserungen geben, ist die Ergänzung mit den beiden aus dem D&M Modell übernommenen,
konkreteren Faktoren System- und Informationsqualität hier sinnvoll. Systemqualität und Informationsqualität werden dann analog dem D&M Modell mit Ease of Use und Usefulness
verknüpft. Folglich üben die externen Variablen im neuen kombinierten Modell keinen direkten Einfluss aus, sondern indirekt über die beiden Qualitätsmaße für das System. Die Nützlichkeit wird hingegen direkt ohne den Umweg über die Einstellung gegenüber der Systemnutzung (Attitude towards Usage) mit der Intention zur Systemnutzung verknüpft, um ein
möglichst kompaktes Modell zu erhalten.

Die Nutzerzufriedenheit wird mittels 2 Konstrukten gemessen - der Zufriedenheit mit dem
System (Satisfaction with System) und der Zufriedenheit mit dem (Auktions-)Mechanismus
(Satisfaction with Process). Des Weiteren wird statt einer direkten Verknüpfung der Nutzer-
zufriedenheit mit der Intention das System zu nutzen (Intention to Use) analog dem TIMES
Modell ein Zwischenschritt über das Konstrukt Nützlichkeit eingefügt. Aus Gründen der
Übersichtlichkeit und der Nähe zum Konstrukt Zufriedenheit mit dem Mechanismus wird das
in Abschnitt 8.2 beschriebene Konstrukt Einstellung gegenüber dem Mechanismus (Attitude
towards Mechanism) im Modell nicht berücksichtigt. Schließlich wird noch Performance als
Messgröße für den erzielten Nutzen eingeführt, um zu überprüfen, ob auch im Kausalmodell
die Wahl des Systems bzw. der Teilnehmergruppe die Performance beeinflusst. In der Summe
ergibt sich aus den beschriebenen Konstrukten und Beziehungen das in Abbildung 71 dargestellte Modell.

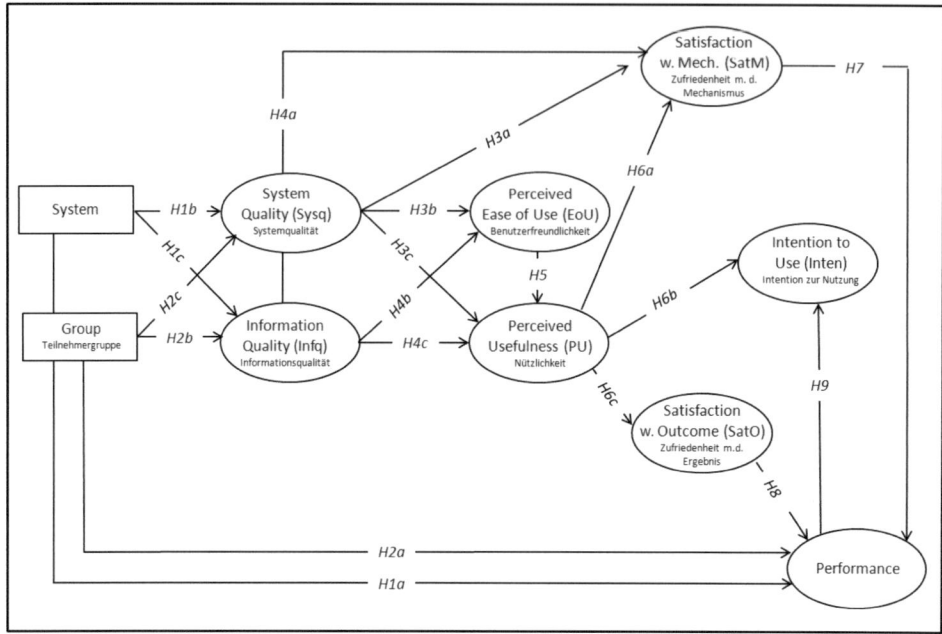

Abbildung 71: Strukturmodell zur Untersuchung des Systemeinflusses

Die in dem Modell dargestellten Beziehungen basieren auf den verwendeten Grundlagenmo-
dellen und zusätzlichen Überlegungen für das in dieser Arbeit untersuchte Szenario. Da hier
der Einfluss des Systems untersucht werden soll, wurde als externe Kontrollvariable das System eingeführt. Da die Nutzergruppen unterschiedlich ausgestaltete Nutzenfunktionen zugewiesen bekamen, wird zusätzlich die Kontrollvariable Group verwendet, um zu überprüfen,
ob dieser Faktor Einfluss auf die Wahrnehmungen der Teilnehmer hat. Wie bereits die Ergebnisse des Kapitels 7 zeigen, besteht ein deutlicher Einfluss sowohl des Systems als auch des
Agententyps (bzw. der Teilnehmergruppe) auf die Performance der Teilnehmer. Darüber hinaus scheint es naheliegend, dass die Wahl des Systems auch die wahrgenommene Systemqualität und weiterhin aufgrund der unterschiedlichen Darstellungsmöglichkeiten der Systeme
auch die wahrgenommene Informationsqualität beeinflusst. Daher ergeben sich die folgenden
Hypothesen:

Hypothese 1: Einfluss des Systems

H1a: Die Wahl des meet2trade-Systems resultiert in niedriger Performance für die
       Teilnehmer.

H1b: Die Wahl des meet2trade-Systems führt zu höherer wahrgenommener Systemqualität.

H1c: Die Wahl des meet2trade-Systems führt zu höherer wahrgenommener Informationsqualität.

Des Weiteren erscheint es möglich, dass die Zuteilung zu einer besser gestellten Nutzergruppe auch zu einer besseren Beurteilung der System- und Informationsqualität führt, da besser gestellte Teilnehmer wie sich in Kapitel 7 gezeigt hat, weniger bieten müssen und darüber hinaus aufgrund ihrer besseren Nutzenfunktion auch weniger an dem Mangel an Informationen über die Nutzenfunktionen der anderen Teilnehmer leiden.

Hypothese 2: Einfluss der Teilnehmergruppe

H2a: Die Zuteilung zu einer bezüglich ihrer Nutzenfunktion besser gestellten Teilnehmergruppe führt zu höherer Performance.

H2b: Die Zuteilung zu einer bezüglich ihrer Nutzenfunktion besser gestellten Teilnehmergruppe führt zu einer besseren Beurteilung der Systemqualität.

H2c: Die Zuteilung zu einer bezüglich ihrer Nutzenfunktion besser gestellten Teilnehmergruppe führt zu einer besseren Beurteilung der Informationsqualität.

Da die wahrgenommene Benutzerfreundlichkeit und Nützlichkeit wichtige Charakteristiken eines Systems darstellen, ist zu vermuten, dass die Systemqualität beide Konstrukte beeinflusst. Darüber hinaus ist der Mechanismus für die Teilnehmer Bestandteil des Systems, daher lässt sich auch ein Einfluss der Systemqualität auf die Zufriedenheit mit dem Mechanismus erwarten.

Hypothese 3: Einfluss der Systemqualität

H3a: Systemqualität hat einen positiven Einfluss auf die Zufriedenheit mit dem Mechanismus.

H3b: Systemqualität hat einen positiven Einfluss auf die wahrgenommene Benutzerfreundlichkeit.

H3c: Systemqualität hat einen positiven Einfluss auf die wahrgenommene Nützlichkeit

Das für die Systemqualität Gesagte gilt sinngemäß auch für die Informationsqualität. Somit ergeben sich:

Hypothese 4: Einfluss der Informationsqualität

H4a: Informationsqualität hat einen positiven Einfluss auf die Zufriedenheit mit dem Me-
      chanismus.

H4b: Informationsqualität hat einen positiven Einfluss auf die wahrgenommene Benutzer-
      freundlichkeit.

H4c: Informationsqualität hat einen positiven Einfluss auf die wahrgenommene Nützlichkeit

Wie bereits im TAM Modell formuliert, liegt der Einfluss der Benutzerfreundlichkeit auf die
wahrgenommene Nützlichkeit eines Systems auf der Hand.

Hypothese 5: Einfluss der Benutzerfreundlichkeit

H5:   Die wahrgenommene Benutzerfreundlichkeit hat einen positiven Einfluss auf die
      wahrgenommene Nützlichkeit.

Venkatesh et al. haben gezeigt, dass die wahrgenommene Nützlichkeit den wichtigsten Ver-
haltensfaktor zur Erklärung der Intention von Nutzern, ein System zu nutzen, darstellt [Ve-
Mo03]. Weiterhin lässt sich vermuten, dass auch die wahrgenommene Nützlichkeit des Systems die Zufriedenheit der Teilnehmer positiv beeinflusst. Diese Vermutung wird auch von
DeLone und McLean postuliert [DeMc03].

Hypothese 6: Einfluss der Nützlichkeit

H6a: Die wahrgenommene Nützlichkeit des Systems hat einen positiven Einfluss auf die
      Zufriedenheit mit dem Mechanismus.

H6b: Die wahrgenommene Nützlichkeit hat einen positiven Einfluss auf die Intention das
      System zu nutzen.

H6c: Die wahrgenommene Nützlichkeit des Systems hat einen positiven Einfluss auf die
      Zufriedenheit mit dem Ergebnis.

In ihrer Metastudie von 1992 identifizieren DeLone und McLean das Konstrukt Nutzerzufriedenheit (User Satisfaction) als am häufigsten verwendete Messgröße für den Erfolg von Informationssystemen [DeMc92]. Daher kann unter Berücksichtigung des Forschungsmodells
angenommen werden, dass sich die Zufriedenheit mit dem Mechanismus positiv auf die Performance des Systems auswirkt.

Hypothese 7: Einfluss der Zufriedenheit mit dem Mechanismus

H7:   Die Zufriedenheit mit dem Mechanismus hat einen positiven Einfluss auf die Performance.

Da die Zufriedenheit in diesem Modell in die beiden Faktoren Zufriedenheit mit dem Mechanismus und Zufriedenheit mit dem Ergebnis getrennt wurde, gilt für den Einfluss der Zufriedenheit mit dem Ergebnis analog das bei der Zufriedenheit mit dem Mechanismus Gesagte.

Hypothese 8: Einfluss der Zufriedenheit mit dem Ergebnis

H8:   Die Zufriedenheit mit dem Ergebnis hat einen positiven Einfluss auf die Performance.

Schließlich lässt sich analog den im D&M Modell vorgesehenen Feedbackschleifen vermuten, dass die Performance sich positiv auf die Intention, das System in Zukunft zu benutzen, auswirkt.

Hypothese 9: Einfluss der Performance

H9:   Die Performance hat einen positiven Einfluss auf die Intention das System zu nutzen.

8.5.4 Analyse des Modells

Um das aufgestellte Modell auf seine Güte hin zu überprüfen sowie die im vorherigen Abschnitt aufgestellten Hypothesen zu bestätigen bzw. abzulehnen, erfolgt im nächsten Schritt die Analyse der Daten mittels des PLS-Ansatzes. Dabei wird zuerst das Messmodell evaluiert, um zu überprüfen, ob die Beziehungen zwischen den Indikatoren und latenten Variablen durch die Stichprobendaten bestätigt werden können. Hierzu werden die Kriterien aus Tabelle 22 in Abschnitt 8.1 herangezogen. Anschließend wird das Strukturmodell bzw. die darunterliegenden Hypothesen getestet. Dabei finden die Evaluationskriterien aus Tabelle 23 Verwendung. Zur Datenanalyse wurde die Software SmartPLS in der Version 2.0M3 eingesetzt. Die Ergebnisse der PLS-Analyse des Messmodells finden sich in Tabelle 37.

Latente Variable	Indikator	Ladung	T-Wert	Cronbach Alpha	DEV	Fornell-Larker[56]
-	-	>0,70	>1,98	>0,70	>0,50	Erfüllt?
Satisfation with Outcome	SatO_1	0,8710	25,9653	0,8842	0,7425	Ja
	SatO_2	0,8920	45,6686			
	SatO_3	0,8602	36,3394			
	SatO_4	0,8219	24,7906			
Satisfaction with Mechanism	SatM_1	0,8275	23,0196	0,8624	0,7083	Ja
	SatM_2	0,8865	36,0590			
	SatM_3	0,8337	23,7381			
	SatM_4	0,8170	23,0791			
Perceived Usefulness	PU_1	0,9063	47,9883	0,9165	0,8002	Ja
	PU_2	0,9317	62,6735			
	PU_3	0,8561	26,0309			
	PU_4	0,8823	36,3857			
Perceived Ease of Use	EoU_1	0,8890	24,1744	0,8299	0,7414	Ja
	EoU_2	0,8863	33,2621			
	EoU_3	0,8052	12,8508			
Intention to Use	Inten_1	0,9234	54,7933	0,9158	0,7986	Ja
	Inten_2	0,8862	34,4753			
	Inten_3	0,8566	26,1024			
	Inten_4	0,9072	41,6091			
Information Quality	InfoQ_1	0,8551	27,1581	0,8729	0,7251	Ja
	InfoQ_2	0,8989	45,7065			
	InfoQ_3	0,7777	8,3797			
	InfoQ_4	0,8696	27,2863			
System Quality	SysQ_1	0,8847	23,0156	0,9006	0,7711	Ja
	SysQ_2	0,9132	48,4538			
	SysQ_3	0,8848	34,2287			
	SysQ_4	0,8276	18,7576			

Tabelle 37: Ergebnisse der PLS-Analyse (Messmodell)

---

[56] Das Fornell Larker Kriterium besagt, dass die Wurzel der DEV einer latenten Variable größer sein sollte als die Korrelationen zwischen dieser Variable und allen anderen Variablen (siehe auch Tabelle 22).

Wie sich also zeigt, erfüllen alle Indikatoren und latenten Variablen des Messmodells die in Abschnitt 8.1 aufgestellten Kriterien bezüglich der Indikatorreliabilität, der Konstruktreliabilität und der Diskriminanzvalidität. Die Inhaltsvalidität wurde bereits durch die Faktorenanalyse in Abschnitt 8.3 sichergestellt.

Da alle Kriterien zur Gütebeurteilung des Messmodells die Mindestanforderungen übertreffen, kann nun die Beurteilung des Strukturmodells erfolgen. Die Analyse des Strukturmodells mit PLS ergibt die folgenden in Abbildung 72 dargestellten Beziehungen. In der Abbildung sind an den Kanten die Pfadkoeffizienten und zusätzlich die sich mittels Bootstrapping ergebenden T-Werte zur Signifikanzprüfung aufgetragen. Nicht signifikante Beziehungen sind durch gestrichelte Kanten dargestellt.

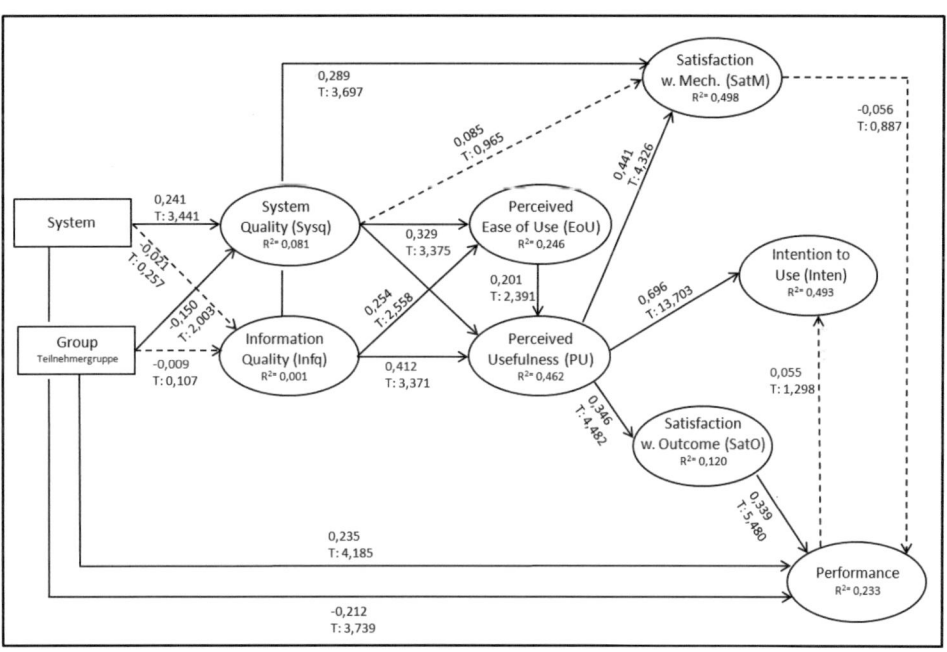

Abbildung 72: Ergebnisse der Analyse des Strukturmodells

Wie aus der Abbildung zu erkennen ist, sind die meisten der postulierten Beziehungen signifikant. Daher und aufgrund der mit den Hypothesen übereinstimmenden Vorzeichen der Pfadkoeffizienten können die meisten der Hypothesen aus Abschnitt 8.5.3 bestätigt werden. Darüber hinaus kann eine gute Prognoserelevanz des Modells festgestellt werden, da das Stone-Geisser Q^2 der Redundanz für alle latenten Variablen positive Werte liefert (siehe Tabelle 38).

	Sysq	Infq	EoU	PU	SatM	SatO	Inten	Perf
Q^2	0,0172	0,0001	0,1037	0,1195	0,1834	0,0890	0,0062	0,0755

Tabelle 38: Stone-Geisser Q^2 der Redundanz für das Strukturmodell

Aufgrund der großen Anzahl der Hypothesen werden im Folgenden nur die abgelehnten Hypothesen und die unerwarteten Ergebnisse behandelt. Interessant ist, dass sich die Wahl des Systems bzw. der Teilnehmergruppe zwar signifikant auf die Systemqualität ausgewirkt hat (H1b, H2c), aber keinerlei Auswirkungen auf die Informationsqualität von beiden Variablen feststellbar sind (H1c, H2b). Somit muss davon ausgegangen werden, dass die Teilnehmer zwar durchaus einen Unterschied bei der Systemqualität feststellen konnten, mit der Informationsdarstellung aber bei beiden Systemen ähnlich zufrieden waren. Dies könnte man mit dem nahezu identischen Informationsgehalt der beiden Systeme erklären. Welche Faktoren letztendlich die Informationsqualität beeinflussen, bleibt bei dieser Untersuchung jedoch im Dunkeln, was Raum für zukünftige Forschung in diesem Bereich lässt. Des Weiteren ist zwar ein Einfluss der Gruppe auf die Systemqualität festzustellen (H2c), jedoch mit umgekehrtem Vorzeichen als in Hypothese H2c vermutet. Die bezüglich der Nutzenfunktion besser gestellten Teilnehmer beurteilten demnach das System schlechter als die schlechter gestellten Teilnehmer. Hierzu lässt sich die Vermutung anstellen, dass die schlechter gestellten Teilnehmer sich intensiver mit den Systemen beschäftigen mussten und daher eher die Vorzüge der Systeme beurteilen konnten als die besser gestellten Teilnehmer.

Wie sich herausstellt, haben sowohl die Informations- als auch die Systemqualität signifikanten positiven Einfluss auf die wahrgenommene Benutzerfreundlichkeit und Nützlichkeit des Systems (H3b, H3c, H4b, H4c). Diese wurden zwar bei beiden Systemen relativ gut bewertet (siehe Abschnitt 8.4), jedoch bleibt auch hier noch Raum für Verbesserungen. Da die R^2 Werte, d.h. der durch das dargestellte Modell erklärte Anteil an der Varianz der latenten Variablen sowohl bei System- als auch bei Informationsqualität relativ niedrig sind, lohnt sich hier in besonderem Maße die Suche nach noch nicht berücksichtigten Einflussfaktoren, um Ansatzpunkte für zukünftige Verbesserungen der Systeme zu erhalten. Darüber hinaus übt interessanterweise zwar die Informationsqualität Einfluss auf die Zufriedenheit mit dem Mechanismus aus (H4a), nicht jedoch die Systemqualität (H3a). Dies liegt vermutlich an der Informationsknappheit im verwendeten Szenario, welches den Bietern nur sehr wenig Informationen über die Nutzenfunktionen der anderen Teilnehmer bereitstellte, während für ein sinnvolles Bieten die Nutzenfunktionen der anderen Teilnehmer so gut wie möglich geschätzt werden

mussten, um sinnvolle Gebote abgeben zu können. Damit führte das Szenario den Teilnehmern ständig die Wichtigkeit von in ausreichendem Maße zur Verfügung stehenden Informationen bei dieser Art des Auktionsmechanismus vor Augen.

Darüberhinaus übt die Zufriedenheit mit dem Ergebnis Einfluss auf die Performance aus (H8),
während für die Zufriedenheit mit dem Mechanismus kein Einfluss nachweisbar ist (H7). Eine
Erklärung dafür könnte sein, dass die Teilnehmer die Funktionsweise des Mechanismus auch
aufgrund der trotz einiger zusätzlicher Elemente prinzipiellen Ähnlichkeit zu bekannten Mechanismen wie den auf Ebay eingesetzten Auktionen, selbst dann für gut und sinnvoll hielten,
wenn sie selbst in der Auktion nicht gut abschnitten. Schließlich zeigt sich auch, dass die
Feedback Schleife von Performance hin zur Intention das System zu nutzen nicht bestätigt
werden konnte (H9). Eine Erklärung dafür könnte sein, dass die Intention, das System zu nutzen bei der großen Mehrheit der Teilnehmer bedingt durch die insgesamt sehr positive Wahrnehmung der Systeme im Experiment schon so positiv ausgeprägt war (siehe Abschnitt 8.4,
insbes. Tabelle 33 und Tabelle 34), dass das tatsächliche Ergebnis der Auktionen keinen zusätzlichen Einfluss mehr auf die Systemwahrnehmung und damit auf die Intention zur Systemnutzung ausüben konnte.

Tabelle 39 liefert schließlich einen Überblick über die in Abschnitt 8.5.3 aufgestellten Hypothesen und deren Annahme bzw. Ablehnung im Rahmen der PLS-Analyse.

Hypothese	H1a	H1b	H1c	H2a	H2b	H2c	H3a	H3b	H3c
Bestätigt	Ja	Ja	Nein	Ja	Nein	Nein	Nein	Ja	Ja
Hypothese	H4a	H4b	H4c	H5	H6a	H6b	H6c	H7	H8	H9
Bestätigt	Ja	Ja	Ja	Ja	Ja	Ja	Ja	Nein	Ja	Nein

Tabelle 39: Hypothesen des Strukturmodells im Überblick

8.6 Gegenüberstellung mit dem Mechanismusvergleich

Auch bei der Untersuchung der subjektiven Wahrnehmungen soll der Mechanismusvergleich
dem Systemvergleich gegenübergestellt werden. Aufgrund einer bereits an anderer Stelle
durchgeführten ausführlichen Analyse der subjektiven Wahrnehmungen der Teilnehmer im
Mechanismusvergleich (siehe [Yu07] sowie [ChKe07]), wird von einer eigene Analyse der
Daten abgesehen. Darüber hinaus wird auch auf eine Aufstellung eines kombinierten Modells
für den Einfluss des Mechanismusses und des Systems verzichtet, da für eine vollständige,

konsistente Beurteilung der Ergebnisse alle Kombinationsmöglichkeiten zwischen Mechanismus und System in den Experimentdaten abgedeckt sein müssten. Es fehlt jedoch aus technischen Gründen die Kombination von meet2trade und Verhandlungsmechanismus.

Bei der Gegenüberstellung mit den Ergebnissen des Mechanismusvergleichs muss weiterhin
beachtet werden, dass sich sowohl das Modell als auch die Methoden bei Chen et al. und Yu
von dieser Arbeit unterscheiden. So wird statt dem PLS-Ansatz die Kovarianzstrukturanalyse
mittels EQS gewählt und ein etwas einfacheres Modell verwendet, welches nur einen Teil der
hier beschriebenen Konstrukte enthält. Daher ist nur eine eingeschränkte Gegenüberstellung
möglich. Abbildung 73 zeigt das Forschungsmodell aus [ChKe07].

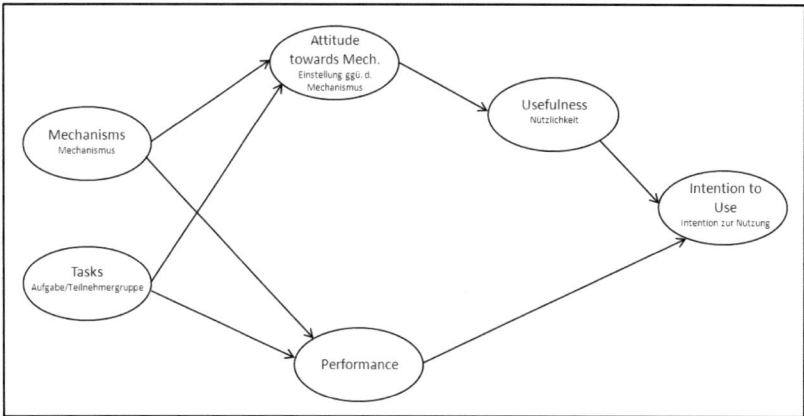

Abbildung 73: Modell zur Untersuchung der Auswirkungen des Mechanismusses

Bei der Analyse des Modells mittels EQS ergibt sich kein messbarer Einfluss des Mechanismusses auf die Performance, was die Ergebnisse aus Abschnitt 7.2.4 bestätigt. Allerdings ist
ein positiver Einfluss der Wahl des Auktionsmechanimus auf die Einstellung gegenüber dem
Mechanismus (Attitude towards Mechanism) feststellbar (siehe [ChKe07]). Daraus kann geschlossen werden, dass die Teilnehmer Auktionen aufgeschlossener gegenüberstehen als Verhandlungen. Dies liegt wahrscheinlich am geringeren Aufwand für die Auktion auf Seiten der
Teilnehmer und den schnelleren Rückmeldungen des automatischen Auktionsmechanismus-
ses gegenüber dem von einem Teilnehmer gespielten Fado bei der Verhandlung, welcher die
Anfragen aller drei Bieter per Hand beantworten musste. Darüber hinaus wird jedoch kein
messbarer Einfluss der Teilnehmergruppe (in diesem Modell als Task bezeichnet) auf die Performance oder die Einstellung gegenüber dem Mechanismus festgestellt. Die Einstellung gegenüber dem Mechanismus übt dagegen signifikanten Einfluss auf die wahrgenommene Nütz-

lichkeit des Systems (Usefulness) aus, was zeigt, dass die Teilnehmer den Mechanismus als Teil des Systems begreifen und sich zusätzlich die positivere Einstellung gegenüber dem Auktionsmechanismus auf die Wahrnehmung des Systems überträgt. Analog den Ergebnissen der Untersuchungen des Modells in Abschnitt 8.5 wird desweiteren ein signifikanter Einfluss der Nützlichkeit auf die Intention zur Systemnutzung (Intention to Use) festgestellt (vgl. [ChKe07]).

Eine darüber hinausgehende Analyse des Einflusses verschiedener Faktoren auf die Zufriedenheit der Teilnehmer wurde von Yu durchgeführt [Yu07]. Hier wurde mit Hilfe der Methoden MANOVA und MANCOVA[57] u. a. untersucht, inwiefern das Gewinnen einer Auktion bzw. Verhandlung, der erzielte Nutzen sowie der Mechanismus Einfluss auf die Zufriedenheit der Nutzer mit dem Ergebnis (Satisfaction with Ouctome) und die Zufriedenheit mit dem Prozess/Mechanismus (Satisfaction with Process, in dieser Arbeit als Satisfaction with Mechanism bezeichnet) haben. Die Analyse ergibt hierbei keinen signifikanten Einfluss des Mechanimus auf die Zufriedenheit der Teilnehmer bezüglich Ergebnis und Mechanismus. Dieses Ergebnis ist unerwartet, da die Einstellung gegenüber dem Mechanimus bei Chen et al. durchaus vom Mechanismus abhängt. Eine Erklärung dafür könnte sein, dass die Teilnehmer die positiven oder negativen Erfahrungen mit dem Mechanismus eher dem System zuschreiben als dem Mechanismus. Diese Vermutung kann jedoch hier nicht überprüft werden, da in den beschriebenen Arbeiten die Zufriedenheit mit dem System und ihre Einflussfaktoren nicht untersucht wurde. Ein signifikanter Einfluss auf die Zufriedenheit mit dem Ergebnis und dem Mechanismus wird nur für den erzielten Nutzen und das Gewinnen einer Auktion/Verhandlung festgestellt (vgl. [Yu07]).

8.7 Fazit

Wie sich gezeigt hat, sind die Unterschiede in den subjektiven Wahrnehmungen der Teilnehmer zwischen den Systemen deutlich geringer als die Unterschiede bezüglich der objektiven Daten, insbesondere der Auktionsergebnisse. Dies lässt sich zum Teil damit erklären, dass jeder Experimentteilnehmer nur jeweils ein System benutzen und damit auch keinen direkten Vergleich zwischen den beiden Systemen ziehen konnte. Daher hatten die Teilnehmer weder für das System an sich noch für die mittels des jeweiligen Systems erzielten Resultate eine

---

[57] Bei MANOVA bzw. MANCOVA handelt es sich um ein Verfahren zur Varianzanalyse (bzw. Kovarianzanalyse), welches genutzt wird, um Aufschluss über die hinter den Daten verborgene Gesetzmäßigkeiten zu erlangen. Es gibt viele Anwendungsfälle, in denen die Varianzanalyse eingesetzt werden kann, unter anderem beim Vergleich von mehreren Gruppen.

Vergleichsgrundlage, was die Beurteilung für die Teilnehmer schwierig machte. Diese Tatsache liefert eine mögliche Erklärung für die zwar objektiv gemessenen, deutlichen Unterschiede beispielsweise bezüglich der Auktionsergebnisse, aber nur geringfügig abweichenden Zufriedenheit der Teilnehmer mit dem System. Bemerkenswert ist vor diesem Hintergrund jedoch die trotz fehlender Vergleichsgrundlage signifikant bessere Wahrnehmung der Systemqualität und der Benutzerfreundlichkeit von meet2trade. Dieses Ergebnis könnte Hinweise dafür geben, dass die Einschränkungen einer Web-Applikation nicht nur Auswirkungen auf die Ergebnisse hat, sondern von den Teilnehmern auch negativ wahrgenommen wird, was in der Folge auch zu weniger Zufriedenheit mit dem System führt. Trotzdem ist festzuhalten, dass beide Systeme gut bewertet wurden und die Abweichungen zwischen den Systemen vergleichsweise klein waren, was aber auch, wie bereits angesprochen, an der fehlenden Vergleichsgrundlage liegen könnte. Um genauere Ergebnisse hinsichtlich der Beurteilung der Systeme zu erhalten, müssten beide Systeme von den Teilnehmern direkt miteinander verglichen werden können.

Interessant ist auch der geringe Einfluss, den der Mechanismus sowohl auf die objektiven Daten als auch auf die subjektiven Wahrnehmungen ausübt. Demgegenüber stehen die deutlich stärkeren Auswirkungen der unterschiedlichen Systeme bei identischem Mechanismus. Vor diesem Hintergrund erscheint es sinnvoll, auch dem Systemdesign und insbesondere der Benutzeroberfläche bei der Erstellung bzw. Weiterentwicklung einer Handelsplattform mindestens genauso viel Aufmerksamkeit zu schenken, wie der genauen Ausarbeitung der Feinheiten des Marktmechanismusses.

Teil IV
Zusammenfassung und Ausblick

9 Zusammenfassung und Ausblick

9.1 Zusammenfassung

Die vorliegende Arbeit beschäftigt sich mit der Anwendung von Laborexperimenten als wichtigen Schritt innerhalb des Market-Engineering-Prozesses. Hierzu wurden zuerst die zur Verfügung stehenden Softwarewerkzeuge betrachtet, welche die Durchführung solcher Experimente ermöglichen. Um die Schwächen der existierenden Systeme zu umgehen und ein einfach zu benutzendes und schnelles Tool für das Market-Engineering zur Verfügung zu stellen, wurde das meet2trade Experimentalsystem entwickelt. Mit Hilfe dieses Systems und des Invite-Systems wurden die Auswirkungen, die die unterschiedliche Gestaltung eines Handelssystems auf das Ergebnis eines identischen Marktmechanismusses haben kann, untersucht. Die durch die Gestaltung des Handelssystems verursachten Unterschiede wurden dann mit den Auswirkungen eines Wechsels des Marktmechanismusses in Beziehung gesetzt. Die Untersuchungen der Arbeit wurden dabei von den folgenden Fragen geleitet:

1. Was sind die Besonderheiten von Experimenten im Bereich elektronischer Märkte?

2. Welche Werkzeuge zur experimentellen Untersuchung elektronischer Märkte gibt es?

3. Welchen Einfluss hat die Gestaltung eines Handelssystems auf das Marktergebnis?

4. Welchen Einfluss hat die Gestaltung eines Handelssystems auf die Zufriedenheit der Teilnehmer?

5. Wie stark beeinflusst das System die Marktergebnisse im Vergleich zum Marktmechanismus?

Vorgehensweise

Die Arbeit ist in neun Kapitel aufgeteilt. Nach der Einleitung im ersten Kapitel werden in Kapitel 2 die Grundlagen für die weitere Arbeit beschrieben. Dazu gehören Auktionen, Verhandlungen und ihre Verwendung in modernen elektronischen Märkten. Der Entwurf und die

Implementierung dieser Auktionen und Verhandlungen ist ein komplexer Prozess, bei dem sich die Auswirkungen von Parameteränderungen nur schwer voraussagen lassen. Daher wurde das Market-Engineering-Vorgehensmodell entwickelt, welches einen strukturierten Prozess für das Vorgehen bei der Gestaltung elektronischer Märkte liefert. Dieser Prozess soll u. a. dabei helfen, die Marktgestaltung zu vereinfachen und die Qualität der entstehenden Märkte zu verbessern. Ein wichtiger Schritt im Market-Engineering-Prozess ist der Test und die Evaluation der entwickelten Märkte. Hierzu können insbesondere ökonomische (Labor-) Experimente einen wichtigen Beitrag leisten. Der Entwurf und die Durchführung solcher ökonomischer Experimente sind aufwändig und langwierig. Daher etablierten sich in den letzten Jahren zahlreiche Softwarewerkzeuge, welche den Experimentator bei der Durchführung dieser Experimente unterstützen. Die meisten Softwaretools in diesem Bereich sind dabei nur für einen speziellen Anwendungsfall konzipiert, jedoch existieren inzwischen auch Produkte, die einen breiten Anwendungsbereich unterstützen. In Kapitel 3 wurde daher die Anwendung solcher Laborexperimente im Market-Engineering sowie die wichtigsten verfügbaren Tools für ihre Durchführung beschrieben.

Zwar existieren, wie beschrieben, zahlreiche Tools für die Durchführung von Experimenten, jedoch war bisher keine Software bekannt, welche den gesamten Prozess des Market-Engineering unterstützt. Da auch die anderen Schritte dieses Prozesses, wie z. B. das Marktdesign, von der Unterstützung durch spezialisierte Software profitieren können, lag der Gedanke nahe, eine Softwaresuite für die vollständige Unterstützung des Market-Engineering-Prozesses bereitzustellen. Einen ersten Ansatz, eine solche Software zu entwickeln, stellt das in Kapitel 4 vorgestellte meet2trade-System dar. Es bietet zahlreiche Werkzeuge und Funktionalitäten für die verschiedenen Schritte innerhalb des Market-Engineering. Darauf aufbauend wurde das in Kapitel 5 beschriebene meet2trade-Experimentalsystem MES entwickelt, welches versucht, einen möglichst großen Anwendungsbereich mit einfacher Bedienung und der Möglichkeit der schnellen und unkomplizierten Erstellung von Experimente zu kombinieren. Mit Hilfe dieses Experimentalsystems und des Invite-Systems wurde schließlich das in Kapitel 6 beschriebene Experiment durchgeführt, welches die Auswirkungen des eingesetzten (Handels-)Systems auf das Marktergebnis untersucht. Die Ergebnisse dieses Experiments sind in Kapitel 7 (objektive Daten) und 8 (subjektive Teilnehmerwahrnehmungen) beschrieben. Kapitel 9 beschließt die Arbeit mit der Zusammenfassung und dem Ausblick.

Ergebnisse des Experiments

Bei traditionellen ökonomischen Experimenten zur Untersuchung von Märkten wird in der Regel der Einfluss von Marktparametern auf das Ergebnis untersucht. Weitere Faktoren, insbesondere der Markumgebung, wie beispielsweise das System, werden dabei meist vernachlässigt. Jedoch sind elektronische Märkte in der Praxis mehr als nur eine abstrakte Ansammlung von Marktregeln. Sie sind immer eingebettet in ein informationstechnisches System, welches sie realisiert und die Schnittstelle zum Benutzer bereitstellt. Daher können reine ökonomische Experimente die tatsächlichen Auswirkungen eines elektronischen Marktes nur unzureichend erfassen. Palfrey kritisiert die ökonomische Forschung sogar als Analyse hochabstrakter Mechanismen mit wenig oder keinem Bezug zur praktischen Applikation und somit als von eher geringem Wert für die Untersuchung realer Systeme [Palf01]. Um diese Kritik zu untersuchen und die Dimension des Systemeinflusses auf das Ergebnis zu ermitteln, wurde ein Experiment durchgeführt, bei dem der gleiche Marktmechanismus (multi-attributive englische Auktion) in zwei verschiedenartigen Systemen implementiert wurde. Dabei wurde jedoch nicht nur die ökonomische Perspektive in Form von beispielsweise der Untersuchung des Bietverhaltens oder der bei der Auktion erzielten Erlöse berücksichtigt, sondern auch die IS Sicht mittels eines ausführlichen Fragebogens zur Bestimmung der subjektiven Wahrnehmungen der Teilnehmer während des Experiments miteinbezogen.

Bei der Untersuchung der objektiven Daten stellte sich heraus, dass das System sowohl das Marktergebnis bezüglich des erzielten Nutzens der Experimentteilnehmer als auch das Bietverhalten während der Auktion signifikant beeinflusst. So führte das meet2trade-System zu deutlich besseren Ergebnissen für den Auktionator bei geringerem erzielten Nutzen für die Bieter, was dem Auktionsziel der Maximierung des Erlöses für den Auktionator näher kommt als bei Invite bzw. Inauction. Darüber hinaus zeigte sich ein stark abweichendes Bietverhalten zwischen den beiden Systemen. Bei meet2trade wurden erheblich mehr Gebote abgegeben, was zu einer erhöhten Konkurrenzsituation und damit zwar zu besseren Ergebnissen für den Auktionator, auf der anderen Seite aber auch zu Bietfieber und erhöhtem Überbieten auf der Bieterseite führte. Aus den Ergebnissen des Vergleichs lässt sich daher schließen, dass im Bereich elektronischer Auktionen die Möglichkeit zur schnellen, unkomplizierten Gebotsabgabe essentiell für die Erreichung der Auktionsziele und hier besonders der Erlösmaximierung auf Auktionatorseite ist. Andererseits lässt sich durch verändertes Design der Benutzeroberfläche ein deutlich flacherer Gebotsverlauf und das fast völlige Vermeiden von Bietfieber und

Überbieten erreichen. Jedoch ist weitere Forschung nötig, um die genauen Auswirkungen der einzelnen Elemente der Benutzeroberfläche zu ermitteln.

Um diese Ergebnisse mit dem Einfluss des Mechanismusses in Beziehung zu setzen, wurden die Ergebnisse des Mechanismusvergleiches Verhandlung gegen Auktion innerhalb des Invite-Systems betrachtet. Hier ergaben sich jedoch größtenteils nur geringe, nicht signifikante Unterschiede. Es zeigt sich also, dass der Einfluss des Systems nicht zu unterschätzen ist und sogar zu deutlich größeren Unterschieden in Ergebnis und Teilnehmerverhalten führen kann als die Veränderung der Marktregeln. Dieses Ergebnis ist vor allem bei der Untersuchung realer Handelssysteme zu berücksichtigen. Hier genügt es daher nicht, alleine die Marktregeln zu untersuchen, sondern es empfiehlt sich, auch das System- und hier insbesondere das Oberflächendesign in die Untersuchungen mit einzubeziehen.

Bei der Betrachtung der Teilnehmerwahrnehmungen ergab sich hingegen ein etwas anderes Bild. Zwar zeigten sich auch hier Unterschiede zwischen den Systemen, jedoch waren diese bei weitem nicht so ausgeprägt wie die Unterschiede in den objektiven Daten. Lediglich bei der Wahrnehmung der Systemqualität und der Benutzerfreundlichkeit ergaben sich eindeutige und signifikante Unterschiede. Daraus kann geschlossen werden, dass die Benutzer die Systemcharakteristika und ihre Auswirkungen vor allem ohne direkten Vergleich nur sehr schlecht einschätzen können. Deshalb sind Teilnehmerbefragungen als alleiniges Mittel zur Beurteilung von Marktsystemen als nicht ausreichend anzusehen. Erst Experimente mit konkretem Umfeld und dabei vor allem die Nutzung des für den zukünftigen Einsatz geplanten Systems bzw. dessen Benutzeroberfläche können besser helfen, die sich aus dem Systemdesign ergebenden Auswirkungen bereits im Vorfeld abzuschätzen.

Kritische Betrachtung der Ergebnisse

Sowohl das Szenario als auch die verwendeten Systeme wurden im Vorfeld des Experiments ausführlichen Tests unterzogen. So wurde das Szenario über eine Vielzahl von Experimenten hinweg entwickelt und das endgültige Szenario zusammen mit den Systemen in Vorexperimenten getestet. Dadurch wurde sichergestellt, dass die Systeme korrekt und performant funktionieren und das Szenario sowohl systemseitig abgebildet werden kann als auch von den Teilnehmern verstanden wird. Trotzdem kann nicht vollständig ausgeschlossen werden, dass einzelne Teilnehmer das System oder das Szenario nicht verstanden haben. Darüber hinaus wurde als Teilnehmergruppe aus praktischen Gründen Studenten gewählt. Die Übertragbar-

keit der Ergebnisse von Studenten auf die Allgemeinbevölkerung oder die gewünschte Markt-
zielgruppe wird zwar in der Regel angenommen, wird aber zum Teil vor allem bei sehr spezifischen Fragestellungen auch kritisch gesehen (vgl. [FrSu94, S. 39f]). Da jedoch beide Systeme mit identischer Teilnehmergruppe untersucht wurden, ist diese Einschränkung im gegebenen Fall nur von geringer Bedeutung.

Weiterhin wurden nur drei der theoretisch vier möglichen Treatments (siehe Abschnitt 6.5)
durchgeführt, da meet2trade zurzeit keine Verhandlungen unterstützt. Folglich konnten die
auf Seiten des Invite-Systems ermittelten geringen Unterschiede beim Mechanismuswechsel
nicht mit Hilfe von meet2trade bestätigt werden. Analoges gilt für die durch den Systemwechsel ermittelten Unterschiede bei der englischen Auktion. Auch hier wäre eine Bestätigung durch die Ermittlung der durch das System verursachten Auswirkungen durch den zweiten Mechanismus Verhandlung wünschenswert (siehe auch Ausblick).

Schließlich konnten mit dem beschrieben Experiment zwar erhebliche Unterschiede zwischen
den Systemen festgestellt werden, jedoch kann nur begründet gemutmaßt werden, auf welche
Aspekte diese Unterschiede im Einzelnen genau zurückzuführen sind. So liegt zwar der Ver-
dacht nahe, dass vor allem die Möglichkeit zur schnellen, unkomplizierten Gebotsabgabe einen besonders großen Einfluss auf die Menge der abgegebenen Gebote und damit in der Folge
auch auf das Ergebnis der Auktion und das Bierverhalten ausübt. Jedoch fehlt aufgrund weiterer möglicher Einflussfaktoren der Beweis für diese Vermutung. Darüber hinaus wurde ein
Modell aufgestellt, um den Einfluss verschiedener Faktoren auf die Nutzerzufriedenheit und
die geplante Systemnutzung zu ermitteln, diese sind jedoch zu wenig detailliert, um daraus
konkrete Rückschlüsse auf das gewünschte Design der Benutzeroberfläche ziehen zu können.
Es sind also genauere Untersuchungen nötig, um die Einflussfaktoren und deren Interdepen-
denzen zweifelsfrei zu bestimmen.

9.2 Ausblick

Im Verlauf der Untersuchungen dieser Arbeit stellte sich heraus, dass die Gestaltung des
Handelssystems und dabei insbesondere der Benutzeroberfläche einen größeren Einfluss auf
das Marktergebnis haben kann als die Gestaltung des Mechanismusses an sich. Um dieses
Ergebnis zu festigen, ist die Durchführung eines zusätzlichen, vierten Treatment wünschenswert. Dieses könnte den Mechanismus Verhandlung mit dem meet2trade-System kombinie-

ren. Da meet2trade in der zurzeit vorliegenden Version elektronische Verhandlungen noch nicht unterstützt, ist hierzu die Weiterentwicklung von meet2trade nötig. Die offene Marktstruktur von meet2trade ermöglicht grundsätzlich die einfache Einbindung von Verhandlungen in den Marktkern des Systems. Zusätzlich ist jedoch noch die clientseitige Unterstützung zum Austausch von Textnachrichten erforderlich, um Verhandlungen vollständig abbilden zu können. Mittels dieser geplanten Erweiterung von meet2trade kann dann ein weiteres Treatment gespielt werden, in dem mit Hilfe von meet2trade elektronisch verhandelt wird. Dieses zusätzliche Treatment kann für mehrere Zwecke genutzt werden. Zum einen ist eine Überprüfung möglich, inwiefern sich die großen Unterschiede, die sich durch den Systemwechsel innerhalb der multi-attributiven englischen Auktion ergeben, auch bei Verwendung des Verhandlungsmechanismus bestätigen lassen. Zum anderen lässt sich ermitteln, ob sich die vergleichsweise geringen Unterschiede beim Wechsel des Mechanismusses innerhalb des gleichen Systems erhärten. Mit Hilfe eines solchen Treatment wären also noch belastbarere Ergebnisse als bisher möglich. Weiterhin wäre auch im Bereich der subjektiven Wahrnehmungen der Experimentteilnehmer eine noch genauere Analyse möglich. So könnte zum Beispiel ein kombiniertes Modell mit den Einflussfaktoren System und Mechanismus entwickelt werden. Alternativ könnten zwei Modelle für die beiden Systeme aufgestellt werden, welche dann im Detail miteinander verglichen werden.

Wie bereits angesprochen, sind auch weitergehende Untersuchungen erforderlich, um die genauen systemseitigen Einflussfaktoren auf Bietverhalten und Marktergebnis zu bestimmen, sowie das Zusammenspiel zwischen System- und Marktparametern genauer zu untersuchen. Darüber hinaus sind hier Aspekte der Benutzbarkeit des Systems zu berücksichtigen. Dabei bietet sich analog zum Software-Engineering und Market-Engineering ein Engineering-Ansatz an. Das so genannte Usability-Engineering ist ein strukturiertes Vorgehen zur Verbesserung der Usability von (Software-)Produkten während ihres Entstehungsprozesses. Usability wird im Deutschen oft als Gebrauchstauglichkeit bezeichnet und kann im weitesten Sinn als Maß für die Qualität der Benutzerinteraktion mit einem informationstechnischen System bezeichnet werden. Dabei sind verschiedene Aspekte von der leichten Erlernbarkeit bis hin zur effizienten Nutzung zu berücksichtigen (vgl. [Niel03]). Usability-Engineering ergänzt das Software-Engineering um Aspekte der Ergonomie mit dem Ziel der Bereitstellung von Methoden, Modellen und Werkzeugen für eine verbesserte Qualität der Benutzeroberfläche und damit des Softwareprodukts. Hier kommen verschiedenste Methoden wie beispielsweise Aufgabenanalyse, funktionale Analyse oder Paralleldesign von verschiedenen Oberflächen zum Einsatz (siehe auch [Niel03, S. 71ff]).

Dieser nächste erhebliche Schritt in der Untersuchung erfordert grundlegende Änderungen an den verwendeten Systemen. Zum einen müssten erheblich mehr Daten protokolliert werden, beispielsweise welche Elemente der Oberfläche der Benutzer wann angewählt hat, um auch ohne sämtliche Möglichkeiten der Oberflächengestaltung durchzuprobieren, bereits im Vorfeld Hinweise auf Schwächen bzw. kritische Stellen der Oberfläche zu erhalten. Zum anderen muss die Oberfläche sehr flexibel gestaltet werden können und gleichzeitig aber mit wenig Aufwand veränderbar sein. Bei den bisherigen Systemen ist Invite zwar technisch bedingt deutlich flexibler bei der Oberflächengestaltung als meet2trade, jedoch ist eine grundlegende Änderung in diesem Bereich trotzdem mit erheblichem Programmieraufwand verbunden. meet2trade ermöglicht dagegen die sehr schnelle Änderung der Oberfläche ohne Programmierung. Wünschenswert zur genauen Untersuchung der einzelnen Einflussfaktoren innerhalb der Benutzeroberfläche und zur Ermittlung praktischer Hinweise für die Oberflächengestaltung von Marktsystemen wäre ein System, dass die weitgehenden Gestaltungsmöglichkeiten von Invite mit einer schnellen, grafischen Oberflächengestaltung wie bei meet2trade kombiniert. Ein solches Werkzeug könnte den nächste Schritt in der Evolution des CAME darstellen und dabei helfen, zukünftig auch aus der Perspektive der Ergonomie bessere Märkte zu schaffen und dabei unerwünschte, durch die Benutzeroberfläche bedingte, Einflüsse auszuschließen.

Anhang A - XML Schemata

Im Folgenden sind die wichtigsten XML-Schemata für das Experimentalsystem aufgelistet.

experiment.xsd

```xml
<?xml version="1.0" encoding="UTF-8"?>
<xs:schema elementFormDefault="qualified"
attributeFormDefault="unqualified"
xmlns:xs="http://www.w3.org/2001/XMLSchema">
	<xs:complexType name="UniParamKeyKeyValuesType">
		<xs:sequence>
			<xs:element name="Name" type="xs:string"/>
			<xs:sequence maxOccurs="unbounded">
				<xs:element name="Key" type="xs:string"/>
				<xs:element name="Listelement" type="xs:string"
				maxOccurs="unbounded"/>
			</xs:sequence>
		</xs:sequence>
	</xs:complexType>
	<xs:complexType name="UniParamKeyValuesType">
		<xs:sequence>
			<xs:element name="Name" type="xs:string"/>
			<xs:element name="Listelement" type="xs:string"
			maxOccurs="unbounded"/>
		</xs:sequence>
	</xs:complexType>
	<xs:complexType name="UniParamKeyValueType">
		<xs:sequence>
			<xs:element name="Name" type="xs:string"/>
			<xs:element name="Value" type="xs:string"/>
		</xs:sequence>
	</xs:complexType>
	<xs:complexType name="UniversalParameterType">
		<xs:choice>
			<xs:element name="UniParamKeyValue"
			type="UniParamKeyValueType"/>
			<xs:element name="UniParamKeyValues"
			type="UniParamKeyValuesType"/>
			<xs:element name="UniParamKeyKeyValues"
			type="UniParamKeyKeyValuesType"/>
		</xs:choice>
	</xs:complexType>
	<xs:complexType name="GroupChallengeType">
		<xs:sequence>
			<xs:element name="GroupChallengeId" type="xs:int"/>
			<xs:element name="Parameters" type="xs:string"
minOccurs="0" maxOccurs="unbounded"/>
		</xs:sequence>
		<xs:attribute name="groupId" type="xs:int" use="required"/>
	</xs:complexType>
	<xs:complexType name="StageEndTriggerType">
		<xs:sequence>
			<xs:element name="StageEndType" type="xs:int">
				<xs:annotation>
					<xs:documentation>0 für Zeit, 1 für Maximale
					Orders</xs:documentation>
				</xs:annotation>
			</xs:element>
```

```xml
                    <xs:element name="StageEndParameter" type="xs:string"
                    maxOccurs="unbounded"/>
            </xs:sequence>
    </xs:complexType>
    <xs:complexType name="RunType">
            <xs:sequence>
                    <xs:element name="StartCause" type="xs:string">
                            <xs:annotation>
                                    <xs:documentation>Nur eine Möglichkeit:
                                    Time</xs:documentation>
                            </xs:annotation>
                    </xs:element>
                    <xs:element name="StopCause" type="xs:string">
                            <xs:annotation>
                                    <xs:documentation>Nur eine Möglichkeit:
                                    Time</xs:documentation>
                            </xs:annotation>
                    </xs:element>
                    <xs:element name="StartParam" type="xs:string"/>
                    <xs:element name="StopParam" type="xs:string"/>
            </xs:sequence>
    </xs:complexType>
    <xs:complexType name="CostParameterType">
            <xs:sequence>
                    <xs:element name="CostSubType" type="xs:string"/>
                    <xs:element name="CostAmount" type="xs:decimal"/>
            </xs:sequence>
    </xs:complexType>
    <xs:complexType name="FeesType">
            <xs:sequence>
                    <xs:element name="CostType" type="xs:int">
                            <xs:annotation>
                                    <xs:documentation>1 per Order, 2 per
                                    Execution, 3 per Information, 4 per
                                    Participation</xs:documentation>
                            </xs:annotation>
                    </xs:element>
                    <xs:element name="CostParameter" type="CostParameterType"
                    maxOccurs="unbounded"/>
            </xs:sequence>
    </xs:complexType>
    <xs:complexType name="OrderBookWidthType">
            <xs:sequence>
                    <xs:element name="Key" type="xs:string"/>
                    <xs:element name="Visible" type="xs:boolean"/>
            </xs:sequence>
    </xs:complexType>
    <xs:complexType name="StageStartTriggerType">
            <xs:sequence>
                    <xs:element name="StageStartTriggerIdentifier"
                    type="xs:int"/>
                    <xs:element name="StageStartParameter" type="xs:string"
                    maxOccurs="unbounded"/>
            </xs:sequence>
    </xs:complexType>
    <xs:complexType name="AllocationParamType">
            <xs:sequence>
                    <xs:element name="AllocationParameter" type="xs:string"/>
            </xs:sequence>
    </xs:complexType>
    <xs:element name="Experiment">
            <xs:complexType>
                    <xs:sequence>
```

```xml
                    <xs:element name="ExperimentName"type="xs:string"/>
                    <xs:element name="Treatment" type="TreatmentType"
                    maxOccurs="unbounded"/>
                    <xs:element name="User" type="UserType"
                    maxOccurs="unbounded"/>
                    <xs:element name="PathToScreenPack"
                    type="xs:string" maxOccurs="unbounded"/>
                    <xs:element name="PathToQuestionnaire"
                    type="xs:string" minOccurs="0"
                    maxOccurs="unbounded"/>
                </xs:sequence>
            </xs:complexType>
    </xs:element>
    <xs:complexType name="TreatmentType">
        <xs:sequence>
                <xs:element name="TreatmentId" type="xs:int"/>
                <xs:element name="waitForAllClients" type="xs:boolean"/>
                <xs:element name="Stage" type="StageType"
                maxOccurs="unbounded">
                    <xs:annotation>
                        <xs:documentation>- stageNumber (int)
                        req</xs:documentation>
                    </xs:annotation>
                </xs:element>
                <xs:element name="UniversalParameters"
                type="UniversalParameterType" minOccurs="0"
                maxOccurs="unbounded"/>
                <xs:element name="ProductCategories"
                type="ProductCategoryType" minOccurs="0"
                maxOccurs="unbounded"/>
                <xs:element name="FinalQuestionnaireID" type="xs:int"
                minOccurs="0"/>
                <xs:element name="FinalScreenpackID" type="xs:int"
                minOccurs="0"/>
        </xs:sequence>
    </xs:complexType>
    <xs:complexType name="UserType">
        <xs:sequence>
                <xs:element name="UserId" type="xs:int"/>
                <xs:element name="Name" type="xs:string"/>
                <xs:element name="Password" type="xs:string"/>
                <xs:element name="UniversalParameters"
                type="UniversalParameterType" minOccurs="0"
                maxOccurs="unbounded"/>
        </xs:sequence>
    </xs:complexType>
    <xs:complexType name="StageType">
        <xs:sequence>
                <xs:element name="StageDuration" type="xs:int">
                    <xs:annotation>
                        <xs:documentation>Zeitdauer in
                        Millisekunden</xs:documentation>
                    </xs:annotation>
                </xs:element>
                <xs:element name="LoadStartScenario" type="xs:string"/>
                <xs:element name="GroupChallenge"
                type="GroupChallengeType" minOccurs="0"
                maxOccurs="unbounded"/>
                <xs:element name="UserStageConfig"
                type="UserStageConfigType" maxOccurs="unbounded">
                    <xs:annotation>
                        <xs:documentation>- Zu jedem User muß ein
                        UserStageConfig
```

```xml
                                pro Stage definiert sein
                                - userId (int) req</xs:documentation>
                        </xs:annotation>
                </xs:element>
                        <xs:element name="MarketRunningTime"
                        type="MarketRunningTimeType" minOccurs="0"
                        maxOccurs="unbounded">
                        <xs:annotation>
                                <xs:documentation>Marketid (int)
                                req</xs:documentation>
                        </xs:annotation>
                </xs:element>
                        <xs:element name="UniversalParameters"
                        type="UniversalParameterType" minOccurs="0"
                        maxOccurs="unbounded"/>
        </xs:sequence>
        <xs:attribute name="comment" type="xs:string" use="optional"/>
        <xs:attribute name="stageNumber" type="xs:int" use="required"/>
</xs:complexType>
<xs:complexType name="StageEndType">
        <xs:sequence>
                <xs:element name="StageEndTrigger"
                type="StageEndTriggerType" minOccurs="0"
                maxOccurs="unbounded"/>
        </xs:sequence>
</xs:complexType>
<xs:complexType name="MarketModeType">
        <xs:sequence>
                <xs:element name="Buy" type="xs:boolean"/>
                <xs:element name="Sell" type="xs:boolean"/>
        </xs:sequence>
</xs:complexType>
<xs:complexType name="RestrictedProductsType">
        <xs:sequence>
                <xs:element name="ProductId" type="xs:string"
                minOccurs="0" maxOccurs="unbounded"/>
        </xs:sequence>
</xs:complexType>
<xs:complexType name="StageStartType">
        <xs:choice>
                <xs:element name="FixedSecondsDelay" type="xs:integer"/>
                <xs:element name="RandomDelay" type="RandomDelayType"/>
                <xs:element name="StageStartTrigger"
                type="StageStartTriggerType" maxOccurs="unbounded"/>
        </xs:choice>
</xs:complexType>
<xs:complexType name="RandomDelayType">
        <xs:sequence>
                <xs:element name="AllocationNo" type="xs:int"/>
                <xs:element name="AllocationParams"
                type="AllocationParamType" minOccurs="0"
                maxOccurs="unbounded"/>
        </xs:sequence>
</xs:complexType>
<xs:complexType name="UserStageConfigType">
        <xs:sequence>
                <xs:element name="ScreenPackId" type="xs:int"/>
                <xs:element name="GroupMemberShip" type="xs:int"/>
                <xs:element name="StageStart" type="StageStartType"/>
                <xs:element name="StageEnd" type="StageEndType">
                        <xs:annotation>
                                <xs:documentation>Beispiele: Per Timer, per
                                MaxOrders oder Bankrupt.</xs:documentation>
```

```
                    </xs:annotation>
                </xs:element>
                <xs:element name="QuestionnaireId" type="xs:int">
                    <xs:annotation>
                        <xs:documentation>0 setzen für Anzeige keines
                        Questionnaires, ansonsten die Id des
                        anzuzeigenden
                        Questionnaires</xs:documentation>
                    </xs:annotation>
                </xs:element>
                <xs:element name="AccessibleMarket"
                type="AccessibleMarketType" minOccurs="0"
                maxOccurs="unbounded">
                    <xs:annotation>
                        <xs:documentation>Alle für den Accessible
                        Market angebbaren Einstellungen haben eine
                        rein überschreibende Funktion, die sonst
                        benutzten Default-Wert sind durch die
                        generelle Konfiguration des Marktes gegeben!

                        - time_end (time) opt
                        - time_begin (time) opt</xs:documentation>
                    </xs:annotation>
                </xs:element>
                <xs:element name="BondRating" type="BondRatingType"
                minOccurs="0" maxOccurs="unbounded"/>
                <xs:element name="StartDepotEntry" type="DepotEntryType"
                minOccurs="0" maxOccurs="unbounded"/>
                <xs:element name="UniversalParameters"
                type="UniversalParameterType" minOccurs="0"
                maxOccurs="unbounded"/>
            </xs:sequence>
            <xs:attribute name="UserId" type="xs:int" use="required"/>
    </xs:complexType>
    <xs:complexType name="DepotEntryType">
        <xs:sequence>
                <xs:element name="ProductId" type="xs:string"/>
                <xs:element name="ProductCategoryId" type="xs:int"/>
                <xs:element name="Amount" type="xs:decimal"/>
                <xs:element name="MaxGrantedCredit" type="xs:decimal"/>
                <xs:element name="AddDepotContent" type="xs:boolean">
                    <xs:annotation>
                        <xs:documentation>Falls dieser Paramter auf
                        true steht, dann wird am Anfang der Stage der
                        Inhalt auf das bereits vorhandene Konto
                        addiert, andernfalls wird der bereits
                        vorhandene Depotentry überschrieben
                        .</xs:documentation>
                    </xs:annotation>
                </xs:element>
        </xs:sequence>
    </xs:complexType>
    <xs:complexType name="UserChallengeType">
        <xs:sequence>
                <xs:element name="SchemeId" type="xs:int"/>
                <xs:element name="Parameters" type="xs:string"
                minOccurs="0" maxOccurs="unbounded"/>
        </xs:sequence>
    </xs:complexType>
    <xs:complexType name="InputType">
        <xs:sequence>
                <xs:element name="Property" type="xs:string"/>
                <xs:element name="Value" type="xs:string"/>
```

```xml
        </xs:sequence>
    </xs:complexType>
    <xs:complexType name="BondRatingType">
        <xs:sequence>
            <xs:element name="Amount" type="xs:integer" inOccurs="0">
                <xs:annotation>
                    <xs:documentation>Nicht da ->
                    Alle</xs:documentation>
                </xs:annotation>
            </xs:element>
            <xs:element name="Input" type="InputType" minOccurs="0"
            maxOccurs="unbounded"/>
            <xs:element name="ProductID" type="xs:string"
            minOccurs="0">
                <xs:annotation>
                    <xs:documentation>Nicht da -> Alle
                    Wichtig: Fall ProductId vorhanden,
                    ProductCategory Id nicht vorhanden ist nicht
                    zulässig und wird in der GUI verhindert
                    !</xs:documentation>
                </xs:annotation>
            </xs:element>
            <xs:element name="ProductCategoryID" type="xs:integer"
            minOccurs="0">
                <xs:annotation>
                    <xs:documentation>Nicht da -> Alle
                    Wichtig: Fall ProductId vorhanden,
                    ProductCategory Id nicht vorhanden ist nicht
                    zulässig und wird in der GUI verhindert
                    !</xs:documentation>
                </xs:annotation>
            </xs:element>
            <xs:element name="CalculationFunction"
            type="CalculationFunctionType"/>
        </xs:sequence>
    </xs:complexType>
    <xs:complexType name="TextFieldConfigurationType">
        <xs:sequence>
            <xs:element name="Key" type="xs:string"/>
            <xs:element name="RegularExpression" type="xs:string"/>
        </xs:sequence>
    </xs:complexType>
    <xs:complexType name="CalculationFunctionType">
        <xs:sequence>
            <xs:element name="CalculationFunctionNo" type="xs:int"/>
            <xs:element name="CalculationFunctionParameter"
            type="xs:decimal" minOccurs="0" maxOccurs="unbounded"/>
        </xs:sequence>
    </xs:complexType>
    <xs:complexType name="AccessibleMarketType">
        <xs:annotation>
            <xs:documentation>- marketId (int) req
            - time_end (time) opt
            - time_begin (time) opt</xs:documentation>
        </xs:annotation>
        <xs:sequence>
            <xs:element name="OrderBook" type="OrderBookType"
            minOccurs="0">
                <xs:annotation>
                    <xs:documentation>- Hier noch Kardinalitäten
                    bwz. Optionalität klären</xs:documentation>
                </xs:annotation>
            </xs:element>
```

```xml
                <xs:element name="MarketMode" type="MarketModeType"
                minOccurs="0"/>
                <xs:element name="OrderType" type="xs:integer"
                minOccurs="0">
                        <xs:annotation>
                                <xs:documentation>- 1: BundleOrders
                                - 2: normale Orders</xs:documentation>
                        </xs:annotation>
                </xs:element>
                <xs:element name="RestrictedProducts"
                type="RestrictedProductsType"/>
                <xs:element name="TextFieldConfiguration"
                type="TextFieldConfigurationType" minOccurs="0"
                maxOccurs="unbounded"/>
                <xs:element name="OrderSubType" type="xs:integer"
                minOccurs="0" maxOccurs="unbounded">
                        <xs:annotation>
                                <xs:documentation>1 bis 5 oder so als Values
                                möglich</xs:documentation>
                        </xs:annotation>
                </xs:element>
                <xs:element name="UserChallenge" type="UserChallengeType"
                minOccurs="0" maxOccurs="unbounded"/>
                <xs:element name="Fees" type="FeesType" minOccurs="0"
                maxOccurs="unbounded"/>
                <xs:element name="UniversalParameters"
                type="UniversalParameterType" minOccurs="0"
                maxOccurs="unbounded"/>
                <xs:element name="MaxOrders" type="xs:integer"
                minOccurs="0"/>
                <xs:element name="MaxTrades" type="xs:integer"
                minOccurs="0"/>
        </xs:sequence>
        <xs:attribute name="marketId" type="xs:string" use="required"/>
        <xs:attribute name="time_end" type="xs:time" use="optional"/>
        <xs:attribute name="time_begin" type="xs:time" use="optional"/>
</xs:complexType>
<xs:complexType name="OrderBookType">
        <xs:sequence>
                <xs:element name="OrderBookDepth" type="xs:integer"
                minOccurs="0"/>
                <xs:element name="OrderBookWidth"
                type="OrderBookWidthType" minOccurs="0"
                maxOccurs="unbounded"/>
        </xs:sequence>
</xs:complexType>
<xs:complexType name="ScreenPackType"/>
<xs:complexType name="ProductSubType">
        <xs:sequence>
                <xs:element name="ProductID" type="xs:int"/>
                <xs:element name="ProductDescription" type="xs:string"/>
        </xs:sequence>
</xs:complexType>
<xs:complexType name="ProductCategoryType">
        <xs:sequence>
                <xs:element name="ProductCategoryID" type="xs:int"/>
                <xs:element name="ProductCategoryDescription"
                type="xs:string"/>
                <xs:element name="ProductIDDescription"
                type="xs:string"/>
                <xs:element name="Products" type="ProductSubType"
                minOccurs="0" maxOccurs="unbounded"/>
        </xs:sequence>
```

```xml
    </xs:complexType>
    <xs:complexType name="MarketRunningTimeType">
        <xs:sequence>
            <xs:element name="Run" type="RunType"
            maxOccurs="unbounded"/>
            <xs:element name="Startmatching" type="xs:integer"
            minOccurs="0" maxOccurs="unbounded">
                <xs:annotation>
                    <xs:documentation>Zeit in Millisekunden,
                    Zeit ist relativ zum Stagebeginn zu
                    setzen</xs:documentation>
                </xs:annotation>
            </xs:element>
        </xs:sequence>
        <xs:attribute name="MarketId" type="xs:string" use="required"/>
    </xs:complexType>
</xs:schema>
```

questionnaire.xml

```xml
<?xml version="1.0" encoding="UTF-8"?>
<xs:schema elementFormDefault="qualified"
attributeFormDefault="unqualified"
xmlns:xs="http://www.w3.org/2001/XMLSchema">
    <xs:complexType name="PossibleAnswerType">
        <xs:sequence>
            <xs:element name="AnswerTextId" type="xs:int"/>
            <xs:element name="AnswerText" type="xs:string"/>
        </xs:sequence>
    </xs:complexType>
    <xs:complexType name="MultipleChoiceQuestionType">
        <xs:annotation>
            <xs:documentation>RightAnswerId</xs:documentation>
        </xs:annotation>
        <xs:sequence>
            <xs:element name="HtmlQuestionText" type="xs:string"/>
            <xs:element name="PossibleAnswer"
            type="PossibleAnswerType" maxOccurs="unbounded"/>
        </xs:sequence>
        <xs:attribute name="RightAnswerId" type="xs:int"
        use="required"/>
    </xs:complexType>
    <xs:complexType name="TypeAnswerQuestionType">
        <xs:sequence>
            <xs:element name="HtmlQuestionText" type="xs:string"/>
            <xs:element name="AcceptedAnswer" type="xs:string"
            minOccurs="0" maxOccurs="unbounded"/>
        </xs:sequence>
    </xs:complexType>
    <xs:complexType name="QuestionType">
        <xs:choice>
            <xs:element name="TypeAnswerQuestion"
            type="TypeAnswerQuestionType"/>
            <xs:element name="MultipleChoiceQuestion"
            type="MultipleChoiceQuestionType">
                <xs:annotation>
                    <xs:documentation>RightAnswerId (int)
                    required</xs:documentation>
                </xs:annotation>
            </xs:element>
        </xs:choice>
```

```xml
            <xs:attribute name="QuestionNumber" type="xs:int"
            use="required"/>
     </xs:complexType>
     <xs:complexType name="QuestionnaireType">
            <xs:sequence>
                   <xs:element name="QuestionnaireId" type="xs:int"/>
                   <xs:element name="HtmlIntroductionText"
                   type="xs:string"/>
                   <xs:element name="Question" type="QuestionType"
                   maxOccurs="unbounded">
                          <xs:annotation>
                                 <xs:documentation>QuestionNumber (int)
                                 required</xs:documentation>
                          </xs:annotation>
                   </xs:element>
                   <xs:element name="QuestionnaireType" type="xs:int"
                   minOccurs="0"/>
            </xs:sequence>
     </xs:complexType>
     <xs:element name="Questionnaire" type="QuestionnaireType"/>
</xs:schema>
```

Anhang B - Nutzen der Teilnehmer

Mosico

Promotional concerts (Konzerte)	
Ausprägung	Nutzen
(schlechteste) 5	-10
6	-5
7	-1
8	0
9	10
(beste) 10	18

New songs (Neue Lieder)	
Ausprägung	Nutzen
(schlechteste) 10	-10
11	-7
12	-4
13	-1
14	0
15	4
(beste) 16	6

Royalties for CDs (Tantiemen)	
Ausprägung	Nutzen
(beste) 1.5	5
1.75	8
2	13
2.25	7
2.5	0
2.75	-8
(schlechteste) 3	-15

Contract signing bonus (Abschlussbonus)	
Ausprägung	Nutzen
150	18
175	6
(beste) 200	2
225	0
250	-5
275	-8
(schlechteste) 300	-10

Cory

Promotional concerts (Konzerte)	
Ausprägung	Nutzen
(schlechteste) 5	-10
6	-6
7	0
8	2
9	12
(beste) 10	18

New songs (Neue Lieder)	
Ausprägung	Nutzen
(schlechteste) 10	-10
11	-8
12	-4
13	0
14	6
15	12
(beste) 16	18

Royalties for CDs (Tantiemen)	
Ausprägung	Nutzen
(beste) 1.5	6
1.75	4
2	2
2.25	0
2.5	-4
2.75	-7
(schlechteste) 3	-10

Contract signing bonus (Abschlussbonus)	
Ausprägung	Nutzen
150	10
175	13
(beste) 200	18
225	12
250	6
275	0
(schlechteste) 300	-10

Uli

Promotional concerts (Konzerte)	
Ausprägung	**Nutzen**
(schlechteste) 5	-10
6	-8
7	-2
8	0
9	14
(beste) 10	18

New songs (Neue Lieder)	
Ausprägung	**Nutzen**
(schlechteste) 10	-10
11	0
12	6
13	12
14	18
15	13
(beste) 16	10

Royalties for CDs (Tantiemen)	
Ausprägung	**Nutzen**
(beste) 1.5	18
1.75	10
2	4
2.25	0
2.5	-5
2.75	-8
(schlechteste) 3	-10

Contract signing bonus (Abschlussbonus)	
Ausprägung	**Nutzen**
150	6
175	4
(beste) 200	2
225	0
250	-4
275	-7
(schlechteste) 300	-10

Anhang C - Anleitungsdokumente für die Teilnehmer

Allgemeine Anleitung

Instructions

You are about to participate in an experiment consisting of an auction that involves you and two other bidders. In order to interact, you only need to use the web browser already visible on your screen.

The auction will last **twenty (20) minutes**. Please, follow the instructions shown on your screen that will guide you through the experiment. Read carefully the case, act in good faith and fill in a questionnaire to the best of your knowledge

The information on your screen is private. To ensure the best results for you and the experimenters, you are asked not to talk with other participants while the experiment is in progress.

In order to maintain the experiment design, you are requested not to open another browser window and not to surf the web. Do not resize the present browser window and do not open any other application.

You will be asked not to leave the lab until the auction has started. Afterwards, you may leave the lab and return, but during that time you are requested not to discuss the experiment with anyone. Your patience is highly appreciated during the experimental procedures.

Öffentliche Informationen

Contract negotiation between Ms. Sonata and three entertainment companies

Public information

Ms. Sonata is a young and not yet widely recognized singer of a new genre. She writes her songs and plays a specially constructed electric piano. She is a singer of yowl-pop, a new music genre that—according to her admirers—helps listeners to better understand their inner selves. Ms. Sonata is a reclusive person who is happiest when entertaining a small friendly audience. In order to have her songs heard by the millions as opposed to only a few hundreds, Ms. Sonata decided, albeit reluctantly, to sign a contract with a major entertainment agency.

Fado, young and energetic, is an independent agent who has a reputation of being able to establish a good relationship with often eccentric artists, as well as with the agencies. Ms. Sonata hates direct engagement with any kind of a business deals. Therefore, she asked Fado, whom she knows and trusts, to represent her in the contract negotiation.

Fado, the agent representing Ms. Sonata, contacted three entertainment companies: **WorldMusic**, **EnterMusic** and **UniMusic,** for contract discussion. These companies pride themselves as the best promoters of promising young artists.

The representative of WorldMusic is **Mosico,** of EnterMusic - **Cory,** and of UniMusic - **Uli.** They are young and ambitious contract managers; already well established in the world of music. They have been involved in several successful contract negotiations and are known for their ability to promote very good artists.

The artists' association together with the industry representatives has elaborated a standard framework for conducting this kind of contract negotiations. The contract is comprised of four issues and a limited number of options per issue for negotiation:

Standard issues and their options in a contract negotiation

Issues to negotiate	Issue options
Number of promotional concerts (per year)	5; 6; 7; 8; 9; or 10
Number of new songs (per year)	10; 11; 12; 13; 14; 15; 16
Royalties for CDs (percentage)	1.5; 1.75; 2; 2.25; 2.5; 2.75; 3
Contract signing bonus ($ in thousands)	150; 175; 200; 225; 250; 275; 300

Rollenbeschreibung Mosico

Private information

WorldMusic Entertainment Agency is a well known and respected company. It competes with other renowned entertainment agencies, including **EnterMusic** and **UniMusic** to promote promising young artists.

Your name is **Mosico**, a contract manager in the WorldMusic. You have been recognized for your ability to connect with both well-known and relatively unknown but promising artists. You are also able to negotiate with artists and their agents in a way that they find agreeable.

Recently, **Fado**, the agent of **Ms. Sonata,** approached you and showed a genuine interest towards signing a music contract with Ms. Sonata. So far, you have heard that Ms. Sonata is a reclusive rising star with an exceptional voice. Currently, it is not yet clear if she could really attract large audiences and CD buyers.

Before meeting Fado, you had several meetings with senior managers about representing WorldMusic's priorities. Based on the company's resources and past experience with artist like Ms. Sonata, they gave you information regarding the importance of the negotiated issues and options, which you put it in the tables below.

You presented the tables to the management who agreed with them. Table 1 shows that the more concerts an artist performs the better it is for the company. Tables 2 and 4, reflect the interest in getting more songs, and paying lower bonus rather than higher. Table 3 however, shows that the best option for royalties paid out is neither too much nor too little; because too much royalty is costly and too little gives the impress that the company is not genuine.

Each issue has several options to choose from. The rating of an option reflects the company's interests towards this option. The more points an option receives, the more it is preferred. The highest rating is assigned to the best option for the company because this option is considered most profitable. Lower rating values are given to options, which are less advantageous. A rating of zero is assigned to the option, which is neither profitable nor costly for the company. Negative ratings are assigned to options that clearly create a disadvantage, and therefore they should be avoided.

Table 1. Promotional concerts (per year)	
Options	Rating
(worst) 5	-10
6	-5
7	-1
8	0
9	10
(best) 10	18

Table 2. New songs (per year)	
Options	Rating
(worst)10	-10
11	-7
12	-4
13	-1
14	0
15	4
(best) 16	6

Table 3. Royalties for CDs (percent)	
Options	Rating
1.5	5
1.75	8
(best) 2	13
2.25	7
2.5	0
2.75	-8
(worst) 3	-15

Table 4. Contract signing bonus ($ in thousand)	
Options	Rating
(best) 150	18
175	6
200	2
225	0
250	-5
275	-8
(worst) 300	-10

Examples of rating calculations

For every offer, the overall rating is computed as the sum of its specific option ratings. The table below gives two examples of rating calculations. Offer 1 and Offer 2 have different combination of options. Every option has a rating that is determined from the company's interests. Consequently, Offer 1 is rated 19 (sum of option ratings) and it represents a positive return for the company. While, Offer 2 is rated -12, meaning a loss for the company.

Issue	Offer 1		Offer 2	
	Option	Rating	Option	Rating
Number of concerts	9	10	6	-5
Number of new songs	16	6	12	-4
Royalties of CDs (%)	1.75	8	2.25	7
Signing Bonus ($ in thousand)	250	-5	300	-10
Total		19		-12

These calculations are based only on the interests of WorldMusic and no other. Be aware that Ms. Sonata and other companies may have a different rating for the very same offers because their interests might not be the same as yours!

Mosico's commission

In case you obtain this contract, you will receive a commission which is 100 times the total rating achieved in the agreement. If Offer 1 were accepted, then you would have earned 19 * 100 = $1,900. However, if Offer 2 were accepted, then your yearly commission would decrease by $1,200 (-12*100) because of this offer has a negative rating.

Assessment of Ms. Sonatas interests

You have been able to get the following important information about Ms. Sonata's interests. She will be reluctant to perform in too many concerts, but understand the need to reach out to her audience. Given Ms. Sonata's nature, she has a high standard for producing songs and would not like to write too many in any given year. As expected, she prefers higher royalties and signing bonuses.

You should take into account your company's option ratings and this information on Ms. Sonata to formulate your offers, which would be most profitable for the company.

Rollenbeschreibung Cory

Private information

EnterMusic Entertainment Agency is a well known and respected company. It competes with other renowned entertainment agencies, including **WorldMusic** and **UniMusic**, to promote promising young artists.

Your name is **Cory**, a contract manager in the EnterMusic. You have been recognized for your ability to connect with both well-known and relatively unknown but promising artists. You are also able to negotiate with artists and their agents in a way that they find agreeable.

Recently, **Fado**, the agent of **Ms. Sonata,** approached you and showed a genuine interest towards signing a music contract with Ms. Sonata. So far, you have heard that Ms. Sonata is a reclusive rising star with an exceptional voice. Currently, it is not yet clear if she could really attract large audiences and CD buyers.

Before meeting Fado, you had several meetings with senior managers about representing EnterMusic's priorities. Based on the company's resources and past experience with artist like Ms. Sonata, they gave you information regarding the importance of the negotiated issues and options, which you put it in the tables below.

You presented the tables to the management who agreed with them. Table 1 shows that the more concerts an artist performs the better it is for the company. Table 2 indicates that it is better for the firm when the artist produces more new songs. Tables 3 reflects the interest in paying lower royalties rather than higher. Table 4 however, shows that the company prefers to pay a low signing bonus but not a very low one, because management can used the bonus to build goodwill.

Each issue has several options to choose from. The rating of an option reflects the company's interests towards this option. The more points an option receives, the more it is preferred. The highest rating is assigned to the best option for the company because this option is considered most profitable. Lower rating values are given to options, which are less advantageous. A rating of zero is assigned to the option, which is neither profitable nor costly for the company. Negative ratings are assigned to options that clearly create a disadvantage, and therefore they should be avoided.

Table 1. Promotional concerts (per year)	
Options	Rating
(worst) 5	-10
6	-6
7	0
8	2
9	12
(best) 10	18

Table 2. New songs (per year)	
Options	Rating
(worst)10	-10
11	-8
12	-4
13	0
14	6
15	12
(best) 16	18

Table 3. Royalties for CDs (percent)	
Options	Rating
(best) 1.5	6
1.75	4
2	2
2.25	0
2.5	-4
2.75	-7
(worst) 3	-10

Table 4. Contract signing bonus (thousand $)	
Options	Rating
150	10
175	13
(best) 200	18
225	12
250	6
275	0
(worst) 300	-10

Examples of rating calculations

For every offer, the overall rating is computed as the sum of its specific option ratings. The table below gives two examples of rating calculations. Offer 1 and Offer 2 have different combination of options. Every option has a rating that is determined from the company's preferences. Consequently, Offer 1 is rated 20 (sum of option ratings) and it represents a positive return for the company. While, Offer 2 is rated -12, meaning a loss for the company.

Issue	Offer 1		Offer 2	
	Option	Rating	Option	Rating
Number of concerts	7	0	6	-6
Number of new songs	15	12	11	-8
Royalties of CDs (%)	2.5	-4	2	2
Signing Bonus ($ in thousand)	225	12	225	0
Total		20		-12

These calculations are based only on the interests of EnterMusic and no other. Be aware that Ms. Sonata and other companies may have a different rating for the very same offers because their interests might not be the same as yours!

Cory's commission

In case you obtain this contract, you will receive a commission which is 100 times the total rating achieved in the agreement. If Offer 1 were accepted, then you would have earned 20 * 100 = $2,000. However, if Offer 2 were accepted, then your yearly commission would decrease by $1,200 (-12*100) because of this offer has a negative rating.

Assessment of Ms. Sonatas interests

You have been able to get the following important information about Ms. Sonata's interests. She will be reluctant to perform in too many concerts, but understand the need to reach out to her audience. Given Ms. Sonata's nature, she has a high standard for producing songs and would not like to write too many in any given year. As expected, she prefers higher royalties and signing bonuses.

You should take into account your company's option ratings and this information on Ms. Sonata to formulate your offers, which would be most profitable for the company.

Rollenbeschreibung Uli

Private information

UniMusic Entertainment Agency is a well known and respected company. It competes with other renowned entertainment agencies, including **EnterMusic** and **WorldMusic** to promote promising young artists.

Your name is **Uli**, a contract manager in the UniMusic. You have been recognized for your ability to connect with both well-known and relatively unknown but promising artists. You are also able to negotiate with artists and their agents in a way that they find agreeable.

Recently, **Fado**, the agent of **Ms. Sonata,** approached you and showed a genuine interest towards signing a music contract with Ms. Sonata. So far, you have heard that Ms. Sonata is a reclusive rising star with an exceptional voice. Currently, it is not yet clear if she could really attract large audiences and CD buyers.

Before meeting Fado, you had several meetings with senior managers about representing UniMusic's priorities. Based on the company's resources and past experience with artist like Ms. Sonata, they gave you information regarding the importance of the negotiated issues and options, which you put it in the tables below.

You presented the tables to the management who agreed with them. Table 1 shows that the more concerts an artist performs the better it is for the company. Tables 3 and 4, reflect the interest in paying lower royalties and lower bonus rather than higher. Table 2 however, shows that the best number of songs is neither too much nor too little, because too many songs are costly to put on a CD and too few makes the CD difficult to sell.

Each issue has several options to choose from. The rating of an option reflects the company's interests towards this option. The more points an option receives, the more it is preferred. The highest rating is assigned to the best option for the company because this option is considered most profitable. Lower rating values are given to options, which are less advantageous. A rating of zero is assigned to the option, which is neither profitable nor costly for the company. Negative ratings are assigned to options that clearly create a disadvantage, and therefore they should be avoided.

Table 1. Promotional concerts (per year)		Table 2. New songs (per year)	
Options	Rating	Options	Rating
(worst) 5	-10	(worst) 10	-10
6	-8	11	0
7	-2	12	6
8	0	13	12
9	14	(best) 14	18
(best) 10	18	15	13
		16	10

Table 3. Royalties for CDs (percent)		Table 4. Contract signing bonus (thousand $)	
Options	Rating	Options	Rating
(best) 1.5	18	(best) 150	6
1.75	10	175	4
2	4	200	2
2.25	0	225	0
2.5	-5	250	-4
2.75	-8	275	-7
(worst) 3	-10	(worst) 300	-10

Examples of rating calculations

For every offer, the overall rating is computed as the sum of its specific option ratings. The table below gives two examples of rating calculations. Offer 1 and Offer 2 have different combination of options. Every option has a rating that is determined from the company's preferences. Consequently, Offer 1 is rated 20 (sum of option ratings) and it represents a positive return for the company. While, Offer 2 is rated -12, meaning a loss for the company.

Issue	Offer 1		Offer 2	
	Option	Rating	Option	Rating
Number of concerts	9	14	6	-8
Number of new songs	11	0	12	6
Royalties of CDs (%)	1.75	10	2.25	0
Signing Bonus ($ in thousand)	250	-4	300	-10
Total		20		-12

These calculations are based only on the interests of UniMusic and no other. Be aware that Ms. Sonata and other companies may have a different rating for the very same offers because their interests might not be the same as yours!

Uli's commission

In case you obtain this contract, you will receive a commission which is 100 times the total rating achieved in the agreement. If Offer 1 were accepted, then you would have earned 20 * 100 = $2,000. However, if Offer 2 were accepted, then your yearly commission would decrease by $1,200 (-12*100) because of this offer has a negative rating.

Assessment of Ms. Sonatas interests

You have been able to get the following important information about Ms. Sonata's interests. She will be reluctant to perform in too many concerts, but understand the need to reach out to her audience. Given Ms. Sonata's nature, she has a high standard for producing songs and would not like to write too many in any given year. As expected, she prefers higher royalties and signing bonuses.

You should take into account your company's option ratings and this information on Ms. Sonata to formulate your offers, which would be most profitable for the company.

Erklärung der multiattributiven englischen Auktion

Auction process

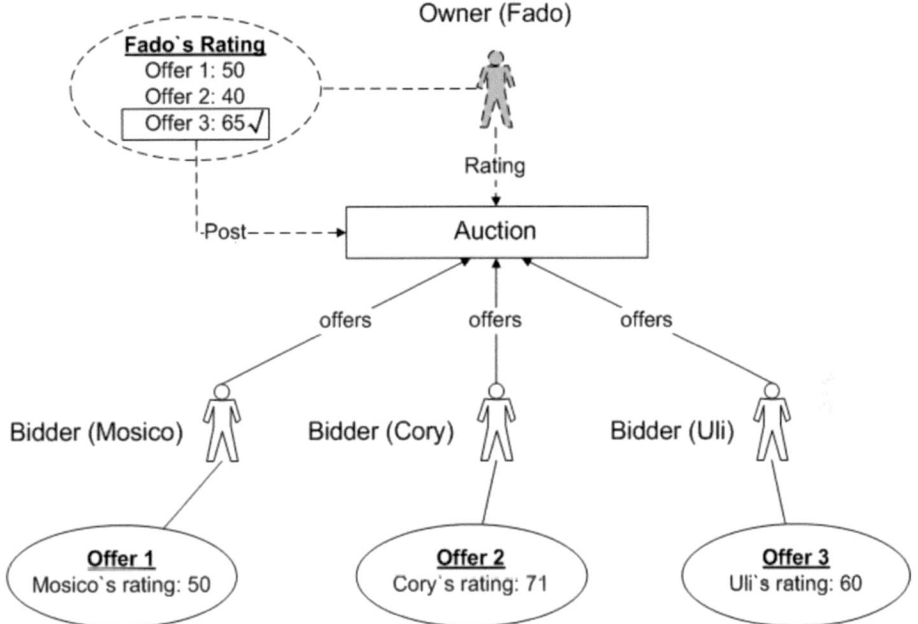

- Everyone has his or her own interest in mind.
- The owner sets up the auction based on his or her ratings.
- Each bidder submits offers according to his or her ratings.
- The auction evaluates the offers based on the owner's ratings.
- The auction posts the current highest offer.

Once the allocated time runs out (20 minutes), the current highest offer is the winning offer in the auction.

➢ To win, a bidder needs to have not only a winning offer, but also one with a high rating for the company.

➢ The best participants will be awarded a paid internship at the InterNeg Research Center.

Inauction Hilfeseite

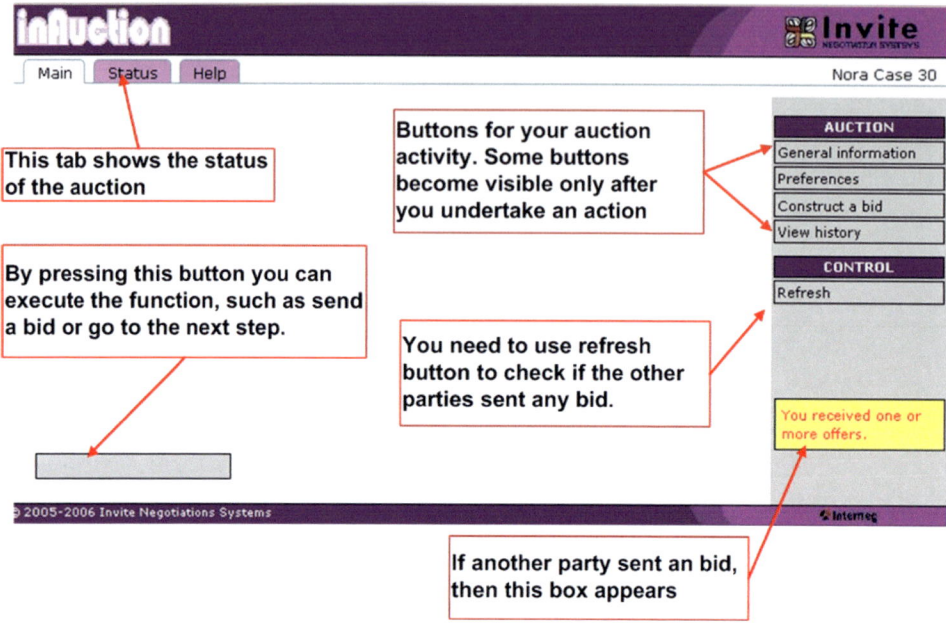

meet2trade Hilfeseite

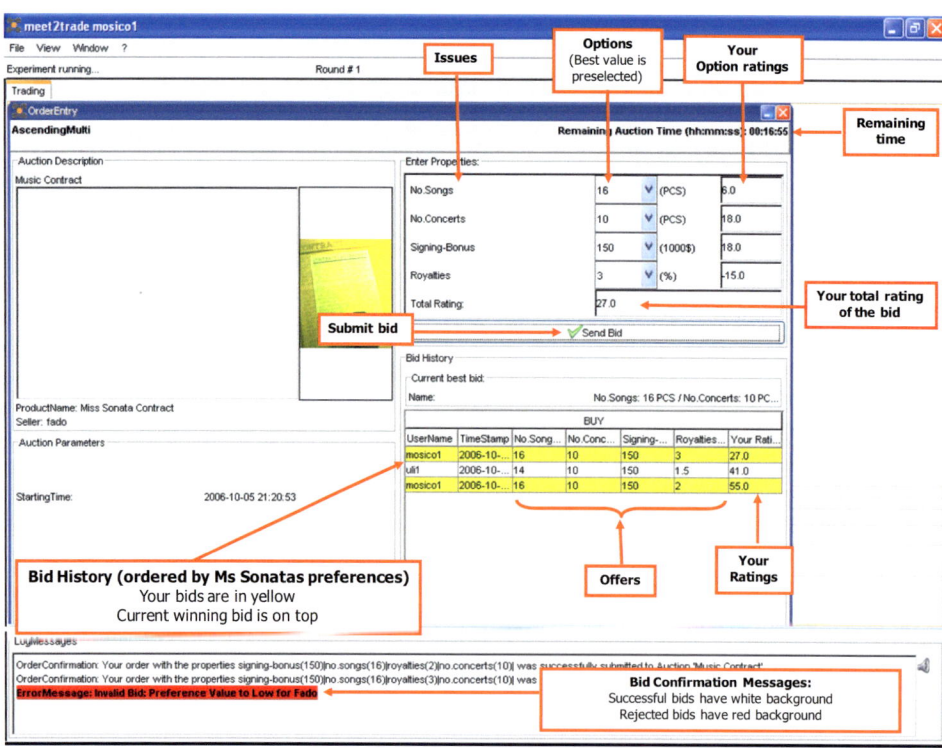

Anhang D - Anleitung für die Experimentleiter

Thank you for your involvement in our experiments. You should receive these instructions 3 days prior to the experiment. In order to maintain consistency from one experiment to another we ask you to please follow instructions closely. Please restrict communication with the participants to a minimum.

1. Meet project manager

Completed Activity

A. Make sure you know how to use FirstClass Chat (If you do not have a FirstClass account, one will be provided for you) ☐

B. Read these instructions beforehand and contact the manager should you have questions. **You must meet the manager 1 hour before the schedule start time for experiments** ☐

C. Collect from the manager the **Facilitator's folder**, which contains: ☐
   - pen
   - facilitator note sheet
   - copy of Instructions for Facilitators
   - List of participants
   - Seat plot sheet
   - The packages of document need to distribute to the participants
     1. General Instruction sheets
     2. Public Information sheets
     3. Private Information sheets
     4. Auction process introduction
     5. System Guide sheets

D. Know which lab (2nd or 5th floor) you are assigned to and your co-facilitator's FirstClass username ☐

E. Go to your lab ☐
   - 2nd floor lab

2. Setup lab for experiment

A. **Login to every computer** in the lab: ☐
   - 2nd floor lab, username: user password: pass
   - 5th floor lab, username: user password: pass

B. Login to FirstClass on the **facilitator's computer** and initiate chat session with co-facilitator and manager. ☐
   - 2nd floor lab, use the computer in the 1st row closest to the door
   - 5th floor lab, use the computer next to the door

C. Setup the participants' computers: ☐
   - check system time if synchronized on all machines

- check the screen setting (1024 X 768 pixels)
- Open the browser window
- Type in http://experimenturl

D. - According to the seat plot sheet, you can set up the
      experiment by logging in with the user name and password for
      the individual seat   ☐

E. Make sure a big and different number appears on screen. Please dou-
    ble check the numbers that are shown the same as the list given to   ☐
    you.
    Pick up a package of document with the same number on the front
    page, put on the table.

F   Put a package of print out on the table according to the number on the
    front page. All the printout packages will have a sticker on the front   ☐
    page, indicating it belongs to which seat.

3. Greet participants

A. When the participants come, they will have an ID number in hand.
    Welcome the participants and match them with the numbers in their   ☐
    hands and that shown on the screen.

B. Wait for manager to report the number of participants sent to the lab.
    - Count the number of participants   ☐
    - Once the number of participants in the lab matches that re-
      ported by the manager →Confirm the number of participants
      with manager
    - **At this time no more participants may join the experiment**
    - **Messenger co-facilitator you will greet the participants**

C. Read aloud the following instructions: ☐

- "**Welcome to our experiment**"
- "**Please do not touch the system until I signal the start of experiments**"
- "**Please do not speak to other participants in the lab**"
- "**Please do not use any other items, other than what I give you**"
- "**Please turn off all cell phones**"

D. Instruct the participants to click `Continue` ☐
   "**Now you can click the button to continue**"

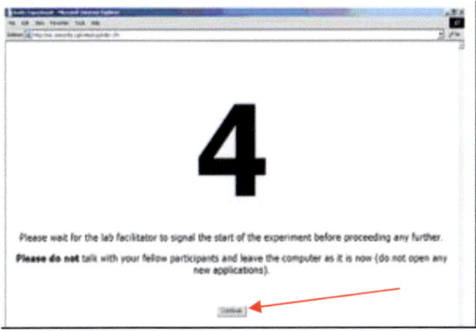

E. Tell the participants: ☐

"**The next page that you see is the consent form. If you agree to the conditions, please enter your email as well as your last name and click I agree**"

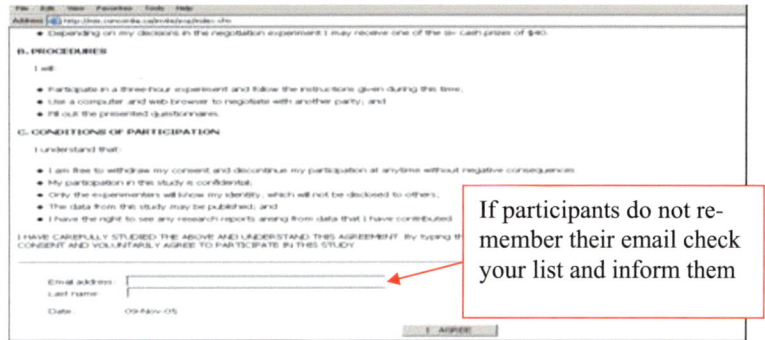

If participants do not remember their email check your list and inform them

F. Confirm that participants in **both** labs have signed the consent form ☐
    and see the following screen

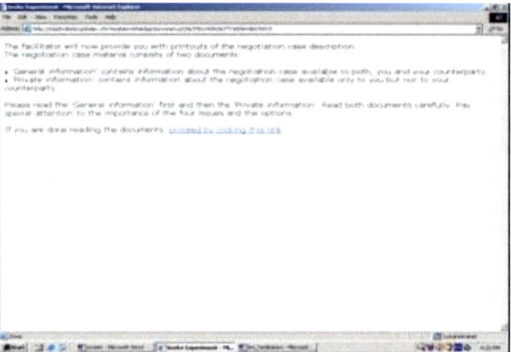

Troubleshooting:

If the participants accidentally close their window **before** they start negotiating on Invite,
they may log back in by going to:
http://experimenturl
Check the number in their hand to choose the Participants' ID number on the screen.

4. Start experiment

Time

A. Once the labs are synchronized,
    - Ask the participants to open the packages on the table
    - Check out the document they have in order

    "In front of you, there is a package of printouts. They are
    1. **General Instruction**
    2. **Public Information**
    3. **Role Information**
    4. **Process introduction**
    5. **System Guide sheets"**
    "Does any body miss any printouts?"

    Make sure that everybody has the correct printouts.
B.
    - Read aloud **General Instruction sheets**
    - Read aloud **Public information**
    "Now you have 10 minutes to read the Role information"

    Ten minutes later:
    "Does anybody not finish the reading?"

    Make sure anybody finish the reading.
    - **Read aloud the Process introduction**

C. Instruct participants:

    **"After this point, please refrain from talking out
    loud. And if you have any questions, please raise
    your hand at any time and I will come to you."**

D. Tell participants they may proceed by clicking on the link

E.   Assure all participants are at the facilitator screen

Troubleshooting:
If the participants accidentally close their window **after** they start negotiating on Invite, they may log back in by going to:
http://experimenturl&action=relog

5. Start auction

A. Hand out **System Guide** to participants and tell them aloud: ☐

- "**You are about to enter the Invite system for an online auction**"
- "**The last printout is a System Guide, which provides help for using the Invite system**"

B. Inform participants: ☐

- "**You have 20 minutes for the auction and click on proceed into Invite system to start.**"
- "**Please click proceed button now**"

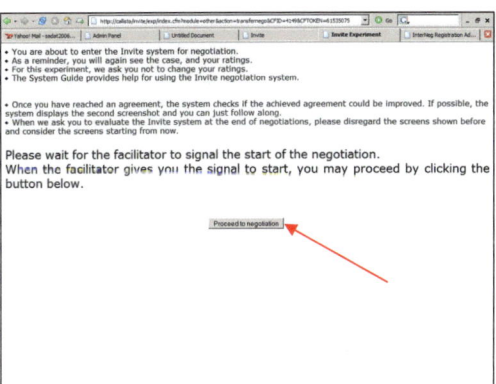

C. Write start and end time on board ☐

D. During experiment, if participants finish before the hour ☐
- go to them
- ask them to click on End auction and proceed to F

E. • After the deadline of 20 minuets contact with the facilitator in the other lab to ask everybody in that lab to
end the auction.

  • instruct participants to click `End auction`. If the
End auction function is not there, you can ask them
to refresh the page. The function will show up then.
If somebody does not click the end the auction function, you can use the link listed in the session to force
them end the transactions.

F. Instruct participants: **"Please proceed to Post-
questionnaire and raise your hand when you are done"**.

 This is the final screen

6. End experiment

A. When participants raise their hand to signal an end,
  • collect the printouts
  • send the participant (with all their belongings to
GM903-05)

B. Wait for everyone to leave
  • tidy up the lab
  • logout and turn off computers
  • lock the lab door

Watch out for:

Participants, who talk to each other and look at other screens.

Participants with difficulties, remind them that they can ask questions if they have any
problems.

  • Especially be careful not to give your opinion on the experiment, systems, negotiation (or auction) etc. when answering questions, because this can bias the
outcome.

  • If there is a software problem, e-mail an administrator. (FirstClass)

Logging back in a participant that terminated his browser window

URL: http://experimenturl&action=relog

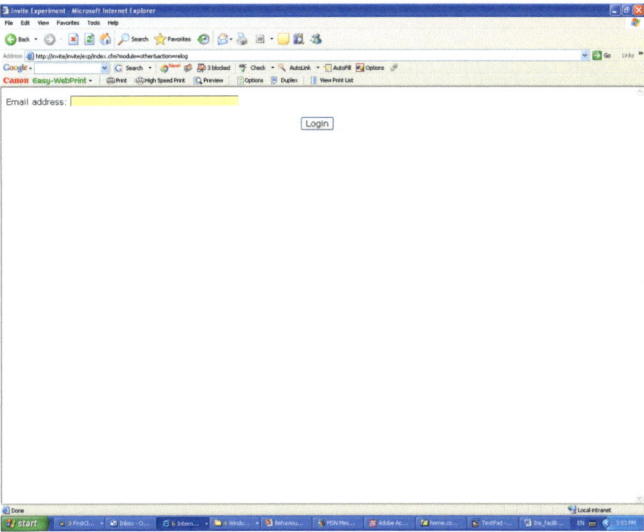

Let the participant enter his/her email and the system will log them in automatically. A wrong/mistyped email will bring them to this page:

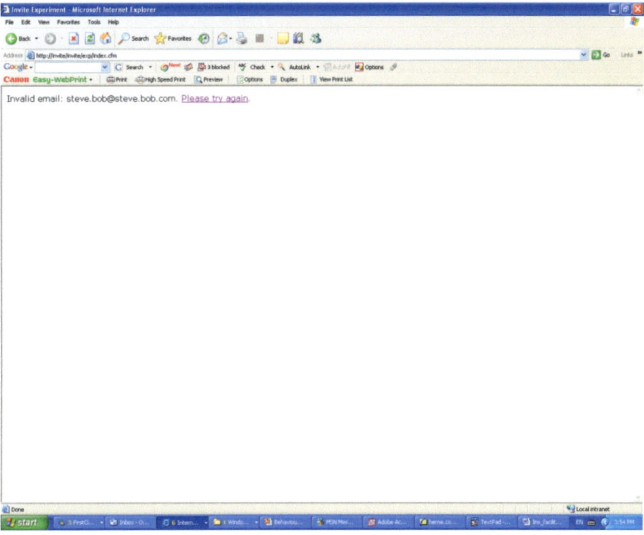

And they can try again.

Keep in mind there's 3 'steps' to the experiment
1) Pre-Invite: (pre questionnaires, pre ratings, etc..)
2) Invite
3) Post-Invite (post questionnaires)

The relog page is only useful if the participant **has finished step 1**.

If the user kills his window in **step 1**, then he has to **restart from the beginning.**

If the user kills his window in **step 2**, then he can **log back into invite from the re-log page**.

If the user kills his window in **step 3**, then he can also **log back into invite from the relog page**. After clicking on continue on the first page, he will be taken to the terminate page with a link to the post questionnaires. This means he will have to start the post questionnaires from the beginning no matter what his past progress was in the post qst.

Anhang E - Fragebogen

Teil 1 (Mechanismus):

Based on your experience in this negotiation / auction, please answer the following questions as accurately as possible.

How satisfied or dissatisfied are you...	Very satisfied	satisfied	Somewhat satisfied	Neither satisfied nor dissatisfied	Somewhat dissatisfied	Dissatisfied	Very dissatisfied
1. with the achieved outcome?	O	O	O	O	O	O	O
2. in terms of meeting your expectations?	O	O	O	O	O	O	O
3. with the solution being favorable for you?	O	O	O	O	O	O	O
4. when looking at what you originally desired?	O	O	O	O	O	O	O

	Very easy	Easy	Somewhat easy	Neither easy nor difficult	Somewhat difficult	Difficult	Very difficult
5. Understanding the case descriptions was...	O	O	O	O	O	O	O
6. Acting as an agent was...	O	O	O	O	O	O	O
7. Meeting the objectives of the case was...	O	O	O	O	O	O	O
8. Interacting in this business scenario was...	O	O	O	O	O	O	O

	Strongly agree	Agree	Somewhat agree	Neither agree nor disagree	Somewhat disagree	Disagree	Strongly disagree
9. I am satisfied with my performance.	O	O	O	O	O	O	O
10. I tried to do well in this negotiation / auction.	O	O	O	O	O	O	O
11. I was effective in accomplishing my tasks.	O	O	O	O	O	O	O
12. I represented my client adequately.	O	O	O	O	O	O	O

Based on your experience in this negotiation / auction, please answer the following questions as accurately as possible.

How satisfied or dissatisfied are you...	Very satisfied	satisfied	Somewhat satisfied	Neither satisfied nor dissatisfied	Somewhat dissatisfied	Dissatisfied	Very dissatisfied
13. with the achieved outcome?	O	O	O	O	O	O	O
14. in terms of meeting your expectations?	O	O	O	O	O	O	O
15. with the solution being favorable for you?	O	O	O	O	O	O	O
16. when looking at what you originally desired?	O	O	O	O	O	O	O

	Very easy	Easy	Somewhat easy	Neither easy nor difficult	Somewhat difficult	Difficult	Very difficult
17. Understanding the case descriptions was...	O	O	O	O	O	O	O
18. Acting as an agent was...	O	O	O	O	O	O	O
19. Meeting the objectives of the case was...	O	O	O	O	O	O	O
20. Interacting in this business scenario was...	O	O	O	O	O	O	O

	Strongly agree	Agree	Somewhat agree	Neither agree nor disagree	Somewhat disagree	Disagree	Strongly disagree
21. I am satisfied with my performance.	O	O	O	O	O	O	O
22. I tried to do well in this negotiation / auction.	O	O	O	O	O	O	O
23. I was effective in accomplishing my tasks.	O	O	O	O	O	O	O
24. I represented my client adequately.	O	O	O	O	O	O	O

My performance was affected by...	Very Positive Way	Positive Way	Somewhat Positive Way	Neutral Way	Somewhat Negative Way	Negative Way	Very Negative Way
13. the other participant (s) in a...	O	O	O	O	O	O	O
14. the system provided in a...	O	O	O	O	O	O	O
15. my understanding of the business case in a...	O	O	O	O	O	O	O
16. the negotiation / auction used to interact with other participant (s) in a...	O	O	O	O	O	O	O

In this negotiation…	Strongly agree	Agree	Somewhat agree	Neither agree nor disagree	Somewhat disagree	Disagree	Strongly disagree	
								Imbins only
17. my counterpart (s) listened to my concerns.	O	O	O	O	O	O	O	
18. a good foundation was set for future relationships with my counterpart (s).	O	O	O	O	O	O	O	
19. my counterpart (s) acted in good faith.	O	O	O	O	O	O	O	
20. my counterpart (s) was honest.	O	O	O	O	O	O	O	

Regarding the exchange process (i.e. offers and / or messages)…	Strongly agree	Agree	Somewhat agree	Neither agree nor disagree	Somewhat disagree	Disagree	Strongly disagree
21. I was in control.	O	O	O	O	O	O	O
22. I was assertive.	O	O	O	O	O	O	O
23. I proceeded with confidence.	O	O	O	O	O	O	O
24. I represented my client with assurance.	O	O	O	O	O	O	O
25. I am satisfied with the experience gained.	O	O	O	O	O	O	O
26. I am pleased with its effectiveness.	O	O	O	O	O	O	O
27. I believe it was adequate for this business scenario	O	O	O	O	O	O	O
28. I believe it met my task requirements	O	O	O	O	O	O	O
29. I believe it was easy	O	O	O	O	O	O	O

During the exchange process (i.e. offers and / or messages) I felt…	3	2	1	0	1	2	3	
30.	pleased	O	O	O	O	O	O	O	frustrated
31.	happy	O	O	O	O	O	O	O	sad
32.	confident	O	O	O	O	O	O	O	uncertain
33.	fulfilled	O	O	O	O	O	O	O	Annoyed

Teil 2 (System)

When answering the following questions, please consider the system you have just used for negotiating such contracts or similar business problems in future.

I believe that the system would...	Strongly agree	Agree	Somewhat agree	Neither agree nor disagree	Somewhat disagree	Disagree	Strongly disagree
1. help me achieve my objectives.	O	O	O	O	O	O	O
2. improve my performance.	O	O	O	O	O	O	O
3. allow me to reach an outcome faster.	O	O	O	O	O	O	O
4. provide an appropriate structure.	O	O	O	O	O	O	O
5. be easy to use.	O	O	O	O	O	O	O
6. be clear and understandable to work with.	O	O	O	O	O	O	O
7. be easy to learn.	O	O	O	O	O	O	O

If I had access to this system, I would ...							
8. use it to improve my skills.	O	O	O	O	O	O	O
9. use it to prepare for negotiation / auction.	O	O	O	O	O	O	O
10. use it in the future.	O	O	O	O	O	O	O
11. use it for training.	O	O	O	O	O	O	O

I think that the overall system would be...	3	2	1	0	1	2	3	
12. good	O	O	O	O	O	O	O	bad
13. advantageous	O	O	O	O	O	O	O	disadvantageous
14. valuable	O	O	O	O	O	O	O	worthless
15. useful	O	O	O	O	O	O	O	useless

I think that the offer ratings would be...	3	2	1	0	1	2	3	
16. good	O	O	O	O	O	O	O	bad
17. advantageous	O	O	O	O	O	O	O	disadvantageous
18. valuable	O	O	O	O	O	O	O	worthless
19. useful	O	O	O	O	O	O	O	useless

I think that the offer graph representations would be...	3	2	1	0	1	2	3	
20. good	O	O	O	O	O	O	O	bad
21. advantageous	O	O	O	O	O	O	O	disadvantageous
22. valuable	O	O	O	O	O	O	O	worthless
23. useful	O	O	O	O	O	O	O	useless

Imbins and InAuction

I think that the offer-history tables would be...	3	2	1	0	1	2	3	
24. good	O	O	O	O	O	O	O	bad
25. advantageous	O	O	O	O	O	O	O	disadvantageous
26. valuable	O	O	O	O	O	O	O	worthless
27. useful	O	O	O	O	O	O	O	useless

I think that the messaging system would be...

		3	2	1	0	1	2	3	
28.	good	O	O	O	O	O	O	O	bad
29.	advantageous	O	O	O	O	O	O	O	disadvantageous
30.	valuable	O	O	O	O	O	O	O	worthless
31.	useful	O	O	O	O	O	O	O	useless

Imbins only

I believe that the system would provide...	Strongly agree	Agree	Somewhat agree	Neither agree nor disagree	Somewhat disagree	Disagree	Strongly disagree
32. me with all the information that I need.	O	O	O	O	O	O	O
33. comprehensive information.	O	O	O	O	O	O	O
34. information that is clearly presented on the screen.	O	O	O	O	O	O	O
35. adequate information.	O	O	O	O	O	O	O
I believe that the system would...							
36. operate reliably.	O	O	O	O	O	O	O
37. perform consistently.	O	O	O	O	O	O	O
38. respond promptly to my requests.	O	O	O	O	O	O	O
39. provide timely performance.	O	O	O	O	O	O	O
40. be trustworthy.	O	O	O	O	O	O	O
41. process my offers fairly.	O	O	O	O	O	O	O
42. give the other participant (s) **no** advantage over me.	O	O	O	O	O	O	O
43. be honest in rewarding the rightful winner.	O	O	O	O	O	O	O

Teil 3 (Rolle)

In this negotiation...	Very easy	Easy	Somewhat easy	Neither easy nor difficult	Somewhat difficult	Difficult	Very difficult
1. keeping track of the three discussions was....	O	O	O	O	O	O	O
2. assessing and comparing incoming offers was...	O	O	O	O	O	O	O
3. replying promptly to offers and messages was...	O	O	O	O	O	O	O
4. representing the interests of my client was...	O	O	O	O	O	O	O

Fado only

In this auction...							
5. keeping track of the events was...	O	O	O	O	O	O	O
6. assessing and comparing offers was...	O	O	O	O	O	O	O
7. replying promptly to offers was...	O	O	O	O	O	O	O
8. representing the interests of my client was...	O	O	O	O	O	O	O

Meet2trade and InAuction

Anhang F - Weitere Dokumente

Teilnahmebedingungen

Consent form

This is to confirm that I agree to participate in a laboratory experiment conducted by the team headed by Dr. Gregory Kersten of the Department of Decision Sciences & MIS, Concordia University.

A. PURPOSE

I have been informed that:

- The purpose of the research is to investigate the use and effectiveness of information and communication technologies in electronic negotiations or auction;
- This experiment is part of my course activity
- Depending on my decisions in the experiment I have a chance to get an internship at Interneg Research Centre.

B. PROCEDURES

I will:

- Participate in this experiment and follow the instructions given during this time;
- Use a computer and web browser to interact with other parties; and
- Fill out the presented questionnaires.

C. CONDITIONS OF PARTICIPATION

I understand that:

- I am free to withdraw my consent and discontinue my participation at anytime without negative consequences.
- My participation in this study is confidential;
- Only the experimenters will know my identity, which will not be disclosed to others;
- The data from this study may be published; and
- I have the right to see any research reports arising from data that I have contributed.

I HAVE CAREFULLY STUDIED THE ABOVE AND UNDERSTAND THIS AGREE-MENT. By typing the email address with which I registered for the experiment and my last name I FREELY CONSENT AND VOLUNTARILY AGREE TO PARTICIPATE IN THIS STUDY.

Quiz zur Überprüfung des Verständnisses der Experimentteilnehmer

1. Ms. Sonata is...
- an independent agent
- an employee of WorldMusic
- a musician

2. WorldMusic, EntertainMusic and UniMusic are...
  - actually one company known under three different names
  - three companies but only WorldMusic is an entertainment company
  - three different entertainment companies

3. Mosico, Cory and Uli ...
  - are representatives of the entertainment companies
  - are friends
  - work for the same company

4. Fado is...
  - the brother of Ms. Sonata
  - an independent agent for artists
  - an employee of WorldMusic

5. The four typical issues in the standard contract are: number of new songs, number of promotional concerts, royalties for CDs, and contract signing bonus
  - True
  - False

6. Every negotiated issue has the same number of options.
  - True
  - False

7. Only one issue is important; other issues are not important at all.
  - True
  - False

8. Different parties have different preferences for the issues and options.
  - True
  - False

9. The six options for the number of promotional concerts are ...
  - 8, 7, 6, 5, 4, 3
  - 10, 9, 8, 7, 6, 5
  - 0, 8, 6, 4, 2, 0

10. The agent or contract manager receives a commission based on 100 times the rating achieved for an agreement.
  - True
  - False

11. Offers can be rated differently by Ms Sonata and the three entertainment companies.
   - True
   - False

12. Ms Sonata and the other companies always have the same ratings for the same offers.
   - True
   - False

13. Negative ratings are assigned to options that clearly create a disadvantage, and therefore they should be avoided.
   - True
   - False

14. If an agent signs a contract with an overall negative value rating, then the agent will incur losses.
   - True
   - False

Literaturverzeichnis

[AbAb95] Abbink, K.; Abdolkarim, S.: RatImage—research assistance toolbox for computer-aided human behavior experiments. SFB 303 Discussion Paper B-325. Universität Bonn, 1995.

[AjFi75] Ajzen, I.; Fishbein, M.: Belief, attitude, intention, and behavior: An introduction to theory and research, Reading, MA: Addison-Wesley, 1975.

[AlCa92] Alavi, M.; Carlson, P.: A Review of MIS Research and Disciplinary Development, in: Journal of Management Information Systems, Vol. 8, Nr. 4, 1992, S. 45 - 62.

[ArOc03] Ariely, D.; Ockenfels, A.; Roth, A. E.: An Experimental Analysis of Ending Rules in Internet Auctions, 2003.

[AsGr04] Asker, J.; Grosskopf, B.; McKinney, C. N.; Niederle, M.; Roth, A. E.; Weizsäcker, G.: Teaching Auction Strategy Using Experiments Administered via the Internet, in: Journal of Economic Education, 35 (4), 2004, S. 330-342.

[BeKe00] Benyoucef, M.; Keller, R. K.; Kamouroux, S.; Robert, J.; Trussant., V.: Towards a generic e-negotiation platform, in: Proceedings of the Sixth International Conference on Re-Technologies for Information Systems, 2000, S. 95-109.

[Bern38] Bernoulli, D.: Specimen Theoriae Novae de Mensura Sortis, in: Commentarii Academiae Scientiarum Imperialis Petropolitanae, 5, 1738, S. 175-192.

[BeHe05] Betzin, J.; Henseler, J.: Einführung in die Funktionsweise des PLS-Algorithmus, in: Bliemel, F.; Eggert, A.; Fassott, G.; Henseler, J. (Hrsg.): Handbuch PLS-Pfadmodellierung, Stuttgart: Schäffer-Poeschel, 2005, S. 49-69.

[Bich01] Bichler, M.: The Future of e-Markets: Multi-Dimensional Market Mechanisms, Cambridge: Cambridge University Press, 2001.

[BiKe03] Bichler, M.; Kersten, G.; Strecker, S.: Towards a Structured Design of Electronic Negotiations, in: Group Decision and Negotiation, 12 (4), 2003, S. 311-335.

[BlEg05] Bliemel, F.; Eggert, A.; Fassott, G.; Henseler, J.: Die PLS-Pfadmodellierung: mehr als eine Alternative zur Kovarianzstrukturanalyse, in: Bliemel, F.; Eggert, A.; Fassott, G.; Henseler, J. (Hrsg.): Handbuch PLS-Pfadmodellierung, Stuttgart: Schäffer-Poeschel, 2005, S. 9-18.

[Bmbf99] BMBF: BMBF-Projektantrag: Electronic-Brokerage als wissensintensive Dienstleistung, 1999.

[BoLe91] Bollen, K. A.; Lennox, R.: Conventional Wisdom on Measurement: a Structural Equation Perspective, in: Psychological Bulletin, 110 (2), 1991, S. 305-314.

[BoKa02] Bolton, G. E.; Katok, A. E.; Ockenfels, A.: How Effective are Online Reputation Mechanisms? An Experimental Investigation. Smeal College of Business Administration, Penn State University, 2002.

[BoKa04] Bolton, G. E.; Katok, E.; Ockenfels, A.: Bridging the Trust Gap in Electronic Markets: A Strategic Framework for Empirical Study, in: Akcali, E.; Geunes, J.; Pardalos, P. M.; Romeijn, H. E.; Shen, Z. J. (Hrsg.): Applicatons of Supply Chain Management and E-Commerce Research in Industry, Kluwer Academic Publishers, 2004.

[BoRi03] Bosman, R.; Riedl, A.: Emotions and Economic Shocks in a First-Price Auction: An Experimental Study, 2003.

[BrPl02] Brewer, P. J.; Plott, C. R.: A Decentralized, Smart Market Solution to a Class of Back-Haul Transportation Problems: Concept and Experimental Test Beds, in: Interfaces 32 (5), 2002, S. 13-36.

[BuGo99] Budimir, M.; Gomber, P.: Dynamische Marktmodelle im elektronischen Wertpapierhandel, In: Wirtschaftsinformatik 41 (3), 1999, S. 218-225.

[BuKl95] Bulow, J.; Klemperer, P.: Auctions vs. Negotiations, in: American Economic Review 86, 1995, S. 180-194.

[CaZe79] Carmines, E. G.; Zeller, R. A.: Reliability and Validity Assessment, Beverly Hills, CA: Sage Publications, 1979.

[Cham48] Chamberlin, E.: An Experimental Imperfect Market, in: Journal of Political Economy 56, 1948, S. 95-108.

[ChKe06] Chen, E.; Kersten, G.: Measuring Electronic Negotiation System Success: User Satisfaction, Technology Acceptance and Strategic Analysis, in: Montreal Conference on Technologies, Montreal, Canada, 2006.

[ChKe07] Chen, E.; Kersten, G.; Neumann, D.; Vahidov, R.; Weinhardt, C.; Yu, B.: A Framework for E-market System Assesment and Design, in: Group Decision and Negotiations 2007, Montreal, Canada, 2007.

[ChWu03] Chen, K.-Y.; Wu, R.: Computer Games and Economics Experiments, in: 5th International Conference on Enterprise Information Systems (ICEIS), 2003.

[ChJo93] Chidambaram, L.; Jones, B.: Impact of Communication Medium and Computer Support on Group Perceptions and Performance: A Comparison of Face-to-Face and Depressed Meetings, in: MIS Quarterly 17(4), 1993, S. 465-491.

[ChNe99] Chin, W. W.; Newsted, P. R.: Structural Equation Modeling Analysis with Small Samples Using Partial Least Squares, in: Hoyle, R. H. (Hrsg.): Statistical Strategies for Small Sample Research, Thousand Oaks: Sage, 1999.

[CoHi95] Compeau, D. R.; Higgings, C. A.: Computer Self-efficacy: Development of a Measure and Initial Test, in: MIS Quarterly 19 (2), 1995, S. 189-212.

[CoSm80] Coppinger, V. M.; Smith, V. L.; Titus, J. A.: Incentives and behavior in English, Dutch and sealed-bid auctions, in: Economic Inquiry 18, 1980, S. 1-22.

[CuAn02] Curbera, F.; Andrews, T.; Dholakia, H.; Goland, Y.; Klein, J.; Leymann, F.; Liu, K.; Roller, D.; Smith, D.; Thatte, S.; Trickovic, I.; Weerawarana, S.: Business Process Execution Language for Web Services, 2002, http://www.106.ibm.com/developerworks/library/ws-bpelwp (Abruf am 01.05.2006).

[Czern05] Czernohous, C.: Simulation for Evaluating Electronic Markets - An Agent-based Environment, in: International Symposium on Applications and the Internet (SAINT 2005), 2005.

[DaMa59] Davidson, D.; Marshak, J.: Experimental tests of a stochastic decision theory, in: Churchman, C. W.; Ratoosh, P. (Hrsg.): Measurement: Definitions and theories, New York: Wiley, 1959, S. 233-269.

[DaHo93] Davis, D. D.; Holt, C. A.: Exerimental Economics, Princeton: Princeton University Press, 1993.

[DaBa89] Davis, F. D.; Bagozzi, R. P.; Warshaw, P. R.: User Acceptance of Computer Technology: A Comparison of Two Theoretical Models., in: Management Science 35(8), 1989, S. 982-1003.

[Davi86] Davis, F. D.: A Technology Acceptance Model for Empirically Testing New End-User Information Systems: Theory and Results., 1986.

[DeMc03] DeLone, W. H.; McLean, E. R.: The DeLone and McLean Model of Information Systems Success: A Ten-Year Update, in: Journal of Management Information Systems 19 (4), 2003, S. 9-30.

[DeMc92] DeLone, W. H.; McLean, E. R.: Information Systems Success: The Quest for the Dependant Variable., in: Information Systems Research 3(1), 1992, S. 60-97.

[DiSt99] Dishaw, M. T.; Strong, D. M.: Extending The Technology Acceptance Model With Task-Technology Fit Constructs, in: Information & Management Vol. 36 Issue 1, 1999, S. 9-22.

[EcGr96] Eckel, C. C.; Grossman, P. J.: Altruism in anonymous dictator games, in: Games and Economic Behavior 16, 1996, S. 181-191.

[Edwa53] Edwards, W.: Probability-preferences in gambling, in: American Journal of Psychology 66, 1953, S. 349-364.

[Eppl03] Eppler, M. J.: Managing Information Quality, Berlin et al.: Springer, 2003.

[EvKa97] Evaristo, J. R.; Karahanna, E.: Is North American IS Research Different from European IS Research? in: The DATA BASE for Advances in Information Systems, Vol. 28, Nr. 3, 1997, S. 32-43.

[FaEg05] Fassott, G.; Eggert, A.: Zur Verwendung formativer und reflektiver Indikatoren in Strukturgleichungsmodellen: Bestandsaufnahme und Anwenfungsempfehlungen, in: Bliemel, F.; Eggert, A.; Fassott, G.; Henseler, J. (Hrsg.): Handbuch PLS-Pfadmodellierung, Stuttgart: Schäffer-Poeschel, 2005, S. 31-47.

[FiPl78] Fiorina, M. P.; Plott, C. R.: Commitee Decision under Majority Rule: An Experimental Study, in: American Political Science Review 72, 1978, S. 575-598.

[Fisc07] Fischbacher, U.: z-Tree: Zurich toolbox for ready-made economic experiments, in: Experimental Economics, 10 (2), 2007, S. 171-178.

[Floo52] Flood, M. M.: Some Experimental Games. Research Memorandum RM-789. RAND Corporation, 1952.

[Floo58] Flood, M. M.: Some experimental games, in: Management Science 5, 1958, S. 5-26.

[Frän95] Frängsmyr, T.: Les Prix Nobel. The Nobel Prizes 1994. Nobel Foundation, Stockholm, 1995.

[FrSu94] Friedman, D.; Sunder, S.: Experimental Methods: A Primer for Economists, Cambridge: Cambridge University Press, 1994.

[GeKa03] Gefen, D.; Karahanna, E.; Straub, D. W.: Trust and TAM in Online Shopping: An Integrated Model, in: MIS Quarterly 27 (1), 2003, S. 51-90.

[GeSt00] Gefen, D.; Straub, D. W.; Boudreau, M.-C.: Structural Equation Modelling Techniques and Regression: Guidelines for Research, in: Communications of the AIS 7, 2000, S. 1-78.

[GiMä06] Gimpel, H.; Mäkiö, J.: Towards Multi-Attribute Double Auctions for Financial Markets, in: International Journal of Electronic Markets, 16(2), 2006, S. 130-139.

[Gimp07] Gimpel, H.: Preferences in Negotiations: The Attachment Effect, Berlin et al.: Springer, 2007.

[GnRu00] Gneezy, U.; Rustichini, A.: Pay enough or don't pay at all, in: Quarterly Journal of Economics 115 (3), 2000, S. 791-810.

[Gomb00] Gomber, P.: Elektronische Handelssysteme, Innovative Konzepte und Technologien im Wertpapierhandel, Heidelberg: Physica Verlag, 2000.

[GoTh95] Goodhue, D. L.; Thompson, R. L.: Task-Technology Fit and Individual Performance., in: MIS Quarterly 19(2), 1995, S. 213-236.

[GöLi04] Götz, O.; Liehr-Gobbers, K.: Der Partial-Least-Squares(PLS) - Ansatz zur Analyse von Strukturgleichungsmodellen. Arbeitspapiere des Insituts für Marketing. Westfälische Wilhelms-Universität Münster, Münster, 2004.

[Gual05] Guala, F.: The Methodology of Experimental Economics, Cambridge: Cambridge Universtiy Press., 2005.

[Gull79] Gulliver, P. H.: Disputes and Negotiations: A Cross-Cultural Perspective, Orlando, FL: Academic Press, 1979.

[HaLi04] Harrison, G. W.; List, J. A.: Field experiments, in: Journal of Economic Literature 42 (4), 2004, S. 1013-1059.

[HeOr04] Heyman, J. E.; Orhun, Y.; Ariely, D.: Auction Fever: The Effect of Opponents and Quasi-Endowment on Product Valuations, in: Journal of Interactive Marketing Volume 18 / Number 4, 2004.

[Holt04] Holtmann, C.: Organisation von Märkten - Market Engineering für den elektronischen Wertpapierhandel, Dissertation Universität Karlsruhe (TH), 2004.

[HoDo98] Homburg, C.; Dobratz, A.: Iterative Modellselektion in der Kausalanalyse, in: Hildebrandt, L.; Humburg, C. (Hrsg.): Die Kausalanalyse: Instrument der empirischen betriebswirtschaftlichen Forschung, Stuttgart: Schäffer-Poeschel, 1998, S. 447-474.

[Hull99] Hulland, J.: Use of Partial Least Squares (PLS) in Strategic Management Research: A Review of Four Recent Studies, in: Strategic Management Journal, 20 (4), 1999, S. 195-204.

[Hurw73] Hurwicz, L.: The design of mechanisms for resource allocation., in: American Economic Review Papers and Proceedings, 63, 1973, S. 1-30.

[JeMo01] Jehiel, P.; Moldovanu, B.: The european umts/imt-2000 licence auctions, in: Technical report, Working Paper, University College London and University of Mannheim, 2001.

[Jöre82] Jöreskog, K. G.: The LISREL Approach to Causal Model-Building in the Social Sciences, in: Jöreskog, K. G.; Wold, H. (Hrsg.): Systems under Indirect Observation, Part I: Causality, Structure, Prediction, Amsterdam: North-Holland, 1982, S. 81-100.

[KaRo95] Kagel, J. H.; Roth, A. E.: The Handbook of Experimental Economics, Princeton: Princeton University Press, 1995.

[Keen91] Keen, P.: Relevance and Rigor in Information Systems Research: Improving Quality, Confidence, Cohesion and Impact, in: Nissen, H.-E.; Klein, H. K.; Hirschheim, R. (Hrsg.): Information Systems Research: Contemporary Approaches and Emergent traditions, Amsterdam: North-Holland, 1991, S. 27-50.

[KeNo00] Kersten, G.; Noronha, S.; Teich, J.: Are All E-Commerce Negotiations Auctions? in: COOP'2000: Fourth International Conference on the Design of Cooperative Systems, Sophia-Antipolis, Frankreich, 2000.

[KeSt04] Kersten, G.; Strecker, S.; Law, K. P.: Protocols for electronic negotiation systems: Theoretical foundations and design issues, in: Bauknecht, K.; Bichler, M.; Pröll, B.: E-Commerce and Web Technologies, 5th International Conference EC-Web 2004, Berlin, 2004, S. 106-115.

[KoWe06] Kolitz, K.; Weinhardt, C.: MES – Ein Experimentalsystem zur Untersuchung elektronischer Märkte, in: Service-Oriented Electronic Commerce - Proceedings zur Konferenz im Rahmen der Multikonferenz Wirtschaftsinformatik 2006, 2006.

[KrGö05] Krafft, M.; Götz, O.; Liehr-Gobbers, K.: Die Validierung von Strukturgleichungsmodellen mit Hilfe des Partial-Least-Squares (PLS)-Ansatzes, in: Bliemel, F.; Eggert, A.; Fassott, G.; Henseler, J. (Hrsg.): Handbuch PLS-Pfadmodellierung, Stuttgart: Schäffer-Poeschel, 2005, S. 71-86.

[Kris02] Krishna, V.: Auction Theory, San Diego, CA, USA: Academic Press, 2002.

[Ku00] Ku, G.: Auctions and Auction Fever: Explanations from Competitive Arousal and Framing, in: Kellogg Journal of Organization Behavior, 2000.

[KuMä05] Kunzelmann, M.; Mäkiö, J.: Pegged and Bracket Order as a Success Factor in Stock Exchange Competition, in: 2nd Conference FinanceCom 2005, 2005.

[Law05] Law, K. P.: Invite: A Multi-protocol Negotiation Platform, Master Thesis Concordia University, 2005.

[LaRo81] Lazear, E. P.; Rosen, S.: Rank-Order Tournaments as Optimum Labor Contracts, in: Journal of Political Economy 89 (5), 1981, S. 841-864.

[LeLe04] Lee, K. C.; Lee, S.; Kim, J. S.: Analysis of Mobile Commerce Performance by using the Task-Technology Fit, in: Lawrence, E.; Pernici, B.; Krogstie, J.: IFIP TC8 Working Conference on Mobile Information Systems, Oslo, Norwegen, 2004, S. 135-154.

[LeSa99] Lewicki, R.; Saunders, D.; Minton, J.: Negotiation, 3. Edition, Boston et al.: Irwin McGraw-Hill, 1999.

[Lohm89] Lohmöller, B.: Latent variable path modeling with partial least squares, Heidelberg: Physica, 1989.

[LoSp98] Lohse, G. L.; Spiller, P.: Quantifying the effect of user interface design features on cyberstore traffic and sales, in: SIGCHI conference on Human factors in computing systems, Los Angeles, CA, USA, 1998, ACM Press, S. 211-218.

[LoWa02] Loiacono, E. T.; Watson, R. T.; Goodhue, D. L.: WEBQUAL: a measure of Web site. quality, in: 2002 Marketing Educators' Conference: Marketing Theory and Applications, 2002, S. 432-437.

[LuWe07] Luckner, S.; Weinhardt, C.: How to Pay Traders in Information Markets? Results from a Field Experiment, in: Journal of Prediction Markets, 2007, forthcoming.

[Mäki06] Mäkiö, J.: Parametric Design of Electronic Markets - Composing Markets with Market Modeling Language, Dissertation Universität Karlsruhe (TH), 2006.

[MäWe05] Mäkiö, J.; Weber, I.: Modeling Approach for Auction Based Markets, in: International Symposium on Applications and the Internet (SAINT 2005), 2005.

[MaWh47] Mann, H.; Whitney, D.: On a test of whether one of two random variables is stochastically larger than the other., in: Annals of Mathematical Statistics 18, 1947, S. 50-60.

[McMc87] McAfee, R.; McMillan, J.: Auctions and bidding, in: Journal of Economic Literature, 25, 1987, S. 699–738.

[Milg04] Milgrom, P.: Putting Auction Theory to Work, Cambridge: Cambridge University Press, 2004.

[Mill02] Miller, R. M.: Paving Wall Street: Experimental Economics & the Quest for the Perfect Market, 2002.

[MoJe03] Moldovanu, B.; Jehiel, P.: An economic perspective on auctions, in: Economic Policy, 36, 2003, S. 271–308.

[MoNo51] Mosteller, F.; Nogee, P.: Am experimental measurement of utility, in: Journal of Political Economy 59, 1951, S. 371-404.

[MuTh00] Mullainathan, S.; Thaler, R.: Behavioral Economics. Working Paper 00-27, MIT Department of Economics, 2000.

[NeHo02] Neumann, D.; Holtmann, C.; Weltzien, H.; Lattemann, C.; Weinhardt, C.: Towards A Generic E-Market Design, in: Monteiro, J.; Swatman, P. M. C.; Tavares, L. V. (Hrsg.): Towards the Knowledge Society: e-Commerce, e-Business and e-Government, Lissabon: Kluwer Academic Publishing, 2002.

[NeMä05] Neumann, D.; Mäkiö, J.; Weinhardt, C.: CAME - A Toolset for Configuring Electronic Markets, in: 13th European Conference on Information Systems (ECIS), Regensburg, 2005.

[Neum04] Neumann, D.: Market Engineering - A Structured Design Process for Electronic Markets, Dissertation Universität Karlsruhe (TH), 2004.

[Niel03] Nielsen, J.: Usability Engineering, San Diego, CA: Academic Press, 2003.

[Niem02] Niemeier, S.: Die deutsche UMTS-Auktion. Eine spieltheoretische Analyse, Deutscher Universitätsverlag, 2002.

[Palf01] Palfrey, T.: Implementation Theory, in: Aumann, R. J.; Hart, S. (Hrsg.): Handbook of Game Theory, 3, Amsterdam: North-Holland, 2001.

[PaBe93] Payne, J. W.; Bettmann, J. R.; Johnson, E. J.: The adaptive decision maker, Cambridge: Cambridge University Press, 1993.

[Plot79] Plott, C. R.: The Application of Laboratory Experimental Methods to Public Choice, in: Russell, C. S. (Hrsg.): Collective Decision Making: Applications from Public Choice Theory, Baltimore: John Hopkins Press for Resources for the Future, 1979, S. 137-160.

[Plot82] Plott, C. R.: Industrial Organization Theory and Experimental Economics, in: Journal of Economic Literature 20, 1982, S. 1485-1527.

[Plot91] Plott, C. R.: A Computerized Laboratory Market System and Research Support Systems for the Multiple Unit Double Auction. Social Science Working Paper 783. California Institute of Technology, 1991.

[RaSt00] Rangaswamy, A.; Starke, K.: Computer-Mediated Negotiations: Review and Research opportunities, in: Kent, A.; Williams, J. G. (Hrsg.): Encyclopedia of Microcomputers, 25, New York, NY: Marcel Dekker, 2000, S. 47-72.

[RaSm02] Rassenti, S. J.; Smith, V. L.; Wilson, B. J.: Using Experiments to Inform the Privatization/Deregulation Movement in Electricity, in: The Cato Journal, Volume 22, Issue 3, Winter 2002, 2002.

[Read05] Read, D.: Monetary incentives, what are they good for? in: Journal of Economic Methodology 12 (2), 2005, S. 265-276.

[ReBe98] Reich, B.; Ben-Shaul, I.: A componentized architecture for dynamic electronic markets, in: SIGMOD Record 27(4), 1998, S. 40-47.

[Ring04] Ringle, C. M.: Messung von Kausalmodellen. Arbeitspapier Nr. 14. Institut für Industriebetriebslehre und Organisation an der Universität Hamburg, Hamburg, 2004.

[RoOc02] Roth, A. E.; Ockenfels, A.: Last-Minute Bidding and the Rules for Ending Second-Price Auctions: Evidence from eBay and Amazon Auctions on the Internet, in: American Economic Review, 92 (4), 2002, S. 1093-1103.

[Roth02] Roth, A. E.: The Economist as an Engineer: Game theory, Experimentation, and Computation as tools for Design Economics, in: Econometrica 70, 2002, S. 1341-1378.

[Roth93] Roth, A. E.: On the Early History of Experimental Economics, in: Journal of the History of Economic Thought, 15, 1993, S. 184-209.

[RoHa51] Rousseas, S. W.; Hart, A. G.: Experimental verification of a composite indifference map, in: Journal of Political Economy 59, 1951, S. 288-.318.

[SaNo85] Samuelson, P. A.; Nordhaus, W. D.: Principles of Economics. 12th ed., 1985.

[Saue67] Sauermann, H.: Beiträge zur experimentellen Wirtschaftsforschung 1, Tübingen: Mohr, 1967.

[Saue70] Sauermann, H.: Beiträge zur experimentellen Wirtschaftsforschung 2, Tübingen: Mohr, 1970.

[Saue72] Sauermann, H.: Beiträge zur experimentellen Wirtschaftsforschung 3, Tübingen: Mohr, 1972.

[ScFr07] Schauer, C.; Frank, U.: Wirtschaftsinformatik und Information Systems: ein Vergleich aus wissenschaftstheoretischer Sicht, in: Lehner, F.; Zelewski, S. (Hrsg.): Wissenschaftstheoretische Fundierung und wissenschaftliche Orientierung der Wirtschaftsinformatik, Berlin: GITO, 2007, S. 122-155.

[ScWü03] Schirmer, S.; Würthle, M.: Entwicklung einer Software zur experimentellen Untersuchung multi-attributiver Beschaffungsauktionen, Diplomarbeit Universität Karlsruhe (TH), 2003.

[Schm93] Schmid, B.: Elektronische Märkte, in: Wirtschaftsinformatik, 35 (5), 1993, S. 465-480.

[Seif06] Seifert, S.: Posted Price Offers in Internet Auction Markets, Heidelberg: Springer, 2006.

[SeSa59] Selten, R.; Sauermann, H.: Ein Oligopolexperiment, in: Zeitschrift für die gesamte Staatswissenschaft, 115, 1959, S. 427-471.

[Shes04] Sheskin, D. J.: Handbook of parametric and nonparametric statistical procedures (3. ed.), Boca Raton: Chapman & Hall, 2004.

[SiAr05] Simonsohn, U.; Ariely, D.: Non-Rational Herding in Online Auctions, 2005, http://ssrn.com/abstract=722484 (Abruf am 01.02.2007).

[Smit03] Smith, V.: Markets, Institutions and Experiments, in: Nadel, L. (Hrsg.): Encyclopedia of Cognitive Sciences, 2, London: Nature Publishing Group, 2003, S. 991-998.

[SmSu88] Smith, V.; Suchanek, G. L.; Williams, A. W.: Bubbles, Crashes, and Endogenous Expectations in Experimental Spot Asset Markets, in: Econometrica Vol. 56, issue 5, 1988, S. 1119-1151.

[Smit62] Smith, V. L.: An Experimental Study of Competitive Market Behavior, in: Journal of Political Economy 70, 1962, S. 111-137.

[Smit76] Smith, V. L.: Experimental Economics: Induced Value Theory, in: American Economic Review 66, 1976, S. 274-279.

[Smit79] Smith, V. L.: An experimental comparison of three public good decision mechanisms, in: Scandinavian Journal of Economics 81, 1979, S. 198-215.

[Smit82] Smith, V. L.: Microeconomic systems as an experimental science, in: American Economic Review 72, 1982, S. 923-955.

[Stöß06] Stößer, J.: Generic Market Platforms: Adaption and Application of meet2trade to Emissions Trading, Diplomarbeit Universität Karlsruhe (TH), 2006.

[StKe06] Strecker, S.; Kersten, G.; JinBaek, K.; Law, K. P.: Electronic Negotiation Systems: The Invite Prototype, in: MKWI 2006, Passau, 2006.

[Stre04] Strecker, S.: Multiattribute Auctions in Electronic Procurement - Theory and Experiment, Dissertation Universität Karlsruhe (TH), 2004.

[Strö03] Ströbel, M.: Engineering Electronic Negotiations, New York: Kluwer Academic/Plenum Publishers, 2003.

[Tesf02] Tesfatsion, L.: Agent-based computational economics: Growing economies from the bottom-up, in: Artificial Life Vol. 8, No. 1, 2002, S. 55-82.

[Thur31] Thurstone, L. L.: The indifference function, in: Journal of Social Psychology 2, 1931, S. 139-167.

[Vari02] Varian, H. R.: When Economics Shifts From Science to Engineering. New York Times, New York, 2002.

[VeDa00] Venkatesh, V.; Davis, F. D.: A Theoretical Extension of the Technology Acceptance Model: Four Longtitudinal Field Studies, in: Management Science 46, 2000, S. 186-204.

[VeMo03] Venkatesh, V.; Morris, G. M.; Davis, G. B.; Davis, F. D.: User Acceptance of Information Technology: Toward a Unified View, in: MIS Quarterly 27(3), 2003, S. 425-478.

[Vick61] Vickrey, W.: Counterspeculation, auctions and competitive sealed tenders., in: Journal of Finance 16, 1961, S. 8–37.

[WaFr42] Wallis, W. A.; Friedman, M.: The empirical derivation of indifference functions, in. Lange, O.; McIntyre, F.; Yntema, T. O. (Hrsg.): Studies in mathematical economics and econometrics in memory of Henry Schultz, Chicago: University of Chicago Press, 1942, S. 175-189.

[Webe06] Weber, I.: Discounts in Auctions – Theoretical and Experimental Analysis, Dissertation Universität Karlsruhe (TH), 2006.

[WeDi05] Weinhardt, C.; Dinther, C. v.; Kolitz, K.; Mäkiö, J.; Weber, I.: meet2trade: A generic electronic trading platform, in: 4th Workshop on e-Business (WEB 2005), Las Vegas, USA, 2005.

[WeDi06] Weinhardt, C.; van Dinther, C.; Grunenberg, M.; Kolitz, K.; Kunzelmann, M.; Mäkiö, J.; Weber, I.; Weltzien, H.: CAME-Toolsuite meet2trade - auf dem Weg zum Computer Aided Market Engineering, Karlsruhe: Universitätsverlag Karlsruhe, 2006.

[WeHo03] Weinhardt, C.; Holtmann, C.; Neumann, D.: Market Engineering, in: Wirtschaftsinformatik 45(6), 2003, S. 635-640.

[Wilc49] Wilcoxon, F.: Introduction to robust ersitmation and hypothesis testing, San Diego: Academic Press, 1949.

[WiTo05] Wixom, B. H.; Todd, P. A.: A Theoretical Integration of User Satisfaction and Technology Acceptance, in: Information Systems Research 16(1), 2005, S. 85-102.

[Wold74] Wold, H.: Causal flows with latent variables, in: European Economic Review(5), 1974, S. 67-86.

[Wolf96] Wolfstetter, E.: Topics in Microeconomics, Cambridge: Cambridge University Press, 1996.

[WuWe01] Wurman, P. R.; Wellman, M. P.; Walsh, W. E.: A Parameterization of the Auction Design Space, in: Games and Economic Behavior 35, 2001, S. 304-338.

[WuWe98] Wurman, P. R.; Wellman, M. P.; Walsh, W. E.: The michigan internet auctionbot: A configurable auction server for human and software agents, in: Sycara, K. P.; Wooldridge, M.: Proceedings of the 2nd International Conference on Autonomous Agents (Agents'98), New York, 1998, S. 301-308.

[Yu07] Yu, B.: Negotiations or Auctions: Experimental Comparison of Two E-Market Mechanisms, Montreal, CA: Master Thesis Concordia University, 2007.